| 人力资源管理丛书 |

U0592850

招聘管理
理论、案例与实务

金学惠 著

Recruitment Management
Theory, Cases and Practices

经济管理出版社
ECONOMY & MANAGEMENT PUBLISHING HOUSE

图书在版编目（CIP）数据

招聘管理理论、案例与实务 / 金学惠著 . —北京：经济管理出版社，2023.1（2025.2 重印）

ISBN 978-7-5096-8945-5

Ⅰ.①招… Ⅱ.①金… Ⅲ.①企业管理—招聘—教材 Ⅳ.①F272.92

中国国家版本馆 CIP 数据核字（2023）第 021789 号

组稿编辑：杨国强
责任编辑：杨国强
责任印制：黄章平
责任校对：蔡晓臻

出版发行：经济管理出版社
　　　　　（北京市海淀区北蜂窝 8 号中雅大厦 A 座 11 层 100038）
网　　址：www.E-mp.com.cn
电　　话：（010）51915602
印　　刷：北京晨旭印刷厂
经　　销：新华书店
开　　本：170 mm×240 mm/16
印　　张：16
字　　数：254 千字
版　　次：2023 年 3 月第 1 版　2025 年 2 月第 2 次印刷
书　　号：ISBN 978-7-5096-8945-5
定　　价：49.00 元

· 版权所有 翻印必究 ·

凡购本社图书，如有印装错误，由本社发行部负责调换。

联系地址：北京市海淀区北蜂窝 8 号中雅大厦 11 层

电话：（010）68022974　邮编：100038

　　从管理实践来看，招聘管理是组织进行人力资源各项活动的基础，只有通过招聘将员工纳入组织管理体系，才会发生后续的培训管理、绩效管理、薪酬管理、劳动关系管理等活动。组织只有通过招聘选拔合适的人才，才能为组织发展提供人才支撑和智力保障，从而实现组织战略目标。从宏观经济出发，企业有效的招聘活动是促进劳动力市场供需匹配、实现个体就业、促进共同富裕的有效保障。

　　本教材共八章：第一章认识招聘，主要讲授招聘管理的意义、原则、程序和影响因素；第二章招聘的前期准备，主要讲授基于人力资源规划和工作分析的招聘需求分析，具体包括人力资源规划的内容和方法，工作分析的内涵、方法，胜任素质模型的内容及构建流程；第三章招聘计划，主要讲授如何根据招聘对象的特征制定招聘策略并合理编制预算，以及招聘计划的审批流程；第四章招募与初选，主要讲授招募的方式，不同渠道的适用性和优缺点，以及企业选择招募方式的策略；第五章甄选，主要讲授不同甄选方法的适用性及优缺点；第六章面试，主要讲授面试的类型、面试的准备工作、如何组织和实施面试及面试官面试技巧；第七章背景调查与体检，主要讲授背景调查的内容、方法及实施，入职体检的目的，项目的选择等；第八章录用与评估，主要讲授影响录用的因素、录用程序、决策方法、录用手续办理的流程、招聘评估的内容与方法等内容。

　　本教材主要面向普通高等院校工商管理、人力资源管理专业的本科生。为强化学生实操技能，支撑应用型人才培养目标，本教材在注重理论体系完整性的基础上，突出以下几个方面：

　　一是情景化背景。本教材内容体系以企业招聘管理流程为主线，分解成若干相互关联、层层递进的学习任务，在模拟企业招聘的情景下，遵循构建主义教学理念，实现从理论知识到实践操作的嫁接和转化。

二是体验式操练。本教材在每个学习任务后安排相应的技能训练，给出实训目的、实训内容、操作步骤及考核指标，使读者在特定的任务情景中体验 HR 的角色，演练 HR 日常招聘工作所需的技能，同时方便教师展开实训教学。

三是基于组织战略的视角。本教材注重引导读者站在企业的视角运用战略思维从事招聘业务，通过融入企业招聘管理相关案例，力求理论与实务相结合、模板与工具相结合、方法与案例相结合，实现理论与实践技能两条腿走路。

四是融入人力资源管理前沿理论及课程思政元素。为丰富学习内容，本教材在部分章末加入知识拓展、拓展阅读和案例分析，引导读者关注人力资源管理前沿理论的同时，通过对案例的思考和分析，注重培养学生思考问题、解决问题的能力。部分拓展阅读和案例中融入课程思政元素，方便教师进行课程思政的教学。具体内容体系、学时分配及课程思政元素可参考表 0-1。

表 0-1　本教材内容体系、学时分配及课程思政元素

章	教学内容	学时分配（总学时48）		课程思政
		理论学时（32）	实践学时（16）	
一	认识招聘	2	0	★家国情怀
二	招聘的前期准备	4	2	★敬业
三	招聘计划	4	4	★公平
四	招募与初选	4	2	
五	甄选	6	2	★公平
六	面试	8	6	★公平
七	背景调查与体检	2	0	★诚信
八	录用与评估	2	0	★公平

本书是北方民族大学一般教研项目——《招聘管理》实训指导书的开发与应用研究（项目编号：2020YBJY33）的主要成果，经过编者十余年课程教学与改革实践的摸索与凝练，依托宁夏回族自治区产教融合示范专业——

工商管理专业群的建设项目和北方民族大学一流本科课程《招聘管理》的建设，最终形成本书。在本书的编写过程中，金学惠作为主编负责本书内容体系的设计、编写、修改和校对，张供祥、田彦虎、韩兰、冯婷、娜姆措、杨扎南、赵芬参与了素材的收集和部分内容的编写。在写作过程中，我们参阅和引用了许多学者的著作及相关文献资料，并得到了经济管理出版社的大力支持，在此一并表示衷心的感谢。部分源自互联网或自媒体的内容由于出处不明，未能一一标出准确、详细的来源，在此向所有隐名作者和资料提供者一并表示感谢。

由于水平有限，书中尚有许多不足和疏漏之处，恳请读者朋友批评指正并提出宝贵意见。在使用过程中如有任何意见或建议，可发至电子邮箱 jinxh_1111@163.com。

金学惠
2022 年 6 月于北方民族大学明尚楼

目 录

第一章　认识招聘…………………………………………………… 1

　　学习任务一　认识招聘 ……………………………………… 2

　　学习任务二　招聘的程序及流程 ………………………… 24

第二章　招聘的前期准备………………………………………… 32

　　学习任务一　基于企业战略的人力资源规划 ………… 33

　　学习任务二　基于工作分析明确招聘基准 …………… 50

　　学习任务三　胜任素质模型构建 ……………………… 57

第三章　招聘计划………………………………………………… 66

　　学习任务　学习编制招聘计划 ………………………… 66

第四章　招募与初选……………………………………………… 102

　　学习任务一　学会灵活地进行招聘渠道选择 ………… 102

　　学习任务二　学会组织和实施校园宣讲会 …………… 132

　　学习任务三　学会筛选简历 …………………………… 143

第五章　甄选……………………………………………………… 153

　　学习任务一　甄选的方式、方法 ……………………… 155

　　学习任务二　学会组织与实施无领导小组讨论 ……… 166

第六章　面试……………………………………………………… 179

　　学习任务一　学会设计面试提纲 ……………………… 184

　　学习任务二　学会设计面试评分表 …………………… 196

学习任务三　学会组织和实施面试 ································ 204

第七章　背景调查与体检 ·· 217
　　学习任务一　学会实施背景调查 ································ 217
　　学习任务二　员工入职体检 ····································· 224

第八章　录用与评估 ·· 229
　　学习任务一　做出录用决策与实施录用 ························ 229
　　学习任务二　学会进行招聘评估 ································ 233

参考文献 ··· 247

第一章
认 识 招 聘

> **知识目标**：理解招聘对企业的作用和意义，能讲出招聘的概念、原则及程序，能列举出影响招聘的因素。
>
> **能力目标**：运用招聘影响因素进行招聘需求分析。
>
> **素质目标**：从经济发展与社会和谐稳定的视角理解招聘与就业的意义；通过介绍国内知名企业的招聘管理，树立爱国主义情怀。

自 2008 年以来，每到春节过后企业复工时都会遭遇"用工荒"，而随着我国人口老龄化趋势的加剧以及平台经济下新型用工方式的出现，"用工荒"日益凸显。计划经济时代，工人是许多人都梦寐以求的岗位，随着我国经济社会不断发展，产业结构转型升级，工厂老板们即使出高薪也招不到工人。国家人力资源和社会保障部公布的《2021 年第一季度全国招聘大于求职最缺工的 100 个职业排行》数据显示：①从供求总量看，招聘需求人数从 2020 年四季度的 141.8 万人增加到 166.5 万人（增长 17.42%）；求职人数从 2020 年四季度的 48.9 万人增加到 60.9 万人（增长 24.54%）；缺口数从四季度 92.9 万人上升到 105.5 万人（上升 13.56%），首次突破 100 万人。②从行业看，制造业人才需求依然旺盛，新进排行 29 个职业中，有 20 个与制造业直接相关，占比 69.0%。其中，与汽车生产、芯片制造等相关的职业需求明显上升，如"汽车生产线操作工"首次进入前十，"汽车零部件再制造工""电池制造工""印制电路制作工""半导体芯片制造工"等职业新进排行。生活服务类职业需求有所缓解，"保育员""婴幼儿发展引导员""养老护理员"等排位下降；与餐饮、旅游等相关的消费类职业需求加大，"中式烹调师""客房服务员""前厅服务员""餐厅服务员"等职业排位上升①。而根据《制造业人才发展规划指南》数据，到 2025 年制造业人才缺口或将达到 2985.7 万人②。

由此可见，当前企业招聘难，不仅仅体现在供求数量上的不匹配，人才供求结构上的匹配问题更加凸显。作为企业的 HR，招聘管理更难之处在如何招人，如何招聘到最合适的人，以及如何总能招到最合适的人。

从影响招聘效果及质量的因素看，当前招聘难问题的根源有宏观经济、行业发展、政策调控等外部因素，也有企业薪酬竞争力、管理制度、企业文化等内部条件限制，而 HR 能控制和改变的仅仅是内部条件的一部分，如科学合理地制定招聘需求、招聘基准、招聘程序等。那什么是招聘需求、招聘基准、招聘程序呢？让我们来认识招聘吧！

学习任务一　认识招聘

一、招聘的概念

在人类出现雇佣关系的同时，招聘活动就出现了。招聘的定义随着招聘活动的科学化和丰富化而不断得到充实和提炼。廖泉文（2011）对招聘的定义为：招聘是指组织为了生存和发展的需要，根据人力资源规划和职位分析的数量及质量要求，通过信息发布和科学甄选获得所需合格人才，并安排他们到所需岗位上工作的过程。王丽娟（2018）将招聘分为广义上的招聘和狭义上的招聘。广义的招聘包括招募、选拔、录用、评估等一系列活动，各环节所包括的事项主要有：①招募，招聘计划的制订与审批、招聘信息的发布、应聘者申请等；②选拔，资格审查、初选、面试、体检、人员甄选等环节；③录用，主要涉及员工的初始安置、试用、正式录用；④评估，是对招聘活动的效益与录用人员质量的评估。狭义的招聘仅包括人才吸引与选拔。孔凡柱和赵莉（2018）指出，招聘是组织为了生存和发展的需要，根据人力

① 中国政府网.2021 年第一季度全国招聘大于求职"最缺工"的 100 个职业排行［EB/OL］. http：//www.gov.cn/xinwen/2021-05/01/content_5604389.htm.

② 中国政府网.三部门关于印发《制造业人才发展规划指南》的通知［EB/OL］. http：//www.gov.cn/xinwen/2017-02/24/content_5170697.htm.

资源规划和工作分析得出招聘的数量及质量要求，通过信息发布和科学甄选，从组织内外部获得组织所需人才，并安排他们到组织所需岗位上工作的过程。

综合上述学者对招聘的定义，招聘的含义可从以下几方面理解：

（1）组织为了在激烈的市场竞争中生存或持续发展，产生了招聘需求；

（2）组织顺利展开招聘管理工作的前期基础是合理的人力资源规划和工作分析，人力资源规划使 HR 明确了招聘的数量和结构要求，工作分析使 HR 明确了招聘的质量要求；

（3）招聘的流程包括招募、甄选、录用和配置；

（4）组织招聘管理的最终目的是招到最合适的人，而不是最优秀的人，"合适"的标准是能岗匹配。

二、招聘和录用的意义

企业为什么要展开招聘活动呢？有观点认为，人是企业之本，企业成功的决定性因素是人。人力资本是企业提高自身核心竞争力的关键（孔凡柱和赵莉，2018）。招聘是企业获取人力资源的过程（王丽娟，2018），通过招聘，企业能从劳动力市场中找到最合适的员工，并将其配置在合适的岗位上，以发挥人才的价值，为企业创造价值。故招聘是企业整个人力资源管理活动的基础，有效的招聘不仅能提高员工整体素质，改善人员结构，而且能为企业带来新的管理思想，引入"鲶鱼效应"，为组织注入新活力，甚至可能给企业带来技术、管理上的重大变革。

综上所述，从企业自身的角度讲，招聘管理主要体现为五个方面的意义：①招聘是企业生存发展的重要基础；②招聘是企业人力资源管理工作中其他工作的基础；③招聘为企业注入新的活力，增强企业创新能力；④招聘能够调动企业员工的工作积极性；⑤良好的招聘工作使企业经营成本降低。

从国家或地区的角度看，企业招聘有利于促进人员跨区域、跨行业合理流动，从而实现劳动力资源的优化配置，提高生产效率；有利于促进就业以及人员潜能的进一步发挥。党的十九大报告中明确指出，就业是最大的民生。要坚持就业优先战略和积极就业政策，实现更高质量和更充分就业。大规模开展职业技能培训，注重解决结构性就业矛盾，鼓励创业带动就业。提供全方位公共就业服务，促进高校毕业生等青年群体、农民工多渠道就业创业。破除妨碍劳动力、人才社会性流动的体制机制弊端，使人人都有通过辛勤劳动实现自身发展的机会[①]。由此可见，企业的招聘获得无论是从微观方面还是宏观方面都具有十分重要的意义。

三、人力资源管理与招聘管理

招聘作为人力资源管理的基本职能，与其他的人力资源管理活动有着密切的关系，招聘的地位与作用也体现在这种相互的关系中。

首先，人力资源计划规定了招聘的数量和类型，而工作分析明确了招聘职位对应聘人员的具体要求，同时向招聘人员提供了在招聘中要用到的工作描述和工作说明的信息，二者是有效招聘的前提和基础；其次，薪酬与福利管理及工作条件等内容在一定程度上决定了招聘工作的难易程度，同时薪酬管理是招聘管理的后续环节，它们作为一个系统支撑着组织的人力资源管理；再次，人力资源的培训与开发，通过对招聘并被最终录用的人员进行分析，可以确定在新员工入职培训时这些员工需要什么样的培训，而员工培训在一定程度上可弥补因招聘质量不佳给组织带来的效率损失；最后，对现有员工绩效表现的评价是评估招聘质量的重要手段，绩效管理环节的激励性和公平性，以及绩效评价结果本身也会影响员工的离职率，因而基于绩效评价可以部分地决定企业是否需要招聘新成员。

综上所述，企业人力资源管理中的人力资源规划、工作分析和设计、培训和开发、评价与激励、薪酬与福利等模块，都与招聘管理或多或少地存在着联系，有效的招聘管理与其他模块间相互促进，共同为组织战略目标的实现提供人才支撑。

四、招聘的原则

在招聘管理过程中，由于不同企业用人政策的差异，在平衡外部环境资源约束和企业招聘目的的前提下，企业在招聘计划拟订、招聘策略、甄选方

---

① 决胜全面建成小康社会夺取新时代中国特色社会主义伟大胜利［EB/OL］. http://www.gov.cn/zhuanti/2017-10/27/content_5234876.htm.

法选择及录用决策时的具体做法千差万别，但都必须遵循以下几个原则：

（一）匹配原则

匹配原则是指企业在员工招聘的过程中，无论是前期招聘基准的确定，甄选过程中评价要素的选择，还是录用决策的抉择，都需要遵循能力重于学历、能岗匹配、员工与组织的匹配、同等条件下求职动机优先四个原则。

也可将匹配原则理解为应聘者与工作、团队及组织三个层面的匹配。其中，个人—工作匹配主要强调应聘者的特征要与岗位的胜任特征匹配。人尽其才，物尽其用，不同岗位对能力的结构和大小有不同的要求，而一个有着既定知识、技能、能力的人不可能适应所有的岗位。因此，招聘者需要根据拟聘岗位的工作要求和报酬来评价求职者。

个人—团队匹配也强调新员工和其所属的工作小组（团队）在知识、技能等方面的匹配。原因在于，员工与团队中其他成员之间的关系会影响其对工作小组的贡献。进一步讲，团队成员间的匹配又可细分为辅助匹配和互补匹配两种情况，并以互补为主，以保障团队人员结构的多元化，避免结构同质而丧失创新性。为考察团队匹配，可在组建面试小组时，将团队成员纳入面试官队伍，考察应聘者与团队成员的匹配度。进一步，可将个人—团队匹配细分为辅助匹配（强调团队成员结构的一致性）和互补匹配（强调团队成员结构的差异性），如表1-1所示。

表1-1 辅助匹配与互补匹配比较

方式	内涵	影响团队绩效的方式
辅助匹配	新员工和其他员工有相似的价值观和信念	减少团队成员的分歧从而促进团队的凝聚力、成员之间的合作以及团队的维持
互补匹配	新员工和其他团队成员之间有明显不同的素质和性格	影响团队任务的方向和宽（跨）度职能

个人—组织匹配以契约理论为基础，主要强调员工和组织文化、组织价值观方面的匹配。

一般会放在最后一轮面试中，由企业高层对应聘者的价值观进行考察评价，看候选人是否认同组织文化，其价值观是否与组织价值观一致。

（二）公平原则

随着劳动力市场竞争程度加剧，社会对事业单位、国有企业、公务员等招考关注度不断提高，招聘的公平性成为大众关注的焦点之一。事实上，企业的招聘管理过程中，公平原则一直是企业秉承的重要原则之一。具体来讲，招聘信息、考核程序应符合公开原则，让所有有意愿应聘的人员都能及时获取到招聘信息并了解招聘的程序，招聘的录用标准、甄选方法应符合平等原则和竞争原则，在国家法律法规约束下对所有应聘者一视同仁，用合理的甄选方式对人才的品德、知识、能力、素质、过去的工作经历和业绩进行较为全面的甄选评价，让应聘者之间展开公平竞争，并通过组织制度、机制设计杜绝招聘过程中寻租行为的发生，维持企业招聘管理过程及结果的公平公正性，最终实现机会公平、程序公开、结果公平。

（三）效率优先兼顾质量

在竞争激烈的劳动力市场中，优秀人才往往是非常稀缺的，企业的招聘管理要讲究效率，尽可能在竞争对手下手之前将优秀人才笼络在企业内，这就要求企业的招聘流程设计要紧凑，渠道的选择要精准高效，重要岗位的背景调查要快要准，录用决策要果断而不失精准，整个招聘系统能在成本最小化的前提下，保证招聘的效率和质量。

此外，企业招聘还需注重双向选择、择优录用和多元化的原则。

◆ 案例分析

H 公司是一家生产型企业，由私人投资兴办，成立于 2014 年。其公司负责人刘总正在为公司的人才引进问题烦恼。H 公司成立 8 年多以来，业务量日益增长，市场逐渐扩大，逐步站稳了脚跟。前一段时间，公司添加了一些新产品的制造业务，同时增设了相应的新岗位。因此，人力资源部门的李经理向刘总提出招聘的要求。这一建议得到了刘总的支持。

公司发展到现在，业务得到了新的拓展，要增加一些新的岗位，如新产品的制造部经理、技术主管等岗位。现有的在职员工的知识素质、技能似乎还差一截。因此，李经理想利用此次机会招聘优秀的外部人才为公司新产品的生产制造注入新的活力。人力资源部门抽取了一些工作人员，加上一些重要部门的主管，构成了招聘小组，开始了招聘工作。此次招聘与以往不同的是，李经理认为公司要获取持久的竞争优势，并能够长久的发展，必须招聘一些知识层次较高、工作经验丰富、能力素质都很优秀的人才加入公司。

招聘后，新员工试用的效果并没有预期的好。许多刚刚应聘的人员提出了换岗或者干脆主动放弃该工作机会。人力资源部的李经理对此困惑不已。新招进来的员工共6个，基本上都有两年以上制造业的工作经验；从学历看，有三个博士，两个硕士，一个本科生。他们都被安排在新产品制造各个岗位中，公司提供的薪水并不低，领导对他们的工作也基本持满意态度。再者，工作环境也还比较理想。因此，对于新员工提出的主动辞职，李经理陷入了沉思。他找来部门主管，询问了新产品的制造情况，发现岗位设置不大合理，特别是岗位对任职者的需求和实际任职者的能力之间存在较大差异。新招的员工具有良好的专业背景，并且拥有相关工作经验，他们的能力要求超过了这些岗位对员工的技能要求。因此，许多人认为工作没有挑战性，工作成就感很难获得。李经理认为应该认真思考这些问题了。

基于上述案例材料，请思考以下问题：

（1）H公司招聘效果不佳的具体表现有哪些？背后的原因是什么？

（2）如果你是李经理，要提升招聘效果该怎样去做呢？

★案例分析与总结

这个案例是一个比较典型的因员工"能岗不匹配"产生的问题。新增了一些新产品的制造岗位工作，此时，人力资源部门的工作人员应及时根据实际岗位的工作职责、任务目标、岗位规范及能力要求等制定符合实际情况的工作说明书，要明确新增设岗位的岗位说明和岗位规范。这些岗位与其他部门、岗位的关系如何？究竟要完成哪些职责？权限大小？岗位对任职者的能力要求、知识要求等。然后在此基础上，进行人员的招聘才是比较恰当的。在本案例中，招聘小组对这些拟招聘的岗位任职要求并不明确，将不同职位的招聘要求"一刀切"，只是抱着"必须招聘一些知识层次较高、工作经验丰富、能力素质都很优秀的人才"，忽略了"不同职位因工作职责不同所需具备的能力、素质等其实是有差异的"这一本质属性，违背了人力资源招聘中的黄金法则——能岗匹配原理。

能岗匹配包含两个方面的含义：一是指某个人的能力完全能胜任该岗位的要求，即所谓人得其职；二是指岗位所要求的能力这个人完全能达到，即所谓职得其人。遵守能岗匹配的黄金法则，将有助于招聘到合适的、理想的人才，而不是要招聘到最优秀的人才。能岗匹配有以下几种情况：一是员工能力与岗位要求一致，留住人才的可能性较大；二是员工能力大于岗位要求，人才流失的可能性最大；三是员工能力小于岗位要求，被动离岗的可能性最大；四是员工能力略低于岗位要求，经过培训后，人才保留的可能性最大。

本案例中新招聘的员工正好碰到上述的第二种情况。员工在工作过程中，产生不满情绪，导致工作效率降低，造成资源的浪费，既无法很好地完成组织的目标，又影响了其职业发展。从以上案例分析，员工离职不一定都是对待遇不满引起的。对从事的工作岗位的满意也是很关键的留人因素。因此，公司根据具体情况，实事求是地进行岗位分析，应为获取合适的人才以及留住人才打下良好而坚实的基础。"能岗匹配"始终是录用人才的一个黄金法则。

◆ 拓展阅读

林新奇：人力资源开发与管理中的机会公平问题[①]

今年人力资源管理新年报告会的主题是"关爱与幸福"，从人力资源管理的角度讲，幸福应该是一个绩效概念。大家知道绩效包括了结果，也包括了过程，而且过程越来越重要。所以在这里"幸福"究竟是什么？我从宏观的角度，或者从国家战略的角度对"人力资源开发与管理中的机会公平问题"做一个探讨。

首先我想问一个问题。今年我们大家都听了很多有关"幸福"的问题，我们每个人多多少少都有幸福，如果一点幸福都没有，我想你今天可能不会到这里，甚至在这个地球上都不可能存在。在这里只有幸福的大和小、多和少之分，所以最重要的问题，最大的幸福究竟是什么？我想大家从绩效的结果，绩效过程的角度做思考，也可以从公平角度思考，无论是目标结果的公

[①] 笔者根据微信公众号人大人力资源 2022 年 4 月 4 日的文章《林新奇教授：人力资源开发与管理中的机会公平问题》摘编，原文为林新奇教授 2012 年 12 月 29 日在北京举行"2013 年中国人力资源管理新年报告会"中发表的题为"人力资源开发与管理中的机会公平问题"的演讲实录。

平，还是从内容的公平，还是从程序的公平等，都可以做很多方面的探讨。我自己也一直在问自己，辛辛苦苦到现在将近一辈子了，我干这些究竟为了什么？到现在幸福究竟有多少？如果能占到60%以上，那人生就是合格和比较满意的。如果不够50%，可能就有一定的问题了。究竟最大的幸福是什么？其实在人力资源开发与管理过程中，最大的幸福是什么？我想每一个中国人都有自己的思考。

从传统的角度，从一般中国人的思维角度，我们有这样两个选择：A.不患寡而患不均？B.患寡，更患不均？中国人一贯强调"不患寡而患不均"，不一定富裕程度有多少，或者都是各方面非常的圆满，非常的美好，但不均就是不均等、不公平，这是最不能忍受的。大家说"不患寡而患不均"对不对？应该说经过30多年改革开放的探索和思考，这个观念现在基本上已经被否定掉了。从改革开放初期提出让一部分人、一部分地区先富起来，先走，闯出一条血路，从那时候开始我们中国不患寡的观念已经彻底地被打破了，最大的标志是市场化，市场化竞争带给我们的是相对来说充满小康的、比较富裕一点的社会。但大家可以看到，从整个国家看，无论是各个区域还是各个阶层，差距越来越大，大到现在不得不面对解决的时候了。我们从今年提出"关爱与幸福"这个主题，可以说开创或进入了人力资源管理的一个新时代。我们对"不均"这个问题现在越来越重视。我们现在提出的观念是"患寡，更患不均"。我们既担心我们的温饱问题，我们的就业问题，我们的教育问题，我们各个方面的发展问题；但同时我们更担心，或者更反对在这个过程中种种不公平的情况，不公平的现象。

从微观的角度讲，人力资源管理这些年都在进行各方面的改革，制度、体制、机制等各方面的建设。现在到任何一个单位去，如果它没有人力资源管理制度，几乎是没有的，不可能的。但现在可以说都在微观层面上进行人力资源管理的执行，也就是说，从程序上、内容上，怎么样能够执行的更到位、更科学或更合理、更有效。这些方面的问题，现在在企业里，微观人力资源职能层面都在做，这其中实际上最大的问题是微观层面人力资源管理的公平问题，也就是要贯彻在管理上公平，除了科学，除了效率，还要关注人力资源管理过程的公平，这是微观层面的。

大家可以看到，当你一旦进入企业工作后，微观层面的公平问题，寡的问题，不寡的问题，基本上已经决定了。也就是说，如果你一出生开始，从你进入幼儿园开始，或者从你出生的地点、户籍开始，一直到后面你所接受的教育，小学、中学、大学，再到后面你进入的是什么企业，是垄断企业、跨国公司还是中小企业、民营企业，一直到后面你进入企业以后，能不能继续往前走，往哪儿走，可以说在宏观层面上，实际上事先都基本上已经决定了。这就是宏观层面的公平、机会问题。

大家知道，中国人一方面讲究自我的，或者小集团的利益最大化；另一方面又强调各种各样的公平，特别是程序上的机会公平。但这两者之间往往是有矛盾的，也就是说，当你一旦进入某一个层面、某一个圈子的时候，你的立场、观点是会改变的。在这里我专门提出人力资源开发与管理过程中的机会公平，而且从宏观角度、从国家战略层面提，我希望大家更好地关注这个问题，能够开创中国管理新的时代，尤其是人力资源管理的新时代。

大家都知道，人力资源管理现在有很多问题，特别是有关公平的问题需要我们探讨。中国从宏观层面，我们现在关注什么？这一年来，大家一定很关注各种各样的舆情事件，网络上的一些关注点。这几年，特别是最近一年我们关注几个大的事情，今天上午我们大家都做了总结，非常吸引眼球的有：第一，就业公平。大家可以看到，我们都非常关注能不能进入国有垄断企业，很关注能不能进入国家公务员队伍，能不能进入事业单位，这里出现了所谓"萝卜招聘"现象，所谓各种各样的"二代"现象。大家对这个可以说是非常的义愤填膺，但又都希望能够实现自己这样一个梦想，所以非常纠结。第二，教育方面。我们现在的教育，这一年讨论非常重要的是招生问题，无论是小学、中学、大学，还是硕士、博士，招生的公平大家都非常关注。大家看教育现在非常关注"异地高考"，能否实现"异地高考"是一个相当热门的话题。此外，关于教育跟后面一系列配套的就业措施的关系问题，比如说你的生源从哪里来，又该到哪里去？为什么大家选择北上广，又逃离了北上广，现在又回来了？这些都是很重要的问题。第三，你的升迁、调动、奖金、薪酬、福利等问题。大家可以看到，这一年有很多非常年轻干部的破格提拔问题，很多人学历造假问题、履历造假问题，还有各种不同单位之间的奖金落差那么大、薪酬福利差距那么大，等等，都非常吸引我们的眼球。这几大问题归结起来实际上是一个问题，那就是公平的问题，机会公平的问题，尤其是人力资源开发与管理中的机会公平问题。

所以我们非常关注这几个层面的问题。因为时间的关系，我想提出几个观点，值得我们大家共同来探讨的观点，我们一直在做，但还需要深入研究的课题：

第一，国家基础教育体制改革，要重视从机制上保障机会公平，创造整体上平等均衡的升学机会，为国家民族可持续全面和谐健康发展打下坚实的人力资源基础。所以我们认为教育尤其是国家教育体制改革不单单是一个教育问题，它是一个人才战略问题，是我们国家能不能可持续和谐科学发展的人力资源问题。

第二，要重视各类各区域各层次人才就业、公务员招录与提拔晋升中的机会公平，从制度与法律层面保障公平公正。应该说国家这方面已经做了很多努力，遗憾的是到现在为止我们的制度仍然落后于实践，尤其是法律法规，甚至比起以前传统的一些时代可能都不一定能够超过。

第三，应该重视人才强国战略实施过程中的机会公平。特别是关于高层次人才的引进与本土或内部人才之间的机会公平，人才高地或人才特区建设中的政策制定、实施上及时序上的机会公平，各项人才工程建设与实施上的机会公平等，应该引起足够的关注。为此，人才强国战略的顶层设计非常重要，实施过程同样非常重要。我们中国从一部分地方、一部分人群、一部分产业首先开始，所以才有特区，也就是优惠政策的概念。从根本上说，从长远上说，它并不是公平的，为什么呢？因为你优先进入那就意味着你有特权，你有优先权，后面再进入者的门槛就会非常高。比如说，这个特区在沿海地区，优先发展起来，当然有天然优势在里面。内地再实施这个政策，则这个政策已经没有多大的效果了。所以时间序列不是很公平。现在改革开放30多年再进行政策设计的时候，我们能不能摒弃以前这些做法，我觉得应从机会公平的层面做一个新的思考。

我认为讲到机会公平，我们要澄清一个观点，在一个人人皆可成才的现代社会里，如果说选人的标准很重要，成才的标准很重要，那么程序同样非常重要，在一定的条件下，程序公平可能比实体公平更重要。所以，在全面建成小康社会，实现中华民族伟大复兴，推进社会主义民主政治建设的时代进程里，人民群众更关注的不一定是某一个具体的人或事，而是机会的公平和程序的严格。时值党的十八大刚刚胜利召开，新年马上要开始一个新的进程，在这时我们提出"机会公平"，应该具有特殊的意义。

在人力资源开发与管理过程中，我们究竟应该特别的关注或者在目前迫切需要关注哪一些机会公平问题呢？这个问题很多、很复杂，根据我粗浅的研究和思考提出几点建议供大家思考：

第一，要进一步抓紧落实教育资源均等化的工作与措施，大家可以看到教育资源均等化，实际上是人力资源开发中非常重要的一个机会公平问题，怎么样做呢？里面有很多，包括示范校或重点校与普通校之间教育资源的均衡发展、城市与乡村或发达地区与偏僻地区之间教育资源的优化配置，特别是对乡村或偏僻地区教育投入的倾斜，以及所谓示范校或重点校招生中的公开公平公正问题。

第二，应该抓紧研究和落实异地高考的政策，并做出全局性的制度安排。这是大家非常关注的，特别是对农民工子弟、非本地户籍人员及其子弟的教育机会平等问题的落实。这些都是非常重要的问题。

第三，农村学生与城市学生的高考入学标准，东部发达地区对西部民族地区应该有一个相应的系数调整，以避免出现农村孩子整体上与名牌高校无缘的局面愈演愈烈。有好多地方提出来，在我们的某些重点名牌高校，完全农村农户出来的孩子基本没有或者微乎其微，这是一个非常严重的问题，值得我们大家关注和呼吁。这里面原因很多，大家可以看到一个具体的细节，比如说现在所有的考试都非常强调英语考试，英语分数所占的比重非常高，那么这对于农村地区的孩子非常不公平。在这方面应该有一个相应公平的制度的安排。

第四，要重视公务员招录与提拔晋升中的机会公平问题，重视各类各区域各层次人才就业、收入分配和薪酬福利中的机会公平问题，从制度与法律层面保障公平公正。这方面应该做的工作很多，我们不仅需要做到机会公平，同时要做到程序严格，做到民主、科学、公正、完整与透明。为此，也许我们需要制定一部专门的《人力资源机会公平法案》。

总之，除了微观层面，我们更需要从宏观战略层面重视人力资源开发与管理中的机会公平问题。今天抛砖引玉，希望引起各方面的重视！

五、招聘的影响因素

企业人才招聘数量的多少、招聘效率的高低、招聘的难易程度、招聘人才质量的高低受到多方面因素的影响，按照闭环管理的原则，每一次招聘管理活动结束后和新一轮招聘活动开始前，都应进行复盘，对照招聘的影响因素，分析招聘管理过程中出现的问题，并进行整改、优化，才能让企业的招聘管理更加有效率。那么，影响企业招聘的因素有哪些呢？一般来说，我们可以把影响企业招聘的因素分为外部因素、内部因素和求职者个人因素三个维度。

（一）企业外部因素

企业是一个开放系统，其行为方式受到外界各种因素的制约和影响。人力资源招聘工作也不例外。企业人员的来源渠道、来源范围、人员招聘方式、人员录用和人员使用权限等均受制于其所处的社会和经济环境。具体来说，包括国家政策法规、社会经济制度、宏观经济形势、传统文化及风俗习惯、技术进步、劳动力市场状况以及产品市场的条件等因素。

其中，外部人力资源市场中人才的供求数量和结构、人力资源价格、人力资源市场的成熟程度、人力资源市场的地理区位，将影响企业招聘的难度、招聘范围的广度及招聘的质量与效率。此外，宏观经济状况、行业的性质、行业技术的发展状况、行业生产资料的价格、行业的竞争状况将影响企业的利润，进而影响企业招聘人才的规模及难易程度。企业的招聘工作既与劳动者有关，又与社会有关，因而是一项政策性很强的工作，必须遵守国家的政策法规。社会的科技发展水平对劳动力的技能及水平会产生不同需求，企业采用新技术、新设备、新工艺生产时，必然对岗位结构、岗位能力、素质、技能要求、人员需求数量进行调整，从而产生新的招聘需求。

（二）企业内部因素

从企业自身来说，企业的经营状况和发展前景、技术装备水平、企业文化和企业声望、企业战略和用人政策、管理队伍的素质、管理者的水平、企业的薪酬水平及提供的发展机会是影响企业招聘的几个重要因素。

企业的招聘文化，可以理解为企业招聘的一种偏好和倾向，有的企业喜欢内部招聘，有的偏好外部招聘；有的喜欢自行招聘，有的喜欢外包给专业的人力资源服务公司……就具体企业而言，在选择招聘渠道时，往往会综合考虑各渠道的时效性、招聘的成本与收益、招聘到的人才的质量等，如华为非常重视每年的校园招聘，着手早，并且针对应届生给出的起薪非常高，目的是获得优先挑选应届生的机会，招募和留住优秀人才，树立良好的雇主形象。

（三）求职者个人因素

从求职的角度出发，影响求职者选择一份工作的因素有公司的吸引力、替代性工作机会的多少、工作的吸引力及招聘活动本身的吸引力，如表1-2所示。

表1-2　求职者选择一份工作的影响因素

替代性工作机会	机会数量	求职者可选择的工作机会越多，做出工作决策的迅速性与果断性就会下降；反之，会更容易接受一项工作
	机会的吸引力	可替代机会的吸引力相对于当前工作机会的吸引力
公司吸引力	薪酬	薪酬水平的吸引力
	福利	是否有求职者渴望得到的福利项目
	发展机会	在公司未来的发展前景
	地理位置	公司所处区域的经济越发达、劳动力市场越成熟，就业机会越多，越容易招到员工
	人员与文化	公司的人员素质和文化氛围是否被求职者所喜欢
	公司名气和声誉	求职者为在形象好的公司里工作感到骄傲
工作吸引力	工作内容	是否令人感兴趣；新颖性和挑战性
	工作环境条件	工作时间和强度；出差频率；加班频率；物理环境
	职位	职位是否吸引人，如是否为管理职位或者专家职位
招聘活动	宣传推广效果	公司的招聘广告或招聘推广活动的吸引力如何
	招聘者的行为	招聘者的职业素养、专业水准和对求职者的态度

除上述因素外，求职者的教育背景和家庭背景，求职者的经济压力、工作经验及职业期望等因素也影响企业招聘的效果。其中，求职者的职业期望

又与整个社会的价值观有关，即对不同职业的社会评价有关。比如计划经济时代，工人是很时髦的职业，而网络经济时代，网络销售（网红）则成为众多新生代员工的职业目标。

◆ **案例**

华为任正非吸引一流人才，激发员工斗志的六大法则①

华为一直是中国企业学习的标杆，很多人都在探寻、学习华为的成功之道。其实，华为的成功是人的成功，所有的成绩来自人才战略的成功。任正非今日的辉煌，来自一个突破，那就是对人性的洞悉。对于一个管理者而言，对人性的洞悉程度有多深，管理水平就有多高。

华为90%以上的员工都是受过高等教育的知识型员工，要管好知识型员工是很困难的，任何单一的举措都很难奏效，人才管理必须从洞悉人性入手，形成合力。我们可以把华为人才管理的经验归纳为六大法则：吸引人才的"桃子"，捆绑人才的"绳子"，抽打人才的"鞭子"，培训人才的"路子"，留住人才的"票子"，淘汰劣才的"筛子"。

1. 吸引人才的"桃子"

人才管理的核心问题是要有可选择的人才。如果你对一位员工的能力不满意，却没有可以替代的人选，也只能将就着使用他，否则工作就没有人做。这时，一切管理手段都会大打折扣，甚至你根本就不敢大胆地出台和使用人才管理办法。

任正非显然非常清楚这一点。因此，华为一直把人才招聘工作放在人才管理整体工作的优先位置。华为主要以招聘应届大学毕业生为主，然后让他们从基层一步一步向上发展。这样做最大的好处就是"一张白纸好写字"——便于把华为的价值观装进人才们的脑子里。这是人才管理中最"狠"的一招。

当然，无论是有经验的人才，还是应届大学毕业生，人才凭什么愿意到你的企业任职呢？解决这个大问题的最好办法就是要有吸引人才加盟的

---

① 余胜海.华为任正非吸引一流人才，激发员工斗志的六大法则［EB/OL］.https：//www.sohu.com/a/309473541_99970508.

"桃子"。

华为是通过以下四个"桃子"吸引人才的：

第一，通过企业发展愿景和品牌影响力，让人才对未来有丰富的想象空间。

第二，给人才以有竞争力的收入（工资、奖金、TUP 分配和虚拟股收益）。

第三，给人才提供良好的学习与成长平台，丰富的职业发展机会。

第四，建立和不断完善公正、公平的价值评价与分配制度，努力创造一个公正、公平的人才成长环境。

2. 捆绑人才的"绳子"

华为并没有直接讲用"绳子"捆绑人才。任正非在《华为的红旗到底能打多久》中说："公司与员工在选择权利上是对等的，员工对公司的贡献是自愿的。自由雇佣制度促使每个员工都成为自立、自尊的强者，从而保证公司具有持久的竞争力。"由于双方的权利是对等的，也就更有利于矛盾的协调。

企业和员工是对等的，企业做不到的地方员工要理解。员工可以不选择企业，若选择了企业就要好好干，若不好好干，员工随时都可能离开。

但是，这并不意味着华为没有用"绳子"来"捆绑"优秀人才的思考和实践。深入分析后会发现，华为的人才管理机制，对于优秀的人才有明显的"捆绑"作用。这种"捆绑"主要体现在三个方面：

一是企业文化。这是最高明的人才捆绑策略，是精神（价值观）上的"捆绑"。

二是薪酬福利。它给人才的暗示是，在华为工作，如果你能满足公司的要求，你就有可能获得优于其他企业的回报，这是物质利益的"捆绑"。众所周知，任正非所说的"不能让'雷锋'吃亏""以奋斗者为本"，就是这个意思。

三是发展平台。在华为，人才不仅拥有自主选择工作的权利，而且拥有轮岗学习和其他多种学习机会。同时，华为为优秀人才的升迁提供了三条清晰的通道（管理、技术和项目），这对那些希望获得职业成功的人才极具诱惑力。

3. "抽打"人才的"鞭子"

华为是一家极善于运用"鞭子"来"抽打"人才的企业。"抽打"人才的目的有两个，一是让人才不断学习进步，二是让人才为企业创造更好的业绩。前者是让人才有工作意愿和工作能力，后者是让人才为企业（也是为人才自身）创造价值。

华为用于"抽打"员工的"鞭子"主要有两条：

第一条"鞭子"是重视对人才的培养——能力发展。华为在人才开发方面倾注了大量的资金。华为重视人才培养的逻辑说起来简单而明确：只有通过严格的培养，人才才能拥有足够的工作意愿和能力；只有人才有了足够的工作意愿和能力，才能为组织创造最大化的业绩；只有为组织创造了最大化的业绩，个人在组织中才能得到最大化的回报。

第二条"鞭子"是重视对人才的绩效管理——动力激发。华为的绩效管理充分借鉴了 IBM 的管理体系。乍一看，与大多数企业绩效管理的套路并无根本区别。但在华为，绩效是任何一位人才是否能够在公司"存活"的唯一依据，末位淘汰制的唯一标尺就是绩效考核结果。

4. 培训人才的"路子"

任正非再三表示："我们提倡自觉地学习，特别是在实践中学习，在战争中学习战争。"

任正非说过，没有实践就没有培训，要从实践出发，学以致用。急用先学，培训士兵时就教炸药包怎么捆、怎么拉导火索，不用讲怎么当元帅。

在快速变化的环境下，要搭建结果导向的培训体系，基于团队共创、小批量多批次的学习方式，形成灵活的组织学习供应链。

激发内部团队的智慧，解决业务部门的实际问题，在战争中学习战争，在战争中锻炼队伍。行动学习有助于战略目标的实现，能够提升团队能力，能够培养出能打胜仗的队伍。

华为在实践中选拔人才，通过训战结合方式培养人才。华为的英雄都是在泥坑中摸爬滚打出来的。华为不论资排辈，所以，华为的英雄"倍"出不是一辈子的"辈"，而是加倍的"倍"。

5. 留住人才的"票子"

众所周知，华为的管理模式以高工资、高效率、高素质人才为特点，华为成功的很重要的一个因素就是"分钱分得好"。敢给钱，留住了众多优秀人才，稳住了创业团队。

任正非还善于勾勒"美好前景"。他曾经告诉华为的员工："未来华为最大的问题是什么？就是钱多得不知道如何花。你们家买房子的时候，客厅和卧室可以小一点，但阳台一定要大一点，因为要时常在那里晒晒钱，不然钱就发霉了！"

华为是世界500强中唯一没有上市的公司，华为在内部推行虚拟股权制度，实行全员持股。在华为员工的收入中，除了工资和奖金外，股份分红占了相当大的比重，不少员工一年能获得近百万元的股份分红。正是任正非懂得与员工们共同分享公司的发展成果，聚集了众多的优秀人才，才使各路英才的聪明才智得到充分发挥，给华为注入了强大的生命力，大家"力出一孔，利出一孔"，将华为推上世界之巅。

任正非曾经说过，分钱是企业最难的事。为什么这么说？因为分钱体现了企业的意志，必须做到内部的相对公平合理，要让绝大多数的员工都有积极性，要发挥薪酬的持续激励作用。

因此，华为建立了适合自己的薪酬分配方式，通过分好钱，让干活的人不吃亏，让不干活的人占不到便宜，让想留住的人留得住，让不想留住的人自己走。

6. 淘汰劣才的"筛子"

华为推行末位淘汰制，基本上遵循了美国通用电气公司（GE）前CEO杰克·韦尔奇推崇的"活力曲线"——"2-7-1法则"。即把20%的绩优员工定义为A类员工，把70%的业绩中等的员工定义为B类员工，把余下10%的业绩较差的员工定义为C类员工。C类员工必须走人。

实际上，在华为新员工的入职培训内容中，会有关于华为残酷的末位淘汰制的介绍，即华为会结合公司的各个岗位设定绩效考核体系，对员工进行考核，根据考核的结果对等级排名靠后的员工进行淘汰。在华为，考核结果分为A、B+、B、C、D几个等级，半年执行一次。排名靠后的5%的普通员工和管理层员工会被淘汰。员工的绩效由员工的直接领导直接评定。但领导也有绩效考核，其绩效与团队整体绩效挂钩，所以会相对公平。

华为不搞干部终身制，干部能上能下，易岗易薪，竞争压力比较大。华为每年都会对干部进行末尾 5% 的淘汰，高层的干部同样需要进行淘汰，这在华为都是硬性执行的，非常残酷。任正非曾经表示："我们的干部不是终身制的，高级干部也要能上能下。在任期届满，干部要通过自己的述职报告，以及下一阶段的任职申请，接受组织与群众的评议，重新讨论确定薪酬。"

华为的"筛子"重在通过包括退出机制在内的双向激励手段，激发出人才的危机意识。为了激励年轻人奋斗，华为建立了科学的人才激励机制，用机制牵引员工成长和职业提升。华为坚持"以奋斗者为本"，为奋斗者提供舞台，将利益分配向一线的奋斗者和研发人员倾斜，并以贡献来评价员工，考核选拔干部。

华为通过付给人才以具有市场竞争力的薪酬、待遇和提供最先进的研究条件和优雅的工作环境，吸引世界范围内能与华为保持同向的优秀人才加入华为。将华为的人才观和人才战略"复制"到其他企业未必能够成功，其中的很多精髓和思想却值得很多企业借鉴。

◆ **技能训练 求职类节目评析**

（1）**实训目的**：从面试官的角度，对面试的实施过程及面试中如何识人形成一定认知，体会匹配原则。

（2）**实训内容**：教师推荐或自己举荐求职类节目，说出该节目面试流程，从面试官角度，运用匹配原则，重点分析某一位选手的表现，写出自己的心得体会。

（3）**实训成果**：形成一份心得体会。

（4）**考核指标**：①观后感角色定位准确，以面试官的视角进行分析和总结；②内容全面翔实，有感而发，有评有述；③鼓励原创，遵守学术道德，不得抄袭。

◆ **案例**

××公司招聘管理制度 [①]

第一条 目的：本公司各单位经内部人员调整不能满足经营管理和业

---

① 道客巴巴 . 招聘录用制度（五）［EB/OL］. http：//www.doc88.com/p-3377952881886.html.

务发展对人员的需求时，需采取公开招聘的方式引进人才，为此，特制定本制度。

第二条 确定用人单位岗位编制的原则：

1. 符合公司及本单位长远发展规划、经营战备目标和为此需实现的利润计划的需要；

2. 符合目前或近期业务的需要；

3. 需做好劳动力成本的投入产出评估；

4. 有助于提高办公效率和促进业务开展，避免人浮于事；

5. 适应用人单位领导的管理能力和管理幅度。

第三条 公司聘用人员均首先要求具有良好的品德和个人修养，在此基础上选择具有优秀管理能力和专业技术才能的人员。各岗位人员要力争符合德才兼备的标准。有下列情况之一或多条者，不得成为本公司员工：

1. 剥夺政治权利尚未恢复；

2. 被判刑或被通缉，尚未结案；

3. 参加非法组织；

4. 品行恶劣，曾受到开除处分；

5. 吸食毒品；

6. 拖欠公款，有记录在案；

7. 经医院体检，本公司认为不合格；

8. 年龄未满 18 周岁。

第四条 公司各部门或下属全资公司如确有用人需要，应在符合第二条的前提下，填报《固定从业人员需求申请表》，交人力资源部核转，由人力资源部报总经理审批。总经理批准后，人力资源部制定招聘方案并组织实施。

第五条 人力资源部会同用人单位共同对应聘人员进行筛选、考核（总经理将视情况决定是否亲自参加），填写考核记录和录用意见，报经总经理审批后办理录用手续。具体过程如下：

一、人力资源部会同用人单位进行招聘准备工作：

1. 确定招聘的岗位、人数、要求（包括性别、年龄范围、学历和工作经验等）；

2. 拟定日程安排;

3. 编制笔试问卷和面试纲要;

4. 成立主试小组;

5. 整理考试场地;

6. 需要准备的其他事项。

二、实施步骤:

1. 人力资源部通过刊播广告、加入专业招聘网站会员、参加招聘会等形式发布招聘信息,收集应聘者材料;

2. 人力资源部汇总、整理材料,会同用人单位根据要求进行初次筛选,并向通过人员发笔试通知;

3. 人力资源部组织应聘者参加笔试,会同用人单位根据笔试结果进行二次筛选,并向通过人员发初次面试通知;

4. 人力资源部会同用人单位组织应聘者参加初次面试,根据结果进行三次筛选,并向通过人员发二次面试通知;

5. 人力资源部会同用人单位组织应聘者参加二次面试,根据结果确定录用名单,并向通过人员发录取通知,向落选人员发辞谢通知。

第六条 新录用人员持《录取通知》向公司人力资源部报到,由人力资源部组织统一体检,体检合格者参加人力资源部主持的岗前培训,培训内容包括:

1. 讲解公司的历史、现状、经营范围、特色和奋斗目标;

2. 讲解公司的组织机构设置,介绍各部门人员;

3. 讲解各项办公流程,组织学习各项规章制度;

4. 讲解公司对员工道德、情操和礼仪的要求;

5. 介绍工作环境和工作条件,辅导使用办公设备;

6. 解答疑问;

7. 组织撰写心得体会及工作意向。

第七条 新录用人员培训完毕,与公司签订《公司试用协议》,持该协议向工作单位报到,由部门经理负责安排具体工作,人力资源部同时向财务部发《试用人员上岗通知书》。

第八条 新录用人员在报到后需填写《公司员工履历表》,连同身份证复印件一张、一寸照片两张交人力资源部。履历表中的内容之后如有变更，应在一周内以书面形式通知人力资源部。

第九条 新录用人员，应一律办理保证手续，填写保证书应注意遵守法律程序，办理保证手续的规定和内容：

一、在本公司工作的员工不得担任保证人。

二、被保证人有下列情形之一者，保证人应付赔偿及追缴责任：

1. 营私舞弊或有其他一切不法行为，致使本公司蒙受损失；

2. 侵占、挪用公款、公物或损坏公物；

3. 窃取机密技术资料或财物；

4. 拖欠账款不清。

三、保证人如需中途退保，应以书面形式通知本公司，待被保证人另外找到保证人，办理新的保证手续后，方能解除保证责任。

四、保证人有下列情形之一者，被保证人应立即通知本公司更换保证人并应于下列事情发生后15天内另外找到连带保证人：

1. 保证人死亡或犯案；

2. 保证人被宣告破产；

3. 保证人的信用、资产有重大变动，因而无力保证；

4. 不欲继续保证。

五、被保证人离职3个月后，如无手续不清或拖欠公款等情况，保证书即发还其本人。

第十条 对试用合格并愿意继续在公司工作的员工，部门经理组织提交《试用期工作总结》及转正申请并签署意见，交人力资源部，人力资源部经理签署意见后交总经理审批；转正申请得到批准的员工与公司签订《聘用合同》，由人力资源部同时向财务部发送《员工聘用通知书》。

第十一条 公司原则上不雇用临时人员，各部门或全资公司如因业务需要需雇用临时人员，由人力资源部经理或全资公司总经理自行决定，临时人员需填写《临时人员情况登记表》，交公司人力资源部备案。

第十二条 本制度适用于公司本部及下属全资公司。

第十三条 本制度由公司人力资源部负责解释。

第十四条 本制度自××年×月×日起实施。

◆ **知识拓展**

数字化人力资源管理①

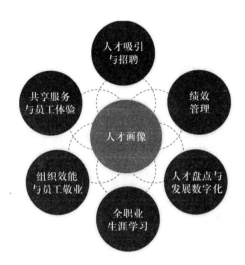

图 1-1 1+6 场景的数字化人才管理体系

人才画像：数字化塑造"面向未来的"人才画像，AI 算法让人才画像更有应用价值。

人才吸引与招聘：人才吸引与招聘是领先的数字化人才管理阵地，大量新技术和产品涌入，值得不断创新。

绩效管理：数字化时代，绩效管理不再是"控制系统"，而是战略支撑与持续改进平台，更是员工激励与成长平台。

人才盘点与发展数字化：从人才盘点切入数字化，实施人才盘点天然具备一定的内部人才管理数字化基础，掌握人才盘点技术会助力内部人才发展数字化的成功，提升 HR 影响力，延长员工生命周期。

全职业生涯学习：数字化新技术引领组织学习变革，知识学习到能力发展，无论企业规模大小和发展阶段，对在线学习系统都不太陌生。将"系统化"能力转变为"数字化"能力是下一阶段的挑战。

① 周丹. 数字化人才管理，从现在到未来［EB/OL］. https：//new.qq.com/omn/20201208/
20201208A01PMK00.html.

组织效能与员工敬业：组织效能的评估不仅停留在财务度量层面，需将人才管理状况和员工感知纳入。

共享服务与员工体验：新的技术让员工共享服务水平飞速提升，在未来不久的时间内，SSC 的员工数量将会大幅下降。

学习任务二　招聘的程序及流程

为规范企业的招聘管理，企业往往会在制度中明确其招聘的程序和流程。一般来说，企业的招聘活动分为三个阶段：前期准备阶段、组织与实施阶段、录用与评估阶段。下面，我们按照招聘的流程详细展开，阐述各阶段招聘工作的主要任务。

一、招聘的程序

招聘的前期准备阶段，主要基于企业人力资源规划和工作分析，进行人力资源需求分析，重点确定人员需求（数量）和岗位要求（质量），并在此基础上就招聘的时间、岗位、人数、渠道选择、经费预算等方面制订合理的招聘计划。

招聘的组织与实施阶段，重点放在人员招募和选拔环节，按照招聘计划中确定的招聘需求、进度安排和经费预算，选择合适的招聘渠道发布信息、接受申请，并经过初筛、笔试、面试、其他测试等甄选手段选拔出合适的人才。

招聘的录用与评估阶段，对企业来说，重要的职位在正式录用前很有必要进行一次背景调查，基于背景调查的结果慎重做出录用决策，并尽快通知应聘者，以免优秀的求职者被其他企业录取。在新员工入职一段时间后，结合新员工的绩效表现可对企业招聘程序、招聘的效率、质量等方面进行评估，总结经验教训，并提出改进措施，以更好地进行下一轮招聘。

◆ **案例**

云南电网有限责任公司 2022 年校园招聘流程①

一、公司简介

云南电网公司，全称云南电网有限责任公司，是中国南方电网有限责任公司的全资子公司，是云南省域电网运营和交易的主体，是云南省实施"西电东送""云电外送"和培育电力支柱产业的重要骨干企业。

二、招聘需求

此次校园招聘计划招聘约 900 人，招聘专业包括电气类、计算机类（除传统计算机类专业外，也包括云计算、物联网、移动互联网、大数据、智慧城市、区块链等）、通信类、工程管理等，详细的招聘单位、岗位信息及专业要求请应聘者登录南方电网公司员工招聘系统（http：//zhaopin.csg.cn）自行查询。

三、招聘流程

（一）招聘岗位发布

公司招聘岗位分三个批次发布，请大家密切关注南方电网员工招聘系统"招聘动态"有关信息。具体安排如下：

第一批：本公告当日发布各供电单位电气类、计算机类、通信类、工程管理类、机械测控类、土建类、市场营销类、物流管理类、环境化学类、热能动力类等专业主要招聘岗位，以及非供电单位各专业主要招聘岗位。

第二批：2021 年 10 月 20 日前后发布各供电财会审计类、法学类、经济类、工商管理类、新闻类等专业招聘岗位和第一批各专业剩余招聘岗位。

第三批：2021 年春季，根据招聘工作实际需求对需要进行补充录用的岗位进行公告。

（二）简历投递

所有应聘人员均应通过南方电网公司员工招聘系统（http：//zhaopin.csg.cn）或官方移动应用"南网微招聘"APP 投递简历，投递时间为即日起至 11 月 5 日，招聘单位根据岗位需求进行简历筛选，确定参加考核测评的人员名

---

① 作者根据中国南方电网官方网站员工招聘《云南电网有限责任公司 2022 年校园招聘公告》编写（http：//zhaopin.csg.cn/#/maintain/notice/school/school-detail；jobId=9AAA562BEF5A4EBDAFC891142B799334）.

单。错过以上时间投递的简历，招聘单位根据工作实际开展情况决定是否进行筛选。

每名应聘人员可向3家意向单位投递简历，每个单位限1个岗位（注册账号—登录—填写简历并提交—选择云南电网有限责任公司—选择单位及岗位—确认投递志愿）。

简历及志愿信息一经提交便不能修改，应聘人员应慎重仔细填报，确保所填信息完整、真实、准确，其中毕业院校、所学专业等信息应与中国高等教育学生信息网（简称"学信网"，http: //www.chsi.com.cn/）检索验证信息一致。

（三）考核测评

考核测评包括笔试、面试等项目。

1. 笔试

考核测评的笔试由南方电网公司统一组织实施，笔试考试大纲在南方电网公司招聘公告中统一公布，笔试分秋招、春招两批，具体时间以正式通知为准。

每名应聘人员有且只有一次笔试机会，笔试成绩在本批次和后序批次均有效。笔试成绩在南方电网公司各招聘单位之间通用。

2. 面试

考核测评的面试由公司各单位实施，现场招聘期间安排部分现场面试，未能参加现场面试的，由各单位根据简历筛选情况通知参加线上或线下面试。

面试主要针对岗位任职资格，着重了解应聘人员的专业综合素质、职业素养等。

应聘人员参加面试时应携带成绩单、毕业生就业推荐表（加盖学校公章）、毕业证、学位证原件等材料，研究生及以上学历应聘人员应携带本科起各学历阶段的证书原件和有关材料。

3. 心理及职业性格测试

由南方电网公司在笔试时同步组织。

（四）审核录用

通过考核测评且体检结论符合招聘岗位要求的，经双方同意，收取就业协议。按照南方电网公司统一安排对录用人员进行公示，公示期限不少于7天。公示结束无异议的，由各招聘单位组织办理录用手续。

◆ **技能训练 企业招聘认知实践**

（1）**实训目的：**通过参加大中型线上/线下招聘会，对企业招聘渠道、招聘广告等形成一定认知，领悟影响企业招聘效果的因素。

（2）**实训内容：**小组作业：以3—6人组成团队，参观社会中大型招聘会（线上、线下形式不限），对企业招聘形成感官认知，并形成一份认知报告。

（3）**实训成果：**认知报告一份。报告内容中需明确参观招聘会的时间、地点，对比观察3—5个企业，至少包括4—8张图片，总结不同企业招募形式（人员穿着、招聘海报、对问询者的态度等）的特点和区别。基于现场招聘会的观察，什么样的企业容易招揽人才？结合所学理论，分析影响企业招聘的因素有哪些？

（4）**实训步骤：**

1）小组成员寻找招聘信息；

2）对招聘信息进行整理和分析，将不同招聘信息按行业类型或企业性质、招聘会规模等进行分类；

3）小组成员对拟需要观察的点进行人员任务分工；

4）按照约定的时间、地点参观招聘会；

5）整合参观完招聘会搜寻的信息，形成企业招聘认知实践报告。

（5）**考核指标：**

1）教师评价（60%）：认知报告的格式正确，排版美观，无错别字；内容充实、结构完整，符合作业要求；在规定时间内完成报告。

2）组间评价（20%）：认知的格式正确，排版美观，无错别字；内容充实、结构完整。

3）组内评价（20%）：是否积极完成被分配到的工作；是否主动配合团队成员工作。

◆ **案例分析**①

根据人社部数据，2021 年第一季度，"最缺工"榜单中，100 个职位里有 70% 左右都是来自制造业，且有数据表明，目前我国制造业的人才缺口已经达到了 1600 万人。《制造业人才发展规划指南》显示，到 2025 年，该缺口或将达到 2985.7 万人，将近 3000 万人，同时，缺口率也将接近 50%。足以见得，当前我国制造业多么地缺人。

继 2008 年春节后工厂出现"用工荒"问题后，用工荒就成为制造业的常态，特别是近两年随着我国人口老龄化程度不断加剧，制造业招工难问题日益凸显。十几二十年前，工人是许多人都"梦寐以求"的岗位，可如今工厂老板们高薪也招不到工人。

要知道，我国作为制造业大国，同样也是拥有超过 14 亿人口的人口大国，为什么如今工厂却连工人都招不到了？是什么"逼"走了这些工人？据业内人士分析，"用工荒"的主要原因有三点：

一是劳动人口在减少。虽然我国是人口大国，但人口多不等于劳动人口多。从全国第七次人口普查数据看，目前，我国 15—59 岁的劳动人口数量为 8.9 亿左右，较 2010 年时减少了 6.79%。随着义务教育的普及和高考扩招，我国人均受教育程度不断提高，15—23 岁绝大多数人都在接受教育，即便是 23—59 岁，也不乏部分群体在读研、读博。实际参与劳动力市场的适龄劳动人口可能比 8.9 亿少得多。

加之随着我国新型城镇化战略的持续推进，农村人口逐步转为新市民，就业的选择面更宽。以前进城务工的农民工是工厂工人的"主力军"之一，如今，农民工的数量也在减少。国家统计局数据显示，2020 年我国农民工数量较 2019 年减少了 517 万人，其中外出农民工就减少了 466 万人。所以说，就算是人口大国，一旦缺少劳动力，照样会陷入"用工荒"。

二是劳动力供求结构性矛盾突出。工厂缺的不是普通劳动力，对于工厂来说，劳动力需要的是年轻人，因为年轻人体力好、工作效率高，且无论年轻人愿不愿意做这个工作，就算大量年轻人做工人，工厂也要"挑挑拣拣"。

---

① 中国有 14 亿人，为何工厂还频频出现"用工荒"，谁把工人逼走了？[EB/OL]. https://www.sohu.com/a/478845953_348228.

培养一个新人的成本太高了，无论是时间还是金钱都十分不"划算"，更倾向于找有经验的年轻人。而伴随互联网产业不断蓬勃发展和数字经济的兴起，高端制造业对工人的学历、技能水平等方面的要求越来越高。所以说，工厂的招工条件"苛刻"，自然会有"用工荒"的情况。

三是人们的就业意愿发生了转变。随着经济社会不断发展，互联网产业催生新业态新模式，年轻人的就业机会逐渐增加，而工作枯燥单一、待遇不高、工作不稳定等原因，使得越来越多的年轻人不愿做工人，这也是"用工荒"产生的最主要原因。此前，人社部发布过2021年新增的18个新职业，有二手车经纪人、调饮师、汽车救援员等。而且，自互联网兴起以来，我国还诞生了许多新行业，如互联网、电商、自媒体等；同时，也诞生了不少的新职业，像是外卖员、网约车司机、网络主播等。城镇化之初，没学历、没技能的人们只能选择去打工，工厂是大家唯一的选择，可如今各类新行业诞生，年轻人的机会以及选择都变得更多了，同样不需要学历，大家能做的工作也更多了。这种情况下，做工人不再是许多人唯一可选的工作。

综上所述，"用工荒"问题不是一朝一夕就可以改变的，更不是靠着开出高薪就可以解决的。要将我国工人整体的权益、待遇都提升，工人群体也不再被认为是社会底层群体，这样，才能提高人们做工人的意愿。

思考与讨论：

根据案例资料，结合本章所学理论，从企业人力资源管理的角度，如果你作为HR，你将如何解决企业招聘难的问题？

二、招聘的流程

从企业实践操作来讲，招聘流程按照前期准备阶段、组织与实施阶段、录用与评估阶段可进一步细化。

（1）各部门（单位）根据组织（公司）战略规划或年度工作及市场规划，拟定下年度人力资源需求，上报人力资源部。

（2）人力资源部根据组织（公司）战略规划或年度发展计划、编制情况及各部门（单位）的人力资源需求计划，制订组织（公司）的年度招聘计划。

（3）各部门（单位）根据实际业务需求，提出正式的人员需求申请。填写《招聘申请表》，详列出拟聘职位的招聘原因、岗位职责和资历要求，并上报人力资源部审核。

（4）公司各主管领导及人力资源部根据组织（公司）人员分布情况，人员编制、根据市场、人员配置安排，拟订招聘计划，总经理批准后开始实施。

需要注意各流程节点中，用人部门与人力资源部各自的职责分工，如表1-3所示。

表1-3　用人部门与人力资源部各自的职责分工

流程	职　责　分　工	
	用人部门	人力资源部
前期准备阶段	① 招聘计划的制订与审批 ② 招聘岗位的工作说明书	提供招聘政策、发展战略和招聘程序 同相关部门一起研究人力资源需求情况
组织与实施阶段	① 应聘者初选，确定参加面试的人员名单 ② 负责面试、考试工作	① 招聘信息的发布 ② 应聘者申请登记，资格审查及录用标准的提出 ③ 通知参加面试的人员： a. 面试、考试工作的组织、安排 b. 对候选人员进行初步的甄别筛选
录用与评估阶段	① 录用人员名单、人员工作安排的确定 ② 正式录用决策 ③ 员工培训决策 ④ 录用员工的绩效评估 ⑤ 人力资源规划修订与招聘评估	① 个人资料的核实、人员体检 ② 试用合同的签订 ③ 试用人员报到及生活方面安置 ④ 正式合同的签订 ⑤ 检查评估招聘过程，并做出必要的修正和改进 ⑥ 员工培训服务 ⑦ 录用员工的绩效评估 ⑧ 人力资源规划修订

资料来源：笔者根据文献资料整理。

招聘流程是体现企业真正重视人才的重要窗口。如果流程冗长而繁复，耗费应聘者大量的时间，流程衔接不当，迫使应聘者长时间的等候，或者反复往返接受面试，将极大地降低企业对各类人才的吸引力，导致企业外部人力资源的较大浪费和招聘效率低下。招聘流程的扁平化和流畅性，能最大限度地提高企业对人才市场的反应速度，使企业快速做出录用决策，是低成本获得优秀人才的重要手段。因此，设计合理流畅的招聘流程，对于提高招聘效率和质量、持续吸引企业所需要的人才、提升企业品牌形象、降低招聘成本具有不可忽视的重要意义。

◆ **课后思考题**

1. 描述招聘与录用的工作程序。

2. 简述招聘的几项应该遵循的原则。

3. 如何理解招聘与录用过程中的公平原则？

4. 影响招聘的因素有哪些？

第二章
招聘的前期准备

> **知识目标：** 理解职位分析的作用和方法；陈述人力资源供给与需求预测的步骤和方法。
>
> **能力目标：** 学会根据职位分析及人力资源规划进行招聘需求分析。
>
> **素质目标：** 应用职位说明书制定招聘基准。

当前劳动力市场由于信息不对称及信息滞后等客观因素，往往出现找工作的人"求职难"和企业"招聘难"现象并存。企业招聘难的原因有很多，如企业声望、薪酬竞争力、招聘渠道、招聘流程等，从招募环节看，跟企业发布的招聘广告中的招聘要求（即招聘基准）过高、招聘信息的覆盖面过窄有很大关系，比如对生产工人的学历要求高中或中专以上，管理职位都要求相关工作经验等。

解决上述问题的方案：一是从组织内部优化招聘流程，提高招聘效率，确认招聘需求，避免合适的求职者被不合理的招聘需求排除在外；二是拓展现有招聘渠道，提升招聘信息的吸引力，将尽可能多的求职者纳入企业的招聘池。招聘需求拟定的是否合理，决定了后续招聘工作的效率和质量，因此夯实招聘前期基础性工作显得尤为重要。

招聘的前期基础性工作主要有两大块：一块是人力资源规划，要求企业尤其是各用人部门，在确定是否招聘、招聘多少人及招聘什么样的人才时，必须站在企业战略的高度，确定招聘基准；另一块是工作分析，它主要帮助企业及用人部门梳理各空缺职位需要做什么事来支撑部门运转实现企业战略，以及做好这种事都需要具备哪些知识、能力、素质，掌握何种技能。只有基础性工作打牢了，招聘需求才能有比较清晰的定位，加上合意的招聘渠道和具有吸引力的招聘广告，最终通过一定的甄选技术，才能帮助企业招到合适的人才。

在广泛推行全员性、竞争性、经营性、战略性人力资源管理的时代，招聘部门应主动地参与企业和部门的人力资源规划，深入一线了解人员流动去向，随时掌握企业在各个阶段的用人需求，以采取合适的招聘策略，及时为企业输送合适的人才。

那么，招聘需求分析的流程是怎样的呢？招聘需求分析一般按照用人部门提出招聘需求申请，人力资源部在此基础上进行招聘需求调查，并基于调查进行招聘需求分析，考虑企业成本、效率等因素下确认招聘需求，明确招聘渠道和时间进度要求，据此制订招聘计划。

那么，做好招聘需求分析的基础性工作有哪些呢？具体来说，主要包括以下内容：

（1）招聘需求的来源；

（2）有关招聘岗位的说明，如角色、职责、权限、上下级及平行关系、任职资格、薪酬范围、绩效评估指标、组织内部的关键程度等；

（3）与招聘周期相关的最低到岗时间要求；

（4）招聘渠道和招聘方式的确认，如是内部招聘还是外部招聘、是否委托外部机构、成本的预算规定等；

（5）其他需要事先确认的原则、规定和信息。

这些重要而不可或缺的基础工作主要涉及工作分析和人力资源规划。就招聘而言，工作分析明确了每个岗位的价值以及该岗位需要做什么事，做好这些事情都需要具备什么样的能力、素质和技能的人（招聘渠道分析），从而使招聘目标更加精准。而人力资源规划明确了招聘需求的来源，明确哪些部门、哪些职位需要招人以及什么时候招（时间与进度分析）。

学习任务一　基于企业战略的人力资源规划

人力资源规划是企业计划的重要组成部分，是各项具体人力资源管理活动的起点和依据。狭义的人力资源规划指企业从战略规划和发展目标出发，根据企业内部和外部环境的变化，预测企业未来发展对人力资源的需求，以及为满足这种需要所提供人力资源的活动过程。广义的人力资源规划指企业所有各类人力资源规划的总称。需要特别注意的是，企业在制定人力资源规划时必须依据组织的发展战略及目标，要适应组织内外部环境的变化并及时进行动态调整，通过制定必要的人力资源政策和措施，使组织人力资源供需平衡，保证组织长期持续发展和员工个人利益的实现。

企业人力资源规划有助于减少未来的不确定性，合理的人力资源规划通过科学地预测与分析企业在不断变化的内外部环境下人力资源的供给与需求情况，制定必要的政策与措施，从而保障在需要的时间和需要的岗位上得到并保持一定数量具有特定技能、知识结构和工作能力的员工，预测企业潜在的人员过剩和人员不足情况，并及时采取措施提高竞争优势。由此可见，要做好企业的招聘管理，必须以人力资源规划为基础和依据。

一、人力资源规划的影响因素

制定人力资源规划是一项复杂的工作，它受到诸多因素的影响和制约，如表2-1所示。

表2-1 企业人力资源规划的影响因素

外部因素	经济	经济形势。当经济处于萧条期时，人力资源的获得成本和人工成本较低，但企业受经济形势的影响，对人力资源的需求减少；当经济处于繁荣期时，劳动力成本较高，但企业处于扩张时期，对人力资源的需求量会增加。企业在进行人员规划时，必须考虑所处经济社会的宏观经济形势，在整体趋势上保证人员规划总体战略的正确性
		劳动力市场供求状况。劳动力市场上的各种人才的供求关系对于企业获得各种人才的成本、难易程度都有较大的影响
	人口	人口环境因素主要包括社会或本地区的人口规模，劳动力队伍的数量、结构和质量等特征。在制定人员规划时，还要考虑劳动力年龄因素对人员规划的影响。因为不同年龄段的员工在收入、生理需要、价值观念、生活方式、社会活动等方面存在着一定的差异性，有着不同的追求

续表

外部因素	科技	科学技术对企业人员规划的影响是全方位的，它使企业对人力资源的需要和供给处于结构性的变化状态（或处于动态的不平衡状态）。例如，计算机网络技术的飞速发展，使得网络招聘等成为现实；新技术的引进与新机器设备的应用，使得企业对低技能员工的需要量减少，对高技能员工的需求量增加
	社会	社会文化反映社会民众的基本信念、价值观，对人力资源管理有间接的影响；政府有关的劳动就业制度、工时制度、最低工资标准、职业卫生、劳动保护、安全生产等规定，以及户籍制度、住房制度、社会保障制度等，因为这些制度、政策、规定会影响到人力资源管理工作的全过程，当然也会影响到企业的人员规划
	行业特征	企业所处的行业特征在很大程度上决定着企业的管理模式，也影响着人力资源管理工作，企业的行业属性不同，企业的产品组合结构、生产的自动化程度、产品的销售方式等内容也不同，则企业对所需要的人力资源数量和质量的要求也不同。比如，对于传统的生产性企业而言，生产技术和手段都比较规范和程序化，人员招聘来源大都以掌握熟练技术的工人为主；对于现代的高科技企业来说，需要技术创新型的技术开发人员
内部因素	发展战略	发展战略的调整将影响企业组织结构重组或优化，进而引起人力资源的重新或优化配置。例如企业生产规模的扩大、产品结构的调整或升级、采用新生产工艺等，会造成企业人力资源总量及结构的调整
	企业文化	优秀、合适的企业文化通过增强企业凝聚力，加强员工的进取精神，稳定企业的员工队伍，减少人力资源方面的不确定性因素等进而影响企业人力资源规划的制定
	企业已有人力资源及人力资源管理系统	企业拥有的人力资源的数量、质量和结构等特征会影响企业内部人力资源供给，而人力资源战略、培训制度、薪酬激励制度、员工职业生涯规划等会影响企业对人才的吸引力，以及企业内部人才队伍的稳定性等，进而对人力资源规划有重要的影响

资料来源：笔者根据知乎相关资料整理所得。

二、人力资源规划的内容

人力资源规划可分为两大方面：人力资源总体规划和人力资源业务规划。

（一）人力资源总体规划

人力资源总体规划是组织人力资源在规划期内开发利用的总目标、总任务、总政策、总预算和主要实施步骤的安排。它是对计划期内人力资源规划结果的总体描述，包括预测的需求和供给分别是多少、做出这些预测的依据是什么、供给和需求比较的结果怎样、组织平衡供求的指导原则和总体政策是什么等，主要体现在组织战略层次上。在总体规划中，最核心内容是人力资源供给和需求的比较结果。

通过人力资源总体规划，可以解决以下几个问题：

（1）组织在某一特定时期内对人力资源的需求是什么？即组织需要多少人员，这些人员的构成和要求是怎样的？

（2）组织在相应的时期能够得到多少人力资源的供给？这些供给必须与需求的层次、类别和结构相对应。

（3）在这段时期内，组织人力资源供给和需求比较的结果是什么？组织应该采取什么措施或通过什么方法达到人力资源供需的平衡？

如果组织能够对这三个问题做出明确的回答，那么该组织人力资源规划的主要任务就完成了。

（二）人力资源业务规划

人力资源业务规划主要在组织业务经营层次上，确定为实现人力资源总体规划需要实施的各项业务规划，是总体规划的分解和具体实施。人力资源业务规划具体包括人员晋升规划、人力资源补充规划、人力资源流动规划、人力资源职业生涯规划、人力资源缩减规划等。每一项业务规划由规划的目标、政策、步骤和预算等部分构成。

1. 人力资源晋升规划

人员晋升计划是企业根据企业目标、人员需要和内部人员分布状况，制订的员工职务提升方案。对企业来说，要尽量使人与事达到最佳匹配，即尽量把有能力的员工配置到能够发挥其最大作用的岗位中，这对于调动员工的积极性和提高人力资源利用率是非常重要的。对员工来讲，职务的晋升意味着责任与权限的增大，按照赫兹伯格的双因素理论，责任与权限都属于工作的激励因素，它们的增加对员工的激励作用巨大，因此，人员晋升计划最直接的作用是激励员工。晋升计划的内容一般由晋升条件、晋升比率、晋升时间等指标组成。企业的晋升计划是分类制订的，每一个晋升计划都可以用这些指标清楚地表示。为避免内部晋升导致的不公平以及由此带来的企业经营效率损失问题，企业在制订员工晋升计划时应该全面地衡量上述指标，慎重考虑。

2. 人员补充计划

人员补充计划是企业根据组织运行的实际情况，对企业在中、长期内可能产生的空缺职位加以弥补的计划，旨在促进人力资源数量、质量和结构的完整与改善。一般来讲，人员补充计划和人员晋升计划相联系，因为晋升计划会造成组织内的职位空缺，并且这种职位空缺会逐级向下移动，最后导致企业对较低层次的人员需求加大。所以，在企业进行招聘录用活动时必须预测未来的一段时间内（如1—2年）员工的使用情况。只有这样才能制订出合理的人员补充计划，保证企业在每一发展阶段都有适合的员工各种岗位工作。

3. 人力资源流动规划

企业按照内外部环境的变化，采取不同的人员管理措施（如使员工在企业内部合理流动、对岗位进行再设计等）以实现企业内部人员的最佳配置。例如，当企业要求某岗位上的员工同时具备其他岗位的经验或知识时就可以让此岗位上的员工定期地、有计划地流动，以提高其知识技能，使之成为复合型人才。又如，当人员过剩时，企业可以通过岗位再设计对企业中不同岗位的工作量进行调整以解决工作负荷不均的问题。

4. 员工职业生涯规划

员工职业生涯规划既是员工个人的发展规划，又是企业人员规划的有机组成部分。企业通过员工职业生涯规划，能够把员工个人的职业发展与组织需要结合起来，从而有效地留住人才，稳定企业的员工队伍，特别是对那些具有相当发展潜力的员工，企业可以通过个人职业生涯规划的制定，激发他们的主观能动性，使其在企业中发挥出更大的作用。

5. 人力资源缩减规划

组织在发展前途不佳时，往往需要采取人力资源缩减战略，为实现组织人力资源的缩减战略需要制定相应的人力资源缩减规划，具体可包括以下几种方案：提前退休、企业关闭、劳动力转移、缩减工作时间、分担工作和解聘等。此外，还须确定被裁减人员的类型、裁减的形式及时间，并按照组织人力资源发展战略规划来具体确定组织各个部门所需要缩减员工的专业、技能等级和人数。缩减规划中还需分析、评价以上不同方案所产生的后果，避免由此产生劳动纠纷。

三、人力资源供求预测

（一）人力资源需求预测

人力资源需求预测分为现实人力资源需求预测、未来人力资源需求预测和未来流失人力资源需求预测三个部分。人力资源需求预测的典型步骤如下：

（1）根据职位分析的结果，来确定职位编制和员工配置；

（2）进行人力资源盘点，统计出人员的缺编、超编及是否符合职位资格的要求；

（3）将上述统计结论与部门管理者进行讨论，修正统计结论；

（4）该统计结论为现实人力资源需求；

（5）对预测期内退休的人员进行统计；

（6）根据历史数据，对未来可能发生的离职情况进行预测；

（7）将步骤（5）、步骤（6）统计和预测结果进行汇总，得出未来流失人力资源；

（8）根据组织发展规划，如引进新产品，确定各部门的工作量；

（9）根据工作量的增长情况，确定各部门还需要增加的职位及人数，并且进行汇总统计；

（10）该统计结论为未来增加的人力资源需求；

（11）将现有人力资源需求、未来流失人力资源和未来人力资源需求汇总，可得到组织整体人力资源需求预测的结果。

（二）人力资源需求预测的定性方法

1. 现状规划法

假定企业保持原有的生产规模和生产技术不变，企业的人力资源也处于相对稳定状态，即企业目前各种人员的配备比例和人员的总数完全适应预测规划期内人力资源的需要。

2. 经验预测法

利用现有的情报和资料，根据有关人员的经验，结合本组织的特点，对组织人力资源需求加以预测。经验预测法可以采用"自下而上"和"自上而下"两种方式。

3. 德尔菲法

德尔菲法是发现专家对影响组织发展的某一问题的一致意见的程序化方法，具体操作有以下步骤：

（1）确定所通过一系列设计的问卷，要求专家提供可能的解决方案；

（2）匿名、独立地完成第一组问卷；

（3）汇编结果复印再分发给每位专家，他们再次提方案；

（4）再将方案汇编，直到专家们的意见趋于一致。

（三）人力资源供给预测

1. 外部供给的分析

由于外部供给在大多数情况下并不能被组织所直接掌握和控制，因此外部供给的分析主要是对影响供给的因素进行判断，从而对外部供给的有效性和变化趋势做出预测。影响人力资源供给的因素主要包括以下几点：

第一，组织所在地的人力资源现状。

第二，组织所在地对人才的吸引程度。

第三，组织自身的吸引力程度。

第四，预期经济增长。

第五，全国范围的职业市场状况。

2. 内部供给的分析

内部供给的分析主要是对现有人力资源的存量及其在未来的变化情况做出判断。

第一，现有人力资源的分析。

第二，人员流动分析：流出、内部流动。

第三，人员质量分析：质量的变动主要表现为生产效率的变化。

3. 人力资源供给预测的步骤

（1）对现有人力资源进行盘点，了解员工状况；

（2）分析组织的职位调整政策和历史员工调整数据，统计出员工调整的比例；

（3）向各部门的人力资源决策者了解可能出现的人事调整情况；

（4）将步骤（2）、步骤（3）的情况汇总，得出组织内部人力资源供给预测；

（5）分析影响外部人力资源供给的地域性因素；

（6）分析影响外部人力资源供给的全国性因素；

（7）根据步骤（5）、步骤（6）的分析，得出组织外部人力资源供给预测；

（8）将组织内部人力资源供给预测和组织外部人力资源供给预测汇总，得出组织人力资源供给预测的结果。

四、人力资源规划的制定流程

人力资源规划的编制大致需要五个步骤：

一是信息收集与分析。按照影响企业人力资源规划的因素，调查、分析并整理涉及企业战略决策和经营环境的各类信息，以及企业现有的人力资源状况。

二是预测和规划近期和远期组织的人力资源需求和供给状况。在分析企业人力资源供给与需求影响因素的基础上，采取定性与定量相结合的预测方法，分别预测企业未来人力资源的供给与需求状况。

三是着重从数量、质量、层次、结构等方面将企业人力资源需求与供给状况进行对比分析，预测某一时期企业人力资源不足或过剩的情况。

四是基于供求预测制订平衡人力资源供需关系的总计划和各项业务计划。确定时间跨度，并根据不同阶段人力资源供求状况特征提出调整人员不足或人员过剩的政策、措施，保障企业不同阶段人力资源供给与需求的平衡。

五是对人力资源规划工作进行控制和评价。设置人力资源规划执行过程中监督、控制和评估机制，确保人力资源规划的科学性、动态性和有效性。

上述人力资源规划的五个步骤，也可用皮尔比姆和科布里奇（Pilbeam and Corbridge，2002）在布兰汉姆模型基础上拓展的人力资源规划过程模型表示。如图2-1所示。

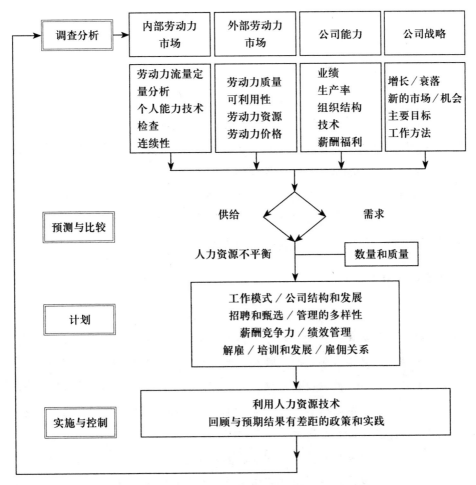

图2-1 皮尔比姆和科布里奇的人力资源规划过程

基于组织人力资源规划，HR在确定招聘需求时，要站在企业的角度，多从成本收益视角考虑问题。能通过优化工作职责、轮岗或加班就能解决的临时性人员需求，则无需进行招聘。分析招聘需求时，要结合性别、年龄等因素考虑新增员工带来的直接成本及间接成本，在不违反《中华人民共和国劳动合同法》的前提下，还要尽量规避用工风险。实践中强调企业要有社会责任感，但为了在激烈的市场竞争中生存，没有企业愿意自己的员工长期休假而不能产生任何收益。我国女员工产假期间的工资是由国家社保基金中的生育险统筹支付的，企业无需支付，但企业仍需承担员工休假导致的工作效率下降及顶岗等发生的额外成本。因此，多数情况下企业在面临女性员工因休产假而导致的临时性招聘需求时，都采用内部借调或轮岗的方式加以解决。

组织可针对个别核心岗位建立动态轮岗机制，为每一个核心岗位储备固定替补队员，当某个岗位发生临时性缺员时，可以通过替补解决，最低限度地降低缺员对企业的影响。需要注意的是，轮岗也须考虑替补本身的工作强度，不能让替补人员长期高强度负荷工作。不过，这种为了预防临时缺员而设计的岗位轮换与通常意义上的轮岗略有差别。一些知名企业为了激发员工工作热情，会帮助员工更好地规划职业生涯，设计一些岗位进行轮岗。如果人数较多，也可采取劳务派遣工的方式，但劳务派遣的不足在于企业面临不确定的用工风险及短期需要支付较高的成本。

◆ **案例分析**

D集团在短短5年内由一家手工作坊发展成为国内著名的食品制造商。企业最初从来不定什么计划，缺人了，就现去人才市场招聘。企业日益正规后，开始每年年初定计划：收入多少，利润多少，产量多少，员工定编人数多少，等等，人数少的可以新招聘，人数超编的要求减人，一般在年初招聘新员工。可是一年中不时有人员变动，年初又有编制不能多招。结果人力资源经理一年到头往人才市场跑。

近来由于3名高级技术工人退休，2名跳槽，生产线立即瘫痪，集团总经理召开紧急会议，命令人力资源经理3天内招到合适的人员顶替空缺，恢复生产。人力资源经理两个晚上没睡觉，频繁奔走于全国各地人才市场和面试现场之间，最后勉强招到2名已经退休的高级技术工人，使生产线重新开始了运转。人力资源经理刚刚喘口气，地区经理又打电话说自己公司已经超编了，不能接受前几天分过去的5名大学生，人力资源经理不由得怒气冲冲地说："是你自己说缺人，我才招来的，现在你又不要了！"地区经理说："是啊，我两个月前缺人，你现在才给我，现在早就不缺了。"人力资源经理分辩说："招人也是需要时间的，我又不是孙悟空，你一说缺人，我就变出一个给你？"

思考与讨论：

（1）你认为 D 集团面临的招聘困境是由哪些原因造成的？

（2）如何解决上述困境提高该公司的招聘效率？

◆ **技能训练　基于企业战略及人力资源规划分析招聘需求**

（1）**实训目的：**学会根据职位及人力资源规划进行招聘需求分析。

（2）**实训内容：**以 3—6 人组成团队，成立模拟企业，行业类型不限，画出组织结构图，写出背景企业的组织发展战略、经营目标、所属行业背景及类型、主营业务及特点等。在企业发展战略的基础上分析及制定人力资源规划方案，结合职位说明书，从人员数量、结构和质量三个层次剖析企业的招聘需求。

（3）**实训步骤：**

1）小组成员就以下内容进行分工：组织结构图、企业经营发展战略、年度经营目标、企业性质、所属行业类型、主营业务及特点等信息的搜寻与整理；

2）小组基于上述资料解读企业战略，基于企业战略分析人力资源的挑

1. 研究企业发展战略	2. 人力资源调查	3. 人力资源现状分析	4. 企业人力资源需求预测/供给预测	5. 企业人力资源规划编制
1.1　企业发展目标及方向 1.2　内外部环境变化趋势 1.3　企业整体目标、任务和变更情况预测	2.1　企业组织结构设置、岗位设置的合理性 2.2　当前员工工作状态、劳动定额负荷状态 2.3　企业薪酬、培训、职业生涯规划实施情况	3.1　当前在职员工数量、结构等基本情况 3.2　企业人岗匹配情况 3.3　劳动力市场成熟度及供求状况 3.4　求职者择业需求	4.1　需求预测：人才数量、质量、结构、引进时间等 4.2　供给预测：内部人员发展潜力、晋升机会、流失/地区人力资源总量、结构、行业薪酬水平等	5.1　人力资源供求预测结果对比分析 5.2　企业人力资源供需是否平衡 5.3　解决供需失衡的计划、措施

图 2-2　人力资源规划编制流程

战及发展方向；

3）进一步形成人力资源管理战略目标，并按照图 2-2 所示步骤编制人力资源规划；

4）基于人力资源规划和职位说明书，分析招聘需求（数量、结果和质量）。

（4）实训成果：

1）企业战略简介 PPT；

2）企业人力资源规划；

3）企业供给预测及招聘需求。

（5）考核指标：

1）教师评价 60 分。

内容翔实，逻辑清晰，从人力资源规划到招聘需求分析的逻辑要恰当（70%）；

文档排版美观，汇报效果好（30%）。

2）组内匿名评价 20 分。

积极参与小组任务分工与讨论（40%）；

及时并高质量完成分配的任务（60%）。

3）组间评价 20 分。

通过该小组展示与讲解，能理解该组人力资源规划和招聘需求之间的逻辑（50%）；

材料撰写内容翔实，排版美观（50%）。

◆ **拓展阅读**

曾湘泉：标准确定与人才评价 [①]

众所周知，我国在科技领域卡脖子问题很突出，中央人才工作会议对此进行了深刻阐释。同时，人才工作不能就人才而谈人才，对于国有企业，我们的人才工作还应与国家导向的企业愿景、使命和目标，及企业战略相匹配。那么，在人才工作中，又该如何去建立起一套好的人才发展体制机制？

——————————

① 曾湘泉：标准确定与人才评价 [EB/OL]. https://mp.weixin.qq.com/s/uC0uFgMsEapQF9kUNW9zeQ.

中央人才工作会议对此提出了很多重要思想，包括战略科学家等战略性人才队伍建设、卓越工程师等科技型领军人才及其创新团队建设，以及青年科技人才队伍建设等。

我认为，人才标准确定和人才评价的关系是我们现在需要深入研究的一个问题。提出这个问题，是基于中国人才市场怪相的一个判断。比如，医院里的医生不会看病，会写论文；学校里的教师不会上课，会写论文；企业里的员工没有产品研发，会写论文。这类现象，大家在日常的管理工作中也能够普遍看到。

在中央人才工作会议上，谈到深化人才发展体制机制改革时强调了三个方面。第一是向用人主体充分授权；第二是积极为人才松绑；第三是特别提到了人才发展体制机制的问题，如人才评价体系不合理，"四唯"现象仍然严重，人才帽子满天飞，滋长急功近利、浮躁浮夸等不良风气。强调要完善人才评价体系，加快建立以创新价值、能力、贡献为导向的人才评价体系，形成并实施有利于科技人才潜心研究和创新的评价体系。

先破后立，有破有立。我们都知道，破"四唯"是解决人才评价体系不完善的重要举措，但是该立什么？应该建立起什么样的人才评价体系？这个问题目前大家探讨的很少。在一些比较成熟的企业里，人才评价九宫格图（职位匹配图）得到了广泛的应用。人才评价九宫格图实际上是从两个维度评价人才的。

第一个维度是纵坐标看绩效，反映了员工工作的好坏。第二个维度就是横坐标看能力，反映了员工的个人素质或者说潜能。通过两个维度的比较，可以把优秀员工、可靠共享者和低绩效员工区分出来，这为干部选拔和人员晋升提供了重要参考。那么两个维度该如何衡量？也就是说如何开展绩效评价和能力评价？这是我们今天要重点关注的问题。

关于绩效评价，简单来说，其本质是目标管理。绩效评价与企业战略和企业行为导向密切联系在一起，也是上级对下级的评价，自上而下地落实企业战略或企业意志。

关于能力评价，其本质是素质模型。绩效评价和能力评价最核心问题是评价标准是什么？绩效评价的标准是什么？能力评价的标准是什么？这一点需要我们深入思考、全面理解，并将其摆在解决人才评价卡脖子问题的突出位置。

研究评价标准问题，首先要结合实际案例看。美国的学者曾经写过一本书——《绩效管理》。这本书里明确提出"绩效管理是人力资源管理的高科技"，并引用美国20世纪60年代实施的两项十年计划来论证这一观点。第一项十年计划是人类登上月球，第二项十年计划是人类绩效评价计划。十年过去后，人类登上了月球，但人类绩效评价计划没有完成，迄今也没有完成。所以这本书里讲，绩效评价是人力资源管理的高科技，比登天还难！不过，我的理解是，绩效评价并不是不能解决。我们可以从奥运会的评价案例中找到答案。奥运会本质上是对运动员的评价，谁是冠军、亚军、季军，本质上都是要对运动员行为或表现进行评价才能得出。奥运会采取的是测、评、评测结合三类项目评价方式。测，应用于单一、明确的标准项目，如百米短跑。评，如跳水比赛得分主要看两个指标，第一个指标是水花，第二个指标是难度系数。评测结合，典型代表就是足球比赛中的越位。总体来说，奥运会的评价是很成功的！

我们来研究一下绩效管理循环的内容。首先强调的是绩效评价不等同于绩效管理，这个观念很重要。绩效管理包括绩效计划、绩效实施与管理、绩效评估和绩效反馈四个环节。第一是确定标准，也就是绩效计划或者说目标管理。第二是收集相关信息和事实，观察并记录，评价必须基于数据和事实，必须基于行为表现。第三是绩效评估，现代的绩效管理都有方法技术，以此消除恶意评价或笑脸评价的影响。比如，奥运会在对运动员打分中，会去掉一个最高分和一个最低分。第四是绩效反馈。

绩效评价的核心在于评价标准。评价标准的确定，首先要体现企业组织层面的导向，要把组织的愿景和使命作为目标分解到不同层级中。无论是事业部，还是其他部门，或者是小组，都需体现这种导向，做出组织所期望的行为。同时，员工也要将组织与小组的工作目标融入业绩计划中。

当前存在的很大问题是能力评价。关于能力的概念，比较认可的是冰山模型。冰山模型是McCleland和Spencer在20世纪70年代，为美国选拔外交官使用的一个模型。其核心不在于冰山浮在水面的知识和技能，知识和技能都是容易测量的，其核心在于冰山沉入水面的部分，即所谓自我认知、人格特征和动机等，我们现在存在的问题主要来源于此。以自我认知为例，医生本来应该扮演救死扶伤的角色，而现在就医过程中，经常会出现多开药、多检查现象，医患关系紧张，其实是医生的自我认知发生变化，变成了一个商人，而不是说医生的知识、技能发生了变化。

2010 年出版的《"双转型"背景下的就业能力提升战略研究》一书中，我们发表了《转技能的层次划分、形成机理与培养机制》一文，这篇文章在吸收前人研究的观点基础上，提出了软技能分层的"金字塔模型"（见图 2-3）。应该说，这是我们对冰山模型在研究层面的进一步细分。该模型分为三个层面：最上层是应用层软技能，包含沟通技能、人际技能、分析能力、组织能力、团队协作能力、创新能力等，应用层软技能接近于显性上的技能，通常易于识别，也能够进行培训。中间层是修炼层软技能，包含责任心、成就动机、服务意识、自信力、承受压力能力、全局意识、道德等，这部分能力比较难以量化测量，也很难借助短期培训解决。最底层是天赋层软技能，包含直觉、美感、个性特质、性格等，通常这部分可以借助心理学家开发的心理量表进行评价。

图 2-3 软技能分层的"金字塔模型"

芝加哥大学的海克曼教授是 2000 年的诺奖获得者，他提出了新人力资本理论。旧人力资本理论通常是用教育年限计算人力资本的回报率，也就是我们通常所说的明塞尔方程。而新人力资本理论不仅仅关注认知能力，更强调非认知能力。我们的学生创新能力不足，其实跟高考制度是有关系的，高考完全是认知能力的考查或评价，反观国外一流大学对于人才的选拔不仅重视认知，也非常强调非认知能力。比如，美国顶尖高校选拔学生中的若干项指标中，第一项不是 SAT 考试成绩，而是高中三年加上初中第三年学习排名情况，所谓 GPA 的排名。GPA 测量的不仅仅是一次性考试成绩，更是持续努力和效果，这当然与非认知能力，如毅力。在大学入学评价，包括 MBA 入学推荐中，也有量表专门测量非认知能力。这也就是新人力资本理论强调的能力二分法，既要有认知能力，也要有非认知能力。除了能力二分法，新人力资本理论还强调，不同时期的教育其效果也是不一样的，我们称之为跨期理论。为此，新人力资本理论特别强调早期教育，一般来说，认知能力在 10 岁前基本定型，因为人类的认知能力形成是有关键期和敏感期的。

软技能的形成也是有一定规律的。天赋层软技能主要受家庭影响，也可以进行教育与开发。修炼层软技能尽管可以通过情境化训练，特别是通过建立激励约束机制形成，但很难借助短期培训解决。应用层软技能相对来说简单，能够通过培训提高。软技能分层的"金字塔模型"同样适用于企业中的干部选拔和培训，包括高层领导干部的培训。过去我们做过一项研究，就是关于国企董事长、总经理标准的制定。董事长、总经理作为国企最高层级的领导干部，从软技能看，有政治素质、廉洁自律、影响力、团队领导能力这四个方面的共同点。同时，董事长、总经理之间也有不一样的地方。首先，董事长要有民主作风，在董事会商议事项的时候，董事长要鼓励大家发表意见，集思广益去解决面临的问题。其次，董事长要有责任感，国企具有特殊性，国企的董事长是代表国家行使责任的，所以要有强烈的责任心。再次，董事长要有创新能力，国企的董事长往往具有较大的决策影响力，企业的创新驱动很大程度依靠董事长的创新能力。最后，董事长要有战略能力，布局决定结局，思路决定出路。在企业高层管理中，内部人控制其实是国企中存在的一个较大的问题。总经理要诚信正直，要有主动性，不能"等靠要"，同时要有良好的执行能力、沟通能力和成就动机。以上提到的各种软技能是我们基于北京市国资委所属企业高层领导人员深度访谈和行为描述基础上，研究提炼出来的一些结论。

从斯坦福大学 MBA 领导行为网络量表看，我们也能够清晰地看出其对软技能的关注，包括主动性、结果导向、沟通和专业形象以及风度、影响和协作、尊重他人、团队领导力、发展他人、诚信/正直、适应性、自我意识、解决问题、战略导向。此外，我们可以看到，在美国 O*NET 对于普通内科医生的能力或行为描述中，对于工作风格的要求，强调注重细节、诚信、可靠、压力容忍，并特别提到了关心他人。而在我国的医生培养中，迄今还没有这方面的素质或行为标准要求。这次中央人才工作会议中，着重强调了战略科学家、科技领军人才及其创新团队、卓越工程师和青年科技人才，我国要解决科技领域卡脖子等一系列重大问题，就要解决这些人才的吸纳、维系、培养和激励问题，首先应明确这些人才标准，特别是能力评价标准，这是解决我国人才评价卡脖子的关键。总的来说，解决好绩效评价和能力评价的评价标准这一核心问题很重要！但当前仍面临着认识、技术和体制三大障碍，这也是我们解决这一问题的努力方向。

第一是认识问题。要从思想上，深刻认识到人才评价是一项需要巨大投入的工作。把人力资源管理中的人才评价工作看作一件简单和成本低廉的事情，是我们长期存在的一个误区。

中央人才工作会议提出了到2035年世界人才高地建设的三个阶段，第一阶段是加大科研经费投入。我个人认为，这其中的人才评价、人才管理投入要得到重视。美国投入30亿美元建设的O*NET体系，对所有职位职责和重要性、能力标准和重要性，都进行了全面系统的描述和刻画，这其实是中美科技实力差距背后人才管理基础设施建设的差距。

我们一定要加大人才标准制定投入，国家要研究制定新的职业大典，企业要建立清晰的职位体系，明确工作职责，全面、科学和准确地界定不同职位知识、经验、能力和个性等要求。

第二是技术问题。在人才标准的制定中，专业化和职业化的人才管理队伍是关键。目前而言，我们的人才管理队伍还跟不上新时代的要求，要努力打造专业化的人才管理队伍。一方面，可以借助外包或者咨询公司去做；另一方面，强化内部培训，我们之前提到的软技能评价，实际上是构建一个最基本的理念，即不能测量的不能管理！

软技能不能漫无边际、任意理解或随便制定，其原则是经过系统化的梳理、科学的研究，总结、提炼和概括，能够测量、描述，最终能够使用并有效。在技术上，要体系化地按照"组织战略—机构设计—职位体系工作分析—职位说明书"这一实现路径去推进。

第三是体制问题。要深化体制改革。建立以创新价值、能力、贡献为导向的人才评价体系必须将外在推动变成内在动力，其中完善法人治理结构是关键。

学习任务二　基于工作分析明确招聘基准

工作分析是人力资源管理中一项非常重要的常规性技术，是企业其他人力资源管理活动的基础。具体来讲，工作分析是借助于一定的分析手段，确定某种特定职位工作的定位、目标、工作内容、职责权限、工作关系、业绩标准、人员要求和职务规范等基本因素的一种程序。工作分析有助于帮助企业清楚地掌握某职位的固定性质以及组织内各个职位间相互关系的特点，从而确定每一个职位的工作规范，以及胜任该职位的工作人员在履行职务上应具备的技术、知识、能力与责任。

一、工作分析的内涵

工作分析又称职位分析或岗位分析，它是系统分析和确定一项工作的全部内涵及特征的管理活动，即通过对一项工作的全部信息进行系统全面地收集、整理和分析，为该工作形成一种标准信息和职位标准，为人力资源管理工作提供基础。工作分析的结果是职位说明书，如图2-4所示。

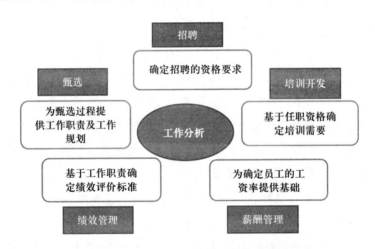

图2-4　工作分析与人力资源管理其他职能间的关系

通过工作分析要解决的问题：某职位是做什么事情的？什么样的人做这些事情最适合？因此说，工作分析是企业人力资源管理的基础，为招聘、甄选和考核工作提供客观尺度，为人力资源规划提供前提保证，为工作评价、人员考核、晋升与调动管理奠定了基础，为工作设计提供基础信息，为制订培训计划提供方法和内容的依据，为绩效考核提供评价标准，为岗位评估及确定薪酬等级提供依据，为员工的职业发展规划的制定提供依据。

工作分析是人力资源管理的基础，持续进行工作分析的更新和补充是理所当然的事。但事实并非如此简单，适时进行这些更新和补充并非易事。新的职位不断出现，甚至来不及进行工作分析，人员就需要招聘到岗以满足业务发展和调整的需要。事实上，过分夸大工作分析对于人力资源管理的实效意义并不可取。由于工作分析通常不会被及时补充修订，它也许可以检验一家企业是否具备最基础的人力资源功能，却不能成为衡量企业人力资源管理质量和水平的重要因素。

二、工作分析的方法

工作分析的常见方法主要有访谈法、观察法、问卷调查法、工作日志法等。各种方法各有其利弊，企业因规模和管理基础不同，可选择不同的方法，或将不同的方法综合使用（见表 2-2）。

（一）访谈法

访谈法也称采访法，它是通过职位分析人员与员工面对面的谈话来收集职位信息资料的方法。通常运用访谈法时，应当以标准化的访谈方式进行并记录，目的是便于控制访谈内容，并对同一职务不同认知者的回答进行相互比较。

访谈法是一种基础的搜寻信息的方法，适用广泛，其优点是调查空间自由，双向互动，掌握员工深层次感受和探究问题发生的根源，有利于收集深层次的、实质性的内容。正是因为这些优势使访谈法几乎成为所有其他工作分析方法的补充和辅助。

麦考米克于 1979 年提出了访谈法的一些标准，即：

（1）所提问题要和职位分析的目的有关；

（2）职位分析人员语言表达要清楚、含义准确；

（3）所提问题必须清晰、明确，不能太模糊；

（4）所提问题和谈话内容不能超出被谈话人的知识和信息范围；

（5）所提问题和谈话内容不能引起被谈话人的不满，或涉及被谈话人的隐私。

访谈法的劣势：一是对访谈者的素质水平和谈话技巧要求较高。调查问题容易发散，调查质量取决于访谈质量，如访谈者应用不当，可能影响信息收集的质量。二是存在被访谈人对于表达真实意思存在顾及或者过分夸大工作难度和重要性的可能，从而使岗位信息失真，导致调查信度受到影响。三是大范围的访谈耗费时间较多，组织难度较大，需要消耗大量企业的管理资源。

（二）问卷调查法

问卷法适用于脑力工作者、管理工作者或工作不确定因素很大的员工，比如软件设计人员、行政经理等。相对于观察法，问卷法更便于统计和分析，但要注意的是，调查问卷的设计直接关系着问卷调查的成败，所以问卷一定要设计得完整、科学、合理。例如：美国普渡大学（Purdue University）的研究员麦考米克等研究的 PQA（Position Analysis Questionnaire）。

（三）观察法

观察法是一种传统的职位分析方法，是指工作分析人员直接到工作现场，针对特定对象（一个或多个任职者）的作业活动进行现场观察，收集和记录有关工作的内容、工作间的相互关系、人与工作的关系以及工作环境和条件等信息，并用文字或图标形式记录下来，然后进行整理、分析和归纳总结。

观察法的优点是使用灵活，简单易行，直观真实，分析人员能够身临其境地直接感受该项工作的本质属性，广泛了解诸如工作活动内容，工作中的正式行为和非正式行为的信息，以及工作人员的士气等，因而所获得的资料较为准确。其缺点是时间消耗大，容易对员工工作产生干扰，只适用于小范围的职位分析。

（四）工作日志法

工作日志法又称工作写实法，指在直线管理人员的领导下，由员工本人按时间顺序详细记录自己的工作内容与工作过程，然后经过专业人员归纳、分析和研究，由此获得该职位的工作内容、责任、权利、人际关系、工作负荷等信息。工作日志法的优势是能全面系统地了解职位人员的日常活动及其与相关职间的工作关系，收集最原始的工作信息和记录，其缺点是调查的任务阶段性和随机性较强，无法全面反映全部工作的概貌。

（五）其他方法

（1）参与法。参与法也称职位实践法，指职位分析人员直接参与到员工的工作中去扮演员工的工作角色，体会其中的工作信息。参与法适用于专业性不是很强的职位。

（2）典型事件法。如果员工太多，或者职位工作内容过于繁杂，应该挑具有代表性的员工和典型的时间进行观察，从而提高职位分析的效率。

（3）材料分析法。如果职位分析人员手头有大量的职位分析资料，比如类似的企业已经做过相应的职位分析，比较适合采用本办法。

（4）专家讨论法。这种方法指请一些相关领域的专家或者经验丰富的员工进行讨论，以进行职位分析的一种方法。这种方法适合于发展变化较快，或职位职责还未定型的企业。

表 2-2　工作分析方法优缺点的比较

方法	优点	缺点
观察法	有助于工作分析人员了解生产的过程，减少误解	耗费时间长。适合于流水线的工人以及周期短、规律性强的职位，对脑力劳动者不太适合
访谈法	通过面对面的交流，让员工理解问题，并进行清楚的回答。沟通效率较高 避免因双方对文件理解的差异导致信息理解和收集不准确	面谈过程容易受任职者个人因素的印象，导致收集的信息不真实。需要花费的时间多
问卷调查法	信息获取的速度快，效率高，比较节约时间	设计问卷要求高，需要花时间。语言理解和表达能力不好的员工有可能提供错误的信息
工作日志法	全面系统地了解职位人员的日常活动及相关职位间的工作关系，收集最原始的工作信息和记录	调查的任务阶段性和随机性较强，无法全面反映全部工作的概貌
典型事件法	可揭示工作的动态性，生动具体	需要花大量时间去搜集典型事件，并加以概括和分类。不适合描述日常工作

资料来源：笔者根据文献资料整理所得。

三、职位说明书与招聘基准

一般来说，职位分析包括两个方面的基本内容：一是确定工作岗位的具体特征，如工作内容、任务、职责和环境等；二是找出工作岗位对任职人员的各种要求，如技能、学历、训练、经验和体能等。前者的结果表现为职位描述，后者的结果表现为任职资格说明，它们的文本形式是工作说明书或职位说明书。

职位说明书是记录工作分析结果的管理性文件，它是对企业职位的任职条件、职位目的、指挥关系、沟通关系、职责范围、责任程度、绩效评价内容及薪酬范围给予的定义性说明。一份用于内部管理用途的职位说明书通常包括以下内容：

（1）职位名称。

（2）所在部门名称。

（3）职位角色与设置目的。

（4）任职资格条件，包括学历、工作经验、特殊技能要求等。

（5）直接主管职位名称（或现任主管名称）。

（6）下属人数（部门内所管辖的人数）。

（7）沟通关系，一般分为外部和内部两个部分。

（8）工作内容和职责，包括职位范围、责任程度等。

（9）绩效指标，包括评价指标、评价标准等。

（10）行政权限，指在公司所拥有的财务权限和行政审批权限等。

职位说明书被称为企业人力资源管理的基石，它为组织的招聘录用、提拔晋升等提供了标准和根据。职位说明书中的任职资格为人员甄选、任用和调配提供了基础，以此为参考依据制定招聘基准，并在此基础上展开后续的招聘计划、组织与实施工作。

◆ 案例分析

大中公司在招聘方面可谓是投资不菲，它在一家最著名的招聘网站上登了广告，同时也在当地发行量较高的一些报纸上登广告，而且也经常参加当地一些大型人才招聘会。

每天，HR 部门的招聘专用信箱中都会收到一百余份简历，另外还会收到六七十份邮寄或传真的简历。每次招聘会上，工作人员都应接不暇，最终以几大袋简历满载而归。看上去这些招聘活动的效果很明显。

但事实上，简历虽然很多，而真正符合要求的却不多。特别是在这些简历中，应聘财会、文秘、行政助理、基层销售人员的简历占 80% 以上，而一些专业要求较强的技术人员和中高级管理人员的简历则很少，能够满足要求的更是少得可怜。

业务部门的领导在抱怨："为什么总是招不到我们想招的人？我们想招一位市场部经理，可是现在这些简历中却没有一份真正适合的。"HR 人员也很苦恼："我们整天忙个不停，怎么就是满足不了公司对人才的需求？"

思考并讨论：

（1）大中公司为什么会出现这种现象？背后的原因有哪些？

（2）如何提高该公司的招聘效果呢？

◆ 技能训练　基于职位说明书确定招聘基准

（1）**实训目的**：理解招聘基准的含义，并根据职位说明书确定招聘基准。

（2）**实训内容**：各小组基于上一次技能训练的结果（模拟背景企业的招聘需求分析），为各招聘职位制定招聘基准，合理分工配合完成拟招聘职位的招聘基准。

（3）**实训成果**：确定背景企业招聘职位的招聘基准（表格）。

（4）**操作步骤**：

1）各小组成员先在一起回顾模拟背景企业的招聘需求，明确哪些职位需要招聘，招聘职位的工作职责是什么；

2）明确工作分析的目的，采用资料分析法，拟定招聘职位的职位说明书；

3）根据招聘职位的职位说明书，结合企业实际情况，拟定招聘基准（基本条件和择优条件）。

◆ **案例分析**

招聘怪招：莫斯科模式的"高压力魔鬼面试"①

莫斯科许多公司在招聘新员工时，正流行一种匪夷所思的"高压力魔鬼面试"——招聘人员会突然冲着毫无防备的求职者大骂，或者朝他们脸上泼水，或者进行人格侮辱，甚至问一些难以启齿的隐私问题。据称，"魔鬼面试"中的各种离谱手段，可以考验求职者的真实性格，从而帮公司招聘"最优秀的员工"。

26 岁的娜塔莎·格里什金娜不久前到莫斯科一家大型公司应聘。起初，一切进展得很顺利，那位接待娜塔莎的女主管态度和蔼，提问时也直截了当。但当面试快结束时，气氛突然大变。女主管换了个人似的，开始对着娜塔莎大声怒吼，指责娜塔莎在她的学历资质上撒谎。娜塔莎彻底懵了，女主管连珠炮般的将娜塔莎臭骂了足足 5 分钟，然后喝令她立即滚出房间。当娜塔莎战战兢兢地离开时，女主管将其简历也顺手一把扔了出去。

娜塔莎从来没经历过如此"火爆"的面试。但她没想到的是，第二天，那位女主管居然亲自打电话，通知她得到了这份工作。女主管解释称，当时她对娜塔莎"发火"其实是伪装的，目的是测试娜塔莎在遭遇困难处境时的反应！结果，娜塔莎以她超强的忍耐力顺利通过了"测试"。

由于俄罗斯商业竞争越来越激烈，目前莫斯科许多公司在招聘新员工时，会借助这种所谓的"高压力魔鬼面试"。这些公司的招聘者称，"魔鬼面试"中的各种非常规手段，能帮助他们更精确地评估求职者的潜能。据称，将一杯水泼到对方脸上，是最灵验的招数——如果求职者反应激烈，表明他性格坚强而且有领导素质；如果求职者对羞辱毫无反应，则表明他将是一名老板寻找的"理想员工"，因为他没有野心，不会构成任何威胁。ＡＢＣ顾问公司的娜塔尔娅·康德拉特伊娃称："这真的是一个非常有效的办法，因为它的确能揭示一个人的真性情。"

然而，从应聘者的角度来看，多数人对此面试方法并不认同。32 岁的

---

① 面试前先填信息表，原因在这！探索莫斯科模式的"高压力魔鬼面试"[EB/OL]. https://www.jingliren.org/zc/10626.html.

私人助理爱琳娜·阿格西娜，因为受不了"魔鬼面试"的考验，而丢掉了一份高薪工作。日前，当她到莫斯科一家猎头公司应聘时，女考官先是客气地祝贺她面试成功，然后话锋一转，称："你的未来老板喜欢斯堪的纳维亚相貌风格的女人。因此，在得到这份工作之前，我们不得不对你进行全面整容：你的头发要染色，鼻子要加高，嘴唇也要加厚——当然你不要担心，整容手术的费用由我们全包！"爱琳娜说："听了这番话后，我气得七窍生烟。这是对我的公然侮辱，我暴风般夺门而出。显然，我没有通过他们的测试，因为他们再也没给我打电话。"

许多俄罗斯人表示，他们无法接受这样的"魔鬼面试"。32岁的格里高利·加宁是一家莫斯科通信公司经理。他说："没有任何严肃的企业会使用这样的手段来招工。如果哪个招聘者敢朝我脸上泼水，我肯定一拳头把他的脸打开花！"

据说，甚至在被聘用之后，一些公司仍会继续对新雇员进行刁钻古怪的"魔鬼测试"，如假冒另一个公司给该雇员打电话，谎称有一份待遇优厚的工作正等着他。而一旦有人信以为真表示兴趣，将立即因为"不忠诚"而被解雇。

思考与讨论：

（1）你如何看待"高压力魔鬼面试"？

（2）你认为这种面试怪招是否可取，为什么？

学习任务三　胜任素质模型构建

胜任素质在组织管理中驱动员工做出卓越绩效的一系列综合素质，是员工通过不同方式表现出来的职业素养、自我认知、特质等素质的集合。明确了胜任素质就等于找到了人才甄选的靶心，招聘工作就有了明确的方向。那么，如何找出不同职位的胜任素质呢？让我们一起来学习如何构建胜任素质模型吧！

一、员工胜任素质模型的相关概念

1. 胜任素质的概念

胜任素质（Competency）概念的产生可以追溯到20世纪50年代 John

Flanagan 的研究，Flanagan 在他的文章中提出了关键事件技术（Critical Incident Technique，CIT）。

Mc Clelland 教授认为，胜任素质是驱动员工产生优秀工作绩效的各种个性特征的集合，它反映的是可以通过不同方式表现出来的员工的知识、技能、个性与内驱力等。胜任素质构成要素包括以下内容：

（1）知识：个人在某一特定领域拥有的事务型与经验型信息，如对某类产品营销策略的了解等；

（2）技能：个人掌握和运用专门技术的能力，如商业策划能力等；

（3）社会角色：个人对于社会规范的认知与理解，如以企业领导、主人翁的形象展现自己等；

（4）自我认知：个人对自己身份的知觉和评价，如将自己视为权威、教练、参与者或执行者等，它表现出来的是个人的态度、价值观与自我形象；

（5）特质：指一个人的个性、心理特征对环境与各种信息所表现的一贯反应，如善于倾听、处事谨慎、做事持之以恒等；

（6）动机：即推动个人为达到一定目标而采取行动的内驱力，如希望把自己的事情做好、希望控制影响别人、希望让别人理解和接纳自己等。

2. 胜任素质的特点

（1）指向性。一个企业可以利用胜任素质模型来识别其领导团队的行为是否可以带领整个团队达到预期的发展目标。

（2）可衡量性。胜任素质对于预定目标的影响是可以衡量的，可表现为能观察、可量化的行为，企业可以利用胜任素质的可衡量性来评价其领导者及员工目前在胜任能力方面的差距及未来需要改进的方向和程度。

（3）可获得性。胜任能力可以通过学习来获得并且发展。企业确定其胜任素质模型后，可以通过培训等手段促使员工有目的性地学习，尽早达到企业的实际要求。

（4）内在区别性。胜任素质随着企业的不同而不同，即便两个企业具备极大的相似性（如财务结果、员工成长、客户发展结果），它们获得这些结果的方法却是完全依赖于企业战略决定的胜任能力和水平。

（5）发展性。胜任素质水平并非一成不变。随着企业发展的不同阶段，企业管理水平和人员素质的不断变化，企业素质模型中的每个胜任素质的水平要求，都在发生着变化。

3. 胜任素质模型的概念

素质模型（Competency Model）指为完成某项工作，达成某一绩效目标所要求的一系列不同素质的组合，包括不同的动机表现、个性与品质要求、自我形象与社会角色以及知识与技能水平。素质模型通常由素质要素及等级要求组成。

二、胜任素质模型在人力资源管理中的应用

（一）个人层面

胜任素质模型向员工提供了一个明确的学习范本，让员工清楚了解如何迈向成功与卓越，以积极的态度帮助个人不断激发潜能。由于组织一开始就为员工设定了极具挑战性的目标，可以让员工为组织目标明确而全力以赴，发挥个人潜能，进而提升员工的工作效率与生活质量。组织中每一位员工的胜任素质将在胜任素质模型体系的评估与回馈不断运行后趋于完善，最终促进员工个人胜任素质的提升与发展。

胜任素质模型使企业员工具有明确的职业生涯定位。员工在主管的协助下，经由胜任素质评鉴分析和对自我胜任素质的检视之后，可以针对胜任素质、职业生涯规划与潜能开发的要求，规划个人职业生涯发展的行动步骤。同时，个人可以经由对组织胜任素质模型体系的了解，以及胜任素质评鉴的回馈，发现个人职业生涯发展中出现的种种难题，寻求解决的可能途径。

（二）组织层面

胜任素质模型体系构建过程中，在职位分析上最重要的一项工作是明确组织的目标、核心胜任素质、文化、价值观。当一个胜任素质模型体系构建成功的同时，此模型体系就成为组织沟通价值观、共识与战略的最佳工具，将组织战略规划所需的核心胜任素质与个人胜任素质紧密结合。胜任素质模型体系的价值在于它提供了组织与个人学习的标杆，使组织内各部门的功能、产品、技术在活动过程中产生了一个整合的接口，也提供了员工职业生涯发展的目标，在个人胜任与组织胜任素质之间构建一种良好互动发展的方式，以使组织获取独特的竞争优势。

（三）人力资源管理职能层面

胜任素质模型可以应用到人力资源管理的招聘、培训、绩效管理、薪酬管理等各个职能中。工作分析是企业实施招聘的基础，如果仅对岗位的组成要素，如岗位性质、特征、职责权限、劳动条件和环境进行分析，很难识别岗位的胜任特征要求。基于胜任素质模型进行的工作分析，侧重研究岗位要求的与优秀绩效表现相关联的特征及行为，结合胜任特征及其行为表现来定义岗位的任职资格要求，使其具有更强的绩效预测性，从而为招聘与录用提供参考。

在招聘活动中，对于企业要雇用什么样的人才，可以通过胜任素质模型，找到需要的人才素质的分布，通过胜任素质的测评工具即可找出符合素质要求的人才。企业招聘难点在于识别应聘人员的潜在素质。以应聘人员的知识、技能及经验背景等外在特征为依据作出录用决策，缺乏对应聘人员未来绩效的科学判断与预测，将会给企业带来很大风险。基于员工胜任素质模型的招聘与甄选，旨在从应聘人员过去经历中的行为表现发掘其潜在素质（能力素质是深层次特质，不易改变），分析其与应聘岗位胜任能力的契合度，并预测其未来的工作绩效，从而作出录用决策。

在培训领域，对于企业的培训需求可以通过胜任素质模型进行分析，在了解企业战略后，进行组织、部门、员工个人三个层面的胜任素质需求分析，可以得到员工需要的胜任素质内容，并说明相应的标准。然后通过人员测评，了解个人素质状况，再与标准胜任素质比较，找出差距，作为培训需求的依据。通过这套流程，可以使培训后的员工胜任素质与企业战略匹配一致。

在绩效管理过程中，一般的绩效考核以短期的指标为依据评价员工的绩效表现。而基于胜任素质的绩效管理制度则着重于绩效的取得的过程及结果。在薪酬管理方面，以胜任素质为基础的薪资制度以员工所学得的技能或在胜任素质上的表现成绩作为调薪的标准，以此激励员工朝胜任素质提升的方向努力。

三、构建胜任素质模型的方法

（1）选定研究职位。基于组织的战略分析，结合组织结构图及对组织高层的访谈，明确组织中哪些职位属于关键职位，并对职位进行分析，明确职位的工作职责、任职资格。

（2）确定研究样本。结合企业日常绩效管理实践，梳理关键职位的绩优标准。根据绩优标准和企业绩效评价的实际结果，甄选该职位的胜任素质模型研究样本。为便于比较，研究样本应选取两组：一组为优秀员工，数量在3—6名；另一组为具备胜任素质但绩效表现一般的员工，人数选取2—3名。

（3）任务要项分析。依据职位分析的方法，将目标职位的绩优标准分解细化为一些具体的工作要项。基于工作要项，分析、归纳驱动任职者产生高绩效的行为特征。

（4）行为事件访谈。利用访谈技术，采用结构化的问卷，对绩效优秀和绩效一般的员工分别进行访谈，得到大量关于如何做好这项工作的具体事件，这些事件必须完整，包括事件的前提、事件的经过和事件的结果。在这些事件中，既包括正面的，也包括负面的，从两个方面去挖掘经验。通过将绩效普通样本和绩效优秀样本的访谈结论进行比较分析，找出那些导致组间绩效差异的关键行为特征。

（5）信息整理与归类编码。将第4步识别的关键行为进行归类，挖掘这些行为说明了怎样的能力结构，识别导致关键行为及其结果的、具有区分性的胜任素质特征，精练胜任素质要项及其定义和分类，并对其进行层次级别的划分。初步形成该职位的胜任素质模型框架，具体包括胜任素质要项，每项胜任素质的定义、级别划分及各个等级行为特点的描述。

（6）评估与完善。对初步建立的胜任模型的验证，一方面可以通过与相应职位的任职者及其上级进行讨论，评估模型的胜任素质要项是否为驱动任职者达成高绩效的关键因素，对胜任素质要项的界定与分类是否准确，是否遗漏了其他重要的胜任素质；另一方面可通过胜任素质模型的实践运用来检验模型是否有效。例如，可将胜任素质模型运用到企业人员培训管理中，以此检验基于胜任素质模型的培训管理是否有助于提高此类员工的绩效。最后，根据评估结果，不断修正、完善该职位的胜任素质模型。

◆ **案例分析**

SP公司一次失败的招聘

位于武汉新世纪广场的某外资ＳＰ公司，因发展需要在2012年10月底从外部先后招聘了两位行政助理（女性），结果都失败了。具体情况如下：

第一位是A，入职的第二天就没来上班，没有来电话，联系不到本人。经她弟弟解释，她不打算来公司上班。三天后她又来公司，中间反复两次，最终决定不上班了。她的工作职责是前台接待。入职当天晚上公司举行了聚餐，她和同事谈得也很愉快，她自述的辞职原因是工作内容和自己预期的不一样，琐碎繁杂，觉得自己无法胜任前台工作。HR对她的印象是内向、有想法，不甘于做琐碎、接待人的工作，对批评（即使是善意的）非常敏感。

第二位是B，工作十天后辞职。B的工作职责是前台接待、出纳、办公用品采购、公司证照的办理与手续变更。她自述的辞职原因是奶奶病故了，需要辞职在家照顾爷爷。她当天身穿大红毛衣、化彩妆，而且透露出家里很有钱。HR的印象是形象极好、思路清晰、沟通能力强，行政工作经验丰富。总经理的印象是商务礼仪不好，经常是小孩姿态，撒娇的样子，需要进行商务礼仪的培训。

1. SP公司此次招聘的流程

（1）公司在网上发布招聘信息。

（2）总经理亲自筛选简历，制定筛选标准：本科应届生或者年轻的待业人员，最好有照片，要形象漂亮，毕业的学校最好是名校。

（3）面试。如果总经理有时间由总经理直接面试，如果总经理没时间，就由HR进行初步面试，由总经理最终面试。

（4）新员工的工作岗位职责、薪资、入职时间都由总经理决定。

（5）面试合格后录用没有入职前培训，直接进入工作。

2. 企业背景

国外SP公司的独资子公司，是高科技公司，主营业务是为电信运营商提供技术支撑，提供手机移动增值服务、手机广告。该公司薪水待遇高于其他传统行业。公司位于武汉繁华商业区的著名写字楼内，对白领女性具有很强的吸引力。总经理是外国人，曾在中国留过学，自认为对中国很了解。

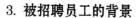

3. 被招聘员工的背景

A：23岁，武汉人，专科就读于武汉商学院，专升本就读于湖北大学。做过少儿剑桥英语的教师一年。

B：21岁，武汉人，大专学历，就读于武汉广播电视大学电子商务专业。在上学期间兼职过两个单位，分别为拍卖公司的商务助理和电信设备公司的行政助理。曾参加过选美比赛。

思考与讨论：

（1）基于案例资料，请分析该公司招聘失败的原因有哪些？

（2）结合所学理论，你认为该公司应如何改进以提高招聘有效性？

◆ 课后思考题

1. 职位分析对于招聘管理有什么作用？
2. 描述人力资源规划的制定流程。
3. 简述什么是员工胜任素质模型。
4. 胜任素质模型对员工个人有什么作用？

◆ 拓展阅读

人力资源管理咨询公司高级顾问谈如何提高招聘的有效性 [①]

*21*世纪是创新的世纪，人才是创新的根本。面对企业发展遇到的瓶颈，引进高素质人才，往往是企业获得突破性的发展的一个必要手段。很多企业面对人才短缺的情况，一方面求贤若渴，另一方面却又招不到合适的人才。这种人力资源缺乏的现状是普遍的，直接的影响是企业无法高效运转，长远看，这种人才的缺位必将导致企业发展后劲不足，无法维持长期平稳增长。特别是那些处于发展期的企业，因业务扩张、机构壮大，其对人才的需求度是最高的，需要大量的优秀员工来保证高速的增长，同时需要引进高端人才来搭建和完善其组织架构。但由于企业的经验和积累不足，在招聘工作方面往往有所欠缺，不能有效地吸引人才，进而很难挑选出合适的人才。针对这种情况，华恒智信的高级咨询顾问赵磊基于多年的实践经验总结，认为上述

---

① 华恒智信：人才测评工具的使用 [EB/OL]. http://www.chinahrd.net/blog/417/1216601/416815.html.

现象的背后有以下三个原因：

一是招聘者本身素质能力不够。俗话说"千里马常有，而伯乐不常有"，用到招聘中可以理解为，招聘者自身能力不够从而错失了招聘到人才的机会。随着企业的发展壮大，各个部门的分工越来越趋于专业化，这就要求招聘人员应具有更加专业化的素质。

高素质的招聘人员能够有效地发掘、吸引、留住企业需要的人才，招聘人员对于企业的人员配置和整体规划有着深远的影响。优秀的招聘人员应该具有敏锐的洞察力、全局的概括力、果断的判断力、良好的沟通力。

同时要求招聘者具有高尚的职业操守，能够以企业的发展为己任，关心企业的现实需求，积极发掘招聘工作中需要注意的问题。企业为了改善自身人力资源短缺的现状，首先应该做的是提高招聘人员的素质，对招聘部门进行专业的培训，或者是求助于专业的人员招聘机构。

二是一些企业中层领导对招聘工作的重视度和参与度不够。很多企业里高层领导一直在为人才短缺而发愁，但中层管理人员却很少重视这一方面的工作。往往这些中层骨干只关心企业日常运营中出现的问题，他们的主要关心点在于提高工作业绩。事实上，中层骨干人员是对企业状况了解最直观最深刻的群体，他们在实际的管理工作中能轻易地发现企业所需的人才。因此，强化中层人员对于招聘的重视程度是很有必要的，只有加强他们与招聘部门的联系沟通才能把企业的真正需求表现在对招聘的选择上，为企业找到适合的人才。

三是面试过程中对人才识别欠缺应有的科学工具。例如，某些企业在招聘过程中主要关注员工的血型与星座，这样的招聘工具就不具有科学性，对人才的评价缺乏合理的依据。很多企业的招聘管理也仅有一套考试题，除笔试外招聘流程最多增加一个礼貌待客，无法实现量化人才选拔。

作为专业的人力资源管理咨询公司，华恒智信研究团队针对以上三点问题提出以下改进建议：第一，提高招聘人员或者骨干人才的专业素养。通过对招聘人员的专业培训，提高他们的招聘能力，使他们能够科学合理地评价每一个应聘者。第二，强化企业中层骨干对招聘工作的重视程度。适当组织中层人员进行招聘管理方面的培训，主要是提升他们对招聘工作重要性的认识，让他们能够在实践中及时反馈企业对人员的需求。第三，做好招聘前期准备工作。招聘的前置环节是工作分析，明确岗位说明书，细化工作职责，清楚企业需要招聘的人才应具备的能力或技能，例如，企业所需的人才到底是更看重技能还是知识抑或是经验，企业选择人才的标准不同就会导致后续甄选方式的不同。第四，完善面试过程中使用的工具。有一定管理基础的企业，可以尝试对关键岗位构建胜任素质模型，以岗位潜能素质的量化为基准，帮助企业量化和明确岗位所需要的人才真正素质标准、能力标准、经验标准等是什么。

第三章
招 聘 计 划

知识目标：掌握招聘计划包含的主要内容；掌握招聘基准的概念和具体要求；掌握招聘中的人员策略、渠道策略、时间策略和地点策略的要求；熟悉招聘计划管理中的表单及格式。

能力目标：学会基于企业特征制订招聘计划。

学习任务　学习编制招聘计划

企业在进行招聘活动前，都应该制订一份详细的招聘计划。规范的招聘计划能确保整个招聘活动的顺利进行。假使没有招聘计划，企业在招聘活动中往往非常被动地应付各种情况，经费也是捉襟见肘，用人部门与人力资源部门缺乏事前协调和沟通，导致招聘效果不佳。科学合理的招聘计划，能够为组织人员招聘和录用工作提供客观的依据，避免人员招聘和录用过程中的盲目性和随意性。那么，一份合理、可行的招聘计划都包含哪些内容？如何制订以及何时制订招聘计划呢？

一、招聘计划的内容

招聘计划是企业人力资源部门根据用人单位的增员申请，经主管总经理批准后，结合企业的人力资源规划和职务说明书，明确一定时期内需招聘的岗位、人员数量、任职资格等因素，组织聘请外部人力资源问题专家或人力资源部人员制订的一段时间内招聘活动的执行方案。

一份招聘计划的内容通常包括本次招聘目的、招聘人数、基准、时间进度、招募渠道、甄选方式、进度安排、招聘小组、经费预算等。其中，此次招聘的背景及目的，重在阐述招聘需求的合理性，招聘需求是否符合企业战略及人力资源规划的要求。

（1）拟招聘的岗位及录用人数，包括拟招聘的职务名称、人数、任职资格要求等内容。可采用倒推法，估算淘汰率，计算从招募到录用各个环节所需招聘池的数量。估算淘汰率最常用的工具之一是招聘产出金字塔[①]。招聘人数的确定，还要兼顾到招聘后员工的配置、晋升和退休金支付等问题。

（2）招聘流程。完整的招聘流程一般包括招聘需求申请与批复、招聘计划、招募与初选、甄选与录用、评估与总结。在经济低迷的特殊时期，不仅难以找到一份好工作，组织也很难招聘到合适的人才，然而，人力资源部门的招聘工作却不应该被拖延下来。招聘计划的制订过程实际上也是完善人力资源系统建设的过程，重新检视招聘流程可以提高未来候选人的质量，从而最终为企业节省招聘成本。因此，招聘计划中，对招聘流程的设计尤为重要。招聘流程必须满足 4E 标准，这样才能确保公司能够挑选到高质量的人才。4E 分别是：

Efficient——流程要效率高；

Effective——流程要效果好；

Experience——候选人在整个流程中要有良好的应聘体验；

Equitable——流程要做到公平公正无偏见。

但现实的情况是职位发布、简历搜索、简历筛选、面试邀约、面试甄选、录用通知发放、入职跟进、部门对接、背景调查、猎头对接事务性工作占据了招聘流程 90% 的时间，仅有较低的价值产出。更高的效率是一切人力资源管理优化的方向，构建符合组织自身特点的招聘系统，借助信息化工具，向人力资源数字化转型是提高组织招聘效率的有效措施之一。

（3）招聘时间进度安排。明确招聘信息发布的时间和渠道、招聘的截止日期及新员工的上岗时间。结合劳动力市场周期规律，制订时间进度计划，明确从招募到人员录用各个环节的时间间隔，以确保招聘工作的时效性。制作招聘工作时间表，并尽可能详细，可包括时间进度、工作内容、责任人、

[①] 葛玉辉，孟陈莉 . 招聘与录用管理实务 [M]. 北京：清华大学出版社，2019.

职责分工等，以便招聘小组成员间的协调与配合。就招聘的时间、周期来讲，HR 要分清招聘的淡旺季，设计好招聘金字塔的数量及各阶段的时间分配，把握好招聘进度。善于利用历史数据，分析企业招聘趋势，找出有效招聘渠道。

（4）岗位性质、职责及招聘标准。首先基于工作分析，梳理拟招聘岗位的岗位职责和任职资格，在匹配、公平等招聘原则下，明确招聘标准，即组织对计划招聘人员的基本素质要求以及针对各个部门中不同职位招聘职员的特殊要求。招聘标准可分为招聘基准（必备条件）和关键标准（择优条件），一般情况下，招聘标准可总结为五个方面：与工作相关的知识、技能、经验，与岗位胜任力匹配的个性品质、个人素质。

（5）招募对象的来源及渠道策略。招聘渠道大体可以分为内部招聘和外部招聘，内部招聘具体的招聘方式又可分为轮岗、工作调换、员工推荐、人员返聘等，外部招聘包括网络招聘、猎头公司、人才交流会、员工推荐、广告招聘、公共服务机构等。HR 要根据招聘岗位的数量、职级、到岗时间的急迫性、质量要求等选择恰当的招聘渠道。

网络招聘要根据企业招聘职位的类型、难易程度确定具体的合作品牌，如果招聘文职类岗位，诸如设计、文秘、行政、人资等，且工作地点在地市级，则智联招聘是不错的选择；若在全国范围内招聘管理类职位，如财务总监、人力资源总监、行业精英等，则可以选择猎聘网。

（6）招聘面试小组的组建，包括人员姓名、职务、各自的职责。明确用人部门与人力资源部的职责分工和时间安排。面试小组通常应包括人力资源部工作人员，用人部门经理或主管，资深同事，外部专家，以及企业高级管理人员。根据招聘职位的关键程度及面试轮次，调整面试小组的成员数量及结构。

应聘者的甄选评价方案，包括测评的内容、甄选方法及工具、不同甄选工具持续的大致时间、考核的场所、评定方法等。

（7）招聘经费预算等。经费预算的多少主要由招聘对象的特征及招聘渠道来确定。组织对人才的需求是多种多样的，主要表现在职务类别的不同、职位级别的不同、地理分布的不同和填补空缺的紧迫性不同。招聘对象的职级、稀缺程度不同，就会导致招聘渠道策略以及甄选方法、工具的多元化，进而影响招聘的经费预算。

除上述内容外，招聘计划的附件应包括招聘广告样稿、招聘申请表、应聘登记表、组织的绩效薪酬政策等表单。

制订招聘计划是一项复杂的工作，大型企业因招聘需求量大，人员要求高，往往通过聘请外部人力资源问题专家帮助制订和执行招聘计划，而小型企业主要由人力资源部承担招聘计划的制订和实施。招聘计划作为招聘管理流程中一部分，有时被部分企业收录在人力资源政策或员工手册中。一般情况下，当人力资源部将各个用人部门的招聘申请表汇总，交由主管总经理审批后，才被列入人力资源部招聘工作计划。人力资源部着手制订或聘请外部专家制订招聘计划，并根据计划，制订更为详细的招聘方案。计划报批后，方可依照进度计划，组织和实施招聘。

二、招聘策略

随着我国网络经济的快速发展以及人口老龄程度的不断加剧，人才供需结构性矛盾日益凸显，人才竞争日益激烈，人才争夺战被称为城市间及企业间一场没有硝烟的战争。面对不断严峻的招聘形势，企业招聘越来越像营销，招聘的过程即是营销和推广企业的过程。招聘早已成为一项营销雇主品牌和职位吸引力的系统工程，企业需要进行策略性的系统思维和运筹帷幄的周密计划，根据自身的竞争优势，选择合理的招聘策略，才能在激烈的人才市场竞争中制胜。成功的招聘策略将有效提高企业的招聘效率和效果，帮助企业快速找到合适的人才，推动企业持续发展。

企业的招聘策略是为解决企业对人力资源的需求而制订的招聘活动的总计划，也是制订具体招聘工作计划的指南或依据。招聘策略又可细分为招聘队伍建设策略、时间策略、渠道策略和选择人才的标准策略。

（一）招聘队伍建设策略

在经过了第一轮面试之后，应聘者为什么会认为组织是一家不错的就业之所，为什么有些组织会被认为是不好的地方？很大一部分原因在于，应聘者对在面试过程中与企业招聘人员直接接触感受到企业文化和习惯是否认同，以及自身是否受到足够的尊重和公平对待等。这与招聘队伍的素质、形象、专业水平，以及企业招聘流程的设计与执行有关。

HR 的雇主品牌建设，以及 HR 的个人形象建设，在很大程度上影响了公司能否吸引到优秀人才，同时影响非 HR 从业者对这个群体的看法和印象。随着我国人力资源管理实践的不断发展，招聘人员不再局限于企业内部人力资源部的工作人员，还可以是人力资源外包、猎头等第三方招聘机构。

1. 招聘人员的素质要求

在日趋竞争激烈的就业市场中，招聘人员需改变以往"施予者"招人的惯性思维，向"伯乐"请人的思维转变。招聘过程中，面试官的言行举止无不传递着企业文化和雇主形象，每个求职者来到一个陌生的企业都会有些紧张、拘谨，这时，面试接待人员或面试官们的一个微笑、一杯热水都有可能影响应聘者对企业的印象。所以说，招聘人员的素质和技能直接影响着企业招聘的有效性。一个专业的招聘人员应具备以下素质和能力：

（1）良好的个人品质与修养：热情、积极、公正、认真、诚实、有耐心、品德高尚、举止文雅、办事高效。

（2）具备多方面的能力：表达能力、观察能力、协调和沟通能力、自我认知能力。

（3）专业领域知识技能。

（4）广阔的知识面：心理学、社会学、法学、管理学、组织行为学等。

（5）掌握一定的技术：人员测评技术、策略性谈话、观察的技术、设计招聘环境的技术。

2. 招聘队伍组建的原则

为保障招聘的公平、公正，招聘队伍的组建应符合多元化、优势互补的原则，从全方位、不同视角去审视应聘者身上的优点及优势。具体来讲，包括以下方面：

（1）知识互补。招聘队伍中既要有熟悉人力资源招聘知识的人员，如人力资源部的负责招聘的员工，又要有熟悉需要招聘职位的相关业务的人员，这样才能在招聘中从多角度审视应聘者。

（2）能力互补。招聘队伍从整体上应该具备良好的组织能力、领导能力、控制能力、沟通能力、甄别能力、协调能力以及影响力等。

（3）气质互补。招聘队伍中应该具备谨慎认真的面试官，他们可以让整个招聘过程不出差错或少出差错；也应该有富有亲和力的面试官，他们可以坦诚地与应聘者沟通；在有些时候那些"盛气凌人"的面试官也是需要的，如进行压力面试。

（4）性别互补。在招聘的队伍中应该协调好男性和女性的比例，因为在招聘的过程中可能会出现性别的偏见。

（5）年龄互补。在招聘的队伍中应该考虑到不同年龄的面试官。与应聘者的年龄相仿的面试官容易与应聘者产生较多共同话题，利于沟通，可以达到预期效果。年长的面试官因阅历丰富，更加包容，看人识人更加全面。

（二）时间策略

衡量招聘有效性的一个重要指标就是招聘的时效性，提高招聘的时效性应考虑以下因素：

（1）劳动力市场供求变化规律。在人才供应高峰期到劳动力市场上招聘，人才供给充足，加之有效的招聘方法、合理的招聘流程，可节约成本，提高招聘效率。

（2）制订招聘时间进度计划。根据人才需求的紧迫程度，结合招聘流程，制定从招聘计划报批、招聘广告发布、筛选简历、电话邀请、面试到录用决策各节点的时间，在保证招聘质量的前提下尽可能缩短候选人等候录取通知的时间，避免理想的候选人被竞争对手抢先录取。

（3）估算招聘各阶段所需时间。根据甄选金字塔，测算每一甄选环节招聘池的人数，结合甄选方法的难易程度和复杂程度，进而估算各阶段所需时间。

（三）地点策略

根据所要招聘的人员职位类型、职务级别、人才需求的紧迫程度来判断人才的稀缺程度，进而选择何种、何地的人才市场进行招募。如果企业所在地的人力资源供求状况与外地相差不大，没有必要舍近求远。尽量在同一地区进行招聘，这有利于形成固定的员工供应渠道，同时是节约招聘成本的一个有效途径。

一般来说，普通员工考虑到通勤成本会倾向找寻离家近的工作，因此这类员工的招募选择在组织所在地周边区域；对于专业技术人才而言，需要扩大招聘范围，到区域性的劳动力市场进行招聘；对于高级管理人才或较为稀缺的人才，需要在全国范围内招聘；非常稀缺的高端人才需要在全球范围内进行招聘。

（四）渠道策略

招聘渠道是招聘管理的一个根本性问题，渠道的选择在很大程度上会影响企业招聘池容量，进而影响招聘的质量和效率。随着信息技术的广泛运用，我国网民数量不断增加，除广告招聘、校园招聘、网络招聘、现场招聘会、熟人推荐等传统招聘渠道外，新媒体、社交网站正逐步加入新兴招聘渠道之列。许多企业 HR 已经意识到社交招聘这个前景巨大的招聘渠道。

社交招聘巧妙地利用了社交软件的互动性和灵活性，将招聘工作变成一场熟人之间的对话。它既属于企业人员开发与管理的范围，也是对企业管理体系的一种别样的创新，充分利用沟通渠道的多样化，为公司招到合适的人才。相比之下，传统的招聘网站虽然具有海量数据，但非常扁平化，招聘方和求职者之间的交流完全是私下进行的。而在社交招聘平台上，招聘方和求职者都能挖掘出更深层次的数据内容，如用户基础数据、用户行为数据以及用户在社交平台的互动等，具有人才和岗位的匹配度较高、招聘成本低、受众面广、信息传播速度快、互动性更强等优势。

尽管招聘渠道已越来越广泛，但积累和沉淀最适合企业需求和富有效率的渠道仍是一项具有挑战性的工作，需要人力资源部精心策划和特色创新。传统和新兴招聘渠道各有优劣，选择何种渠道取决于企业的特性需要以及求职者的习惯变化。网络招聘仍是当前最主要的招聘渠道之一，通过求职网站所招聘的员工人数远高于其他方式，而职业社交网站正逐步成为高素质人才招聘的重要渠道，校园招聘依然长盛不衰，而人才市场现场招聘会日渐式微，企业对人力资源外包商和猎头的依赖逐渐增强，企业需要理性评估各招聘渠道对自身的影响和作用，适时应变和创新，获得效率最高的人力资源供应渠道。

◆ **拓展阅读**

面 试 官①

很多企业都很重视面试官的筛选与培养，优秀的面试官，能为雇主品牌建设带来正面影响，并通过自身的实力为企业的人才发展体系填充源源不断

---

① HR 新逻辑. 这样面试的 HR，都在挨骂……[EB/OL]. https://new.qq.com/omn/20220318/20220318 A097KH00.html.

的人才。下面我们一起来看看龙湖和华为是怎么做的。

1. 龙湖

除 HR 以外，龙湖公司对所有参与面试环节的面试官，进行对应的面试培训，通过考核的人才能进入面试环节。对于初试面试官，必须在龙湖任职半年以上，职级为 3 级以上的主管或业务骨干；对于复试面试官，必须在龙湖任职一年以上，职级为 5 级以上的部门经理。

对初试面试官每半年评估一次，这半年内的面试次数不少于 20 次，如果复试通过率低于 30%，则取消资格；对复试面试官一年评估一次，总经理交流通过率低于 30%，则取消资格。

2. 华为

华为很注重人才梯队的质量，因此打造了一个面试资格人员管理制度。华为与龙湖一样，对所有参与招聘面试环节的 HR 或部门负责人，进行对应的面试培训，通过考核的人才能成为华为的面试官。

对于这些面试官，每年还会有一次资格年审，考核不通过的面试官会被取消面试资格。

华为认为，面试官是公司招聘人才的第一道门槛，优秀的面试官才能为华为选拔到优秀的人才。推行这项制度后，通过三年努力，华为的人才识别率从 30% 提高到了 50%，如图 3-1 所示。

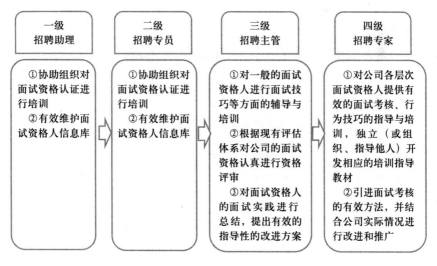

图 3-1　华为面试官的分级与职责

对于 HR 和面试官的面试质量把控，有利于筛选掉不符合雇主品牌形象传播的员工，让能发挥正面能量的优秀面试官上，既能建设雇主品牌，又能选拔出真正为企业所用的优秀人才。

三、招聘策略的选择

前面的章节我们分别讲了招聘的人员策略、渠道策略、时间策略和地点策略，上述招聘策略的目的都是提高企业对人才的吸引力，帮助企业招聘到合适的人才。影响企业对人才吸引力大小的因素很多，它不仅因人而异，也受到地域文化、时代变迁、年龄层次、个体文化内涵、专业类型、职场文化等众多因素的影响。由于人才市场信息的不对称，企业即使拥有令人心仪的工作环境和发展晋升机会，也不易为外人所知。人们对企业的认识和了解，大多数来自企业的公共形象（如媒体广告形象），公开披露的职位薪酬水平及工作制度（如休假制度、工作时间），与招聘人员直接接触感受到的企业文化和习惯，求职人员是否受到足够的尊重和公平对待等，这些信息主要反映在企业雇主品牌形象、职位薪酬激励水平、尊重与公平、工作与生活平衡等核心因素上。

而不同战略导向的企业、不同性质的企业，以及处于不同发展阶段的同一企业，其在雇主品牌形象、职位薪酬激励水平、尊重与公平、工作与生活平衡等吸引人才的核心影响因素上是不同的。因此，在编制企业人员招聘与录用计划时，应因时而异，区别对待，针对企业自身特点选择合适的招聘策略，并根据企业内外环境变化对招聘计划进行动态调整。

（一）基于企业战略的招聘策略选择

1. 增长型战略

增长型战略是帮助企业实现快速增长和扩张的战略选择。包括单一行业战略、主导行业战略和多样化行业战略。推行增长型战略的企业对人才的需求旺盛，新员工比例和流动率都比较高，招聘数量和招聘压力较大。在招聘策略上，企业需要广泛拓展外部招聘渠道，积极投资雇主品牌建设和推广，增强企业以及薪酬水平对人才的吸引力，在招聘力量和招聘资源上进行较大的投入，以满足企业快速增长的对各类人才的需要，销售人员和生产人员是这类企业招聘的重点。

2. 稳定型战略

稳定型战略是企业在市场地位稳定，行业增长潜力有限，更关注利润背景下的战略选择，采用稳定型战略的企业，其员工队伍相对稳定，对新增人力资源需求较小，招聘主要以正常补员和员工优化为主。在招聘策略上，企业需要优化主要招聘渠道的选择，保持人力资源的稳定来源，在中高级管理人才和专业技术人才的招聘上，以猎头外包的方式为主，这类企业招聘的重点和难点是专业技术人才。

3. 成本领先战略

成本领先战略是企业采用大规模生产方式，通过降低产品的平均生产成本以获得源自经验曲线的利润，推行这一战略，必须实现管理费用最小化，并严格控制企业在研发、实验、服务和广告等方面的活动成本。

成本领先战略背景下，企业的薪酬竞争力较弱，招聘成本控制较严，招聘渠道主要以传统招聘渠道和网络招聘为主，招聘外包应用较小，因而对企业自身招聘队伍的专业水平要求较高，以满足低成本招募优秀人才的需要。因此，建立一支专业化水平高和机制灵活的招聘队伍是这类企业招聘策略的重要选择。

4. 差异化战略

差异化战略是企业通过采用特定的技术和方法，使企业的产品或服务在设计、质量、服务以及其他方面与众不同，通过提高独特产品的价格，企业可获得较高的单位利润。差异化战略取得成功的关键因素是企业的新产品开发能力和技术创新能力，在此背景下，企业招聘策略主要以具有竞争力的薪酬和雇主品牌形象，吸引优秀专业技术人员或研发人员。在招聘渠道上，以内部寻聘和猎头外包为主，鼓励内部举荐、职业社交平台也是这类企业获得高端技术人才的重要选择。如表3-1所示：

表3-1　基于企业战略的招聘计划

企业战略	特征	招聘策略	招聘重点
增长型战略	对人才的需求旺盛 新员工比例和流动率都比较高 招聘数量和招聘压力较大	广泛拓展外部招聘渠道，积极投资雇主品牌建设和推广，增强企业以及薪酬水平对人才的吸引力	销售人员 生产性人员

续表

企业战略	特征	招聘策略	招聘重点
稳定型战略	员工队伍相对稳定 对新增人力资源需求较小 以正常补员和员工优化为主	优化选择主要招聘渠道,保持人力资源的稳定来源,在中高级管理人才和专业技术人才的招聘上,采用猎头外包的方式为主	专业技术人才
成本领先战略	薪酬竞争力较弱 招聘成本控制较严 招聘渠道主要以传统招聘渠道和网络招聘为主	建立一支专业化水平高和机制灵活的招聘队伍	
差异化战略	具有竞争力的薪酬和雇主品牌形象 吸引优秀专业技术人员为主	内部寻聘和猎头外包为主,鼓励内部举荐和职业社交平台	高端技术人才

资料来源:李志畴.招聘寻聘管理实务[M].北京:清华大学出版社,2016.

(二)基于企业性质的招聘策略选择

1. 国有企业的招聘策略选择

国有企业在劳动力市场当中具有较强的吸引力,中央企业和垄断型企业尤其如此。国有企业是名牌大学应届毕业生职业向往之地,尽管国有企业的管理体制和机制相对落后,员工人际关系复杂,内部公平性、激励性相对较弱,但随着国有企业改革的不断深入,其雇主品牌、薪酬竞争力、人性化程度以及用人环境具有明显的优势。国有企业的招聘策略应以品牌吸引和环境吸引为主,在渠道策略上主要以吸引名牌大学生的校园招聘为主,辅以猎头招聘的渠道,以获得关键岗位人才和技术人才。

2. 民营企业的招聘策略选择

民营企业是招聘市场的主力军,是人才竞争的市场主体。与西方发达国家不同,我国民营企业的发展伴随着招聘行业的发展,目前国内丰富多样的招聘渠道、甄选方式方法的建立与创新均离不开民营企业。民营企业是人力资源市场中最活跃的因素,快速成长的民企对人才的需求旺盛,员工流失率相对较高,用人环境、雇主品牌和薪酬水平相对缺乏竞争力,在人才激烈竞争的环境下，持续面临较大的招聘压力。

与国有企业和外资企业相比，民营企业的招聘策略具有更高的适应性和灵活性。他们对人力资源市场、资源供给渠道以及竞争对手的瞬息变化高度敏感，在招聘力量投入、渠道投入、用人标准调整、薪酬水平调整等方面能够快速做出应对性反应，尤其在薪酬竞争力上，尽管整体薪酬竞争力不足，但针对不同人才的需求，在保密工资制度的基础上采取谈判协议，薪酬体系等灵活机动，吸引和获取企业所需的关键岗位人才和特殊人才。

民企面临着雇主品牌形象、薪酬激励水平、用人环境等核心竞争力明显不足的劣势。在招聘策略上，应扬长避短，高度重视渠道的丰富性和多样性，强调招聘流程的扁平化和快捷性，提高流程效率，加大招聘队伍和资源上的投入，创新招聘激励机制，鼓励内部推荐，并逐步改善育人环境和雇主形象，从根本上提升其在人才市场上的竞争力。大型现场招聘会是规模性民营企业较多采取的招聘策略和方式之一，通过优势媒体的广告推广、周密细致的活动策划、招聘流程的精心设计和组织，吸引大量的目标候选人参加应聘和参观公司现场，常常能够批量解决企业人员需求。

3. 外资企业的招聘策略选择

外资企业的雇主品牌形象、薪酬激励水平、用人环境等具有明显的核心竞争力，员工队伍相对稳定，员工流失率较低，招聘补员的压力较小，招聘需求主要来自新增职位和新增职位的增员，校园招聘和猎头服务是外资企业重要的渠道策略。在员工素质模型上强调教育背景、发展潜力和个性品质。事实上，由于外资企业对优秀人才具有较强的吸引力，在实施招聘的过程中，其招聘策略重在人才选择模式，而非竞争意义。

（三）基于企业生命周期特征的招聘策略选择

按照企业发展的客观规律，企业将经历一个符合发展规律的生命周期，处于不同发展阶段的企业，在员工招聘和人才引进中需要结合自身情况，采取符合其生命周期特征的招聘策略。

1. 处于初创期的企业

初创期的企业一般都是规模较小，产品的边际利润较低，成本的承受能力很弱，无论是企业品牌影响，还是薪酬竞争力都不具备竞争力。由于企业招聘力量薄弱，招聘费用预算较低，人才渠道来源较为单一。

尽管人员需求量不大，但常常面临招聘的困难。初创期企业对人才质量的要求往往较高，由于企业运营模式和管理结构尚未成型，机制灵活机动，要求员工能够独当一面，一专多能。因此，这类企业重视工作经验，对学历要求不高，不适应应届毕业生，其招聘渠道主要以社会招聘和内部员工推荐为主。

2. 处于成长期的企业

经历创业期的磨炼，成长期企业发展迅速，经营规模和员工规模不断扩大，经济实力和竞争力不断增强，市场份额逐渐扩大。随着盈利能力和融资能力的提高，财务状况好转，对人才吸引力逐步增强。同时，由于运营模式逐渐稳定，用人标准业已清晰，招聘效率明显提高。

处于快速成长的企业，对销售、生产技术人员及中高级管理人员的需求急速增加，企业招聘面临前所未有的巨大压力。为了满足企业对大量人力资源的快速需求，适应人才市场竞争的变化，成长期企业需要在招聘策略上进行系统的筹划和设计，包括广泛而具有特色的招聘渠道、专业而又精干的招聘力量、合理有效的招聘流程、科学高效的甄选模式、持续的招聘资源和成本投入等，以实现为企业快速发展提供人力资源保障的目的。招聘渠道创新和招聘方法创新是高速成长型企业有效解决人力资源供给和制胜市场竞争的重要手段。

此外，人员招聘与录用计划不仅要规划未来，还应反映目前现有员工的状况，如员工突然离职、退休、调入等。从录用方式看，应结合人力资源规划限制，提前考虑录用类别，是定期录用还是临时录用。编制和实施人员招聘与录用计划时，还需根据社会价值观、政府就业政策及相关法律法规，规避风险。

四、招聘计划的程序和内容

企业的招聘策略是为解决企业对人力资源的需求而开展的招聘活动的方案集合，它是招聘计划的主要内容。在招聘的准备阶段，企业人力资源部有关招聘主管首先需制订招聘计划，这是招聘工作开始的一项核心任务。企业制订招聘计划的程序主要包括以下七个步骤：

第一步，获取人员需求信息。人员需求的信息一般源于：①人力资源计划中明确规定的人员需求信息；②企业在职人员离职产生的空缺；③部门经理递交的招聘申请，并经相关领导批准。在确定招聘的总数和各个部门的招聘人数时，要综合考虑员工配置、晋升和性别比例等问题，并明确各职位的招聘标准，明确必备条件是什么，择优条件有哪些。

第二步，制订招聘流程及时间进度计划，选择招聘信息的发布时间和发布渠道。

第三步，初步确定招聘团队。

第四步，初步选择确定甄选方案。根据招聘职位的特点，选择甄选的方式方法，以及不同甄选方法的组合、次序。选择甄选方案时，要综合考量不同甄选方法的信度、效度、区分度及开发和组织实施的成本，合理规避各甄选方法的弊端。

第五步，明确招聘预算。招聘经费预算是企业顺利进行招聘工作的保障。经费预算大体可分为三部分：①外部成本，主要涉及甄选环节外聘专家的费用；②内部成本，主要包括内部专员的费用，如住宿费、交通费等；③直接成本，可依据招聘策略进行测算，具体包括不同招聘渠道投放的广告费、测试、体检、录用等。

第六步，编写招聘工作时间表，明确人员责任分工。招聘时间进度计划的制订，宏观层面要结合劳动力市场规律，对于应届毕业生要考虑毕业季、研究生考试、公务员考试的时间，合理安排校园招聘会的时间进程，对于社会人员则要考虑春节后离职高峰期，提前布局招聘工作；微观层面要结合企业招聘规模、拟招聘职位的难度和甄选金字塔，测算招聘时间，规划时间进程，明确各阶段任务的人员职责分工，责任落实到人。

第七步，草拟招聘广告样稿。招聘广告一般包括广告题目、企业简介、招聘职位、申请时间、地点、方式及联系人信息等要素，广告的主体内容要根据广告投放媒介的特征做适当调整。具体来说，公司简介中应包括公司全称、性质、主营业务等，招聘的岗位主要包括岗位名称、任职资格、工作职责、工作地点等，人事政策主要包括薪酬政策、社保政策、福利、培训政策等。招聘广告内容的描述要真实、合法合规。

五、招聘广告的撰写及注意事项

在招聘计划报批并通过审核后，企业按照招聘计划的进度安排组织和实施招聘，开展招募、初选等工作。在这些工作展开前，企业需要就招聘相关文书、表格进行设计，其中最为重要且容易引发纠纷的就是招聘广告了。

（一）招聘启事的写作格式和内容

1. 标题

招聘启事可以简单地由事由和文种名称构成。如"招聘启事"，有的写作"招贤榜"，较为复杂的招工启事还可以加上招聘的具体内容。如"招聘行政司机""招聘置业顾问"，还有的招聘启事在标题中写明招聘的单位名称。如"××公司招聘启事"。

2. 正文

（1）招聘方的简介，如招聘方的业务、工作范围及地理位置等，这些信息能够将企业的各类优势清晰地展现出来，有助于应聘者快速了解企业基本情况。

（2）职位说明和对招聘对象的具体要求，一般包括职位性质、业务类别、岗位职责、任职资格、薪资福利等多方面的内容，其中岗位职责描述和任职资格是核心内容。对招聘对象的具体要求包括年龄、性别、文化程度、工作经历和技术特长等。

（3）应聘者受聘后的待遇。该项内容一般要写明月薪或年薪数额、执行标准、工休情况、是否解决住房等。

（4）其他情况，如应聘者须交验的证件和应办理的手续以及应聘的手续以及应聘的具体时间、联系的具体地址、联系人、电话号码、网址、电子邮件地址等。

3. 落款

落款要求在正文右下角署上发表启事的单位名称和启事的发文时间，题目或正文中已有单位名称的可不再重复。

（二）写作招聘启事的注意事项

1. 真实合法

招聘启事要遵循实事求是的原则，对所招聘的各项内容，均应如实写出，既不可夸大也不可缩小。招聘启事所含信息要符合国家及当地的劳动法律法规的要求。

2. 简洁规范

招聘启事的内容应该简明扼要，简单介绍企业概况，重点突出招聘职位信息，职位说明和任职资格要具体和规范。

3. 准确美观

招聘启事用词准确，语法通顺，语言流畅，排版美观整洁。

4. 项目齐全

招聘启事应该包括企业简介、职位说明、任职资格、应聘方法、截止日期、联系方式、联系人等各种项目。

◆ **案例分析**

双桥区 2022 年公开招聘社区工作者公告①

为进一步提高城市社区治理体系水平，选优配强社区工作者队伍，结合我区实际，根据《河北省社区工作者管理办法》等文件精神，经双桥区委、区政府研究同意，决定面向社会公开招聘社区工作者。现将有关事项公告如下：

一、招聘名额

2022 年双桥区各镇街社区公开招聘计划共计 100 名（男 50 名，女 50 名），具体招聘岗位、招聘人数、招聘要求详情见附件《双桥区 2022 年公开招聘社区工作者岗位信息表》。

二、招聘范围、比例和条件

（一）招聘范围

1. 面向承德市及所属县区：报名人员在公告发布日前具有承德常住户口且目前户口仍在本市（含因外地上学外迁户口至今仍未迁回，须由当地原迁出派出所出具户籍迁出证明）；

2. 国家承认的本科及以上学历；

3. 配偶为承德市双桥区籍的外地毕业生，能出具相关婚姻情况证明，可以报考；

---

① 网易.双桥区 2022 年公开招聘社区工作者公告 [EB/OL]. https://www.163.com/dy/article/H1DPVD2505259IGU.html.

4. 遵守中华人民共和国宪法和法律;

5. 具有良好的品行,能吃苦耐劳,并具备适应岗位要求的身体条件;

6. 年满18—35周岁(2004年2月28日之前至1986年3月1日以后出生,其他年龄区间计算以此类推);

7. 具备具体岗位所要求的其他资格条件;

8. 具有与招聘岗位要求相适应的年龄、学历条件,符合招聘岗位条件的国外留学生须出具教育部留学认证中心提供的学历学位认证书。

招聘岗位所需的具体条件按《双桥区2022年公开招聘社区工作者岗位信息表》要求确定,凡涉及年龄、户口以及学历等需要进一步确定时间的,具体时间计算日期截止到招聘《公告》发布之日;2022年应届毕业生原则上应于2022年8月31日前取得符合报考条件的毕业证书,资格审查时,未能提供毕业证书的应出具学校开具的相关证明,并于8月31日前将毕业证书提供给双桥区公开招聘社区工作者领导小组办公室审核。

(二)招聘比例

本次招聘岗位竞争比例原则上为1∶3,即岗位计划数与该岗位报名人数(实际缴费报名人数)之比达到1∶3可以开考,报名低于规定比例核减相应岗位。

(三)应聘人员应具备以下基本条件

1. 政治素质好,树牢"四个意识",坚定"四个自信",做到"两个维护",坚决贯彻执行党的路线方针政策;

2. 服务意识强,热爱社区工作,对居民群众有感情,善于做群众工作;

3. 治理水平高,具有一定的组织协调能力和从事社会工作、社区建设、基层治理的相关专业知识;

4. 工作作风端正,处事公道,作风民主,严于律己,遵纪守法;

5. 积极参与社区服务群众网格化工作,乐于奉献,具有公益品格和为人民服务精神。

(四)有下列情形之一的人员不得报考

1. 因犯罪受过刑事处罚的人员;

2. 被开除中国共产党党籍的人员;

3. 曾参与街道社区工作不尽职尽责、不服从安排的,给本社区和居民群众利益造成重大损害的；

4. 正在受司法机关立案侦查或纪检（监察）部门立案审查的；

5. 参加邪教组织，从事地下宗教活动，组织封建迷信活动的；

6. 无理上访或组织、蛊惑群众上访，影响社会稳定的；

7. 被依法列为失信联合惩戒对象的；

8. 应届毕业生未能按期取得毕业证书的；

9. 其他不符合招聘情形的人员。

三、招聘的程序和方法

本次招聘采取笔试、面试、体检、考核相结合的方法进行，实行网上报名、网上审查、网上缴费。

凡需人员聚集的环节，双桥区公开招聘社区工作者领导小组将视疫情情况酌情调整变更相关工作安排，并以公告的形式发布变更通知。

（一）报名

1. 报名程序

报名网址：承德市双桥区人民政府网 http：//www.sqq.gov.cn。

报名时间：2022 年 3 月 8 日 8：30 至 2022 年 3 月 12 日 12：00。

缴费时间：2022 年 3 月 10 日 8：00 至 2022 年 3 月 13 日 17：00，未在规定时间内缴费的视为放弃。

报名的基本程序：

① 考生开始报名前，须完全了解本次的招聘政策和拟报考岗位条件，认真阅读《报名须知》和《诚信承诺书》，然后按照规定步骤进行具体操作。

② 网上报名实行严格的自律机制，必须承诺履行《诚信承诺书》，对提交审核的报名信息的真实性负责，在入围面试人员证件审核时，凡发现填报的信息与实际情况不一致的，取消面试资格。

③ 网上报名须用有效的二代居民身份证、本人手机号注册登录报名系统，并预选报考岗位，进行填表和提交审核，身份证号是登录报名系统的唯一标识，密码可修改，务必牢记并妥善保管。

④ 按照《填表说明》规范填写或选择表项，上传的电子照片要符合要求，否则将被报名系统自动拒绝。报考信息通过审核后才能进行缴费操作，缴费成功即完成报名。

⑤ 考生"提交审核"后信息将被锁定，在未反馈审核结果前不能修改。一般情况下，审核员24小时内会回复审核结果。"审核未过"的，可根据提示的未过原因，修改信息或改报岗位并重新提交审核；"审核通过"的，将不能再修改，可直接进入缴费程序。

⑥ 考生务必牢记：报名和缴费截止时间、打印《笔试准考证》时间、考试时间等重要时间信息，凡是在规定时间未完成相关操作的，将被视为自动放弃。同时，报名和考试期间务必保管好个人证件和信息，因个人原因造成丢失、被他人盗用和信息被恶意篡改而影响报名和考试的，责任自负。

⑦ 每名考生报名需缴纳考务费100元。报名缴费只能通过"微信"支付，请考生及时开通微信支付功能。

2. 招聘工作人员的岗位，如果报名人数达不到开考比例，原则上核减招聘指标。

（二）考试

本次考试不指定考试用书，不举办也不委托任何单位举办考前培训班。

1. 笔试

此次笔试由双桥区公开招聘社区工作者领导小组统一组织。笔试内容为社区工作相关专业知识和综合能力测验。共两科，各100分。

① 笔试时间为2022年4月3日，具体时间安排及考试地点详见《笔试准考证》。

② 应聘人员应按照准考证上确定的考试地点、考场参加考试。参加考试时，必须同时携带准考证和二代有效身份证或有效期内的临时身份证。缺少证件的考生不得参加考试。

③ 打印《笔试准考证》。考生可于3月21日8：30至3月24日16：00登录承德市双桥区人民政府网打印《笔试准考证》，未在规定时间内打印准考证的视为放弃考试。

④ 考试开始30分钟后，迟到考生不得再进入考场。考试期间考生不得提前交卷、退场。

⑤ 确定笔试最低分数线。笔试结束后，双桥区公开招聘社区工作者领导小组办公室将根据笔试总体情况决定是否划定笔试最低控制分数线；对在

笔试最低控制分数线以上的考生，根据招聘计划，分岗位，依据笔试总成绩由高分到低分，按招聘计划1∶3的比例确定进入证件审核考生，比例内末位笔试总成绩出现并列的考生，都进入证件审核环节。笔试有一科缺考、作弊或成绩为零等情况的不得进入面试。

⑥ 考生可登录承德市双桥区人民政府网查询笔试成绩，具体时间另行公布。同时公布进入证件审核人员名单及证件审核详细地点和时间。

2. 证件审核

考生须在规定的时间、地点进行证件审核，审核应聘人员毕业证、身份证、户口本和学信网带有二维码的学历证明等相关证件资料原件和复印件。凡有关材料主要信息不实，伪造、变造有关证件、材料、信息，骗取考试资格的，取消应聘资格，并将按有关规定予以严肃处理，并追究责任。未按规定时间、地点参加证件审核的，视为放弃面试资格。

对于证件审核过程中出现岗位计划数与证件审核合格人员数比例低于1∶3的情况，将根据笔试总成绩从高分到低分依次递补。证件审核合格的人员确定进入面试。

3. 面试

面试根据行业、专业及岗位特点，采取结构化面试的方式进行，面试满分100分，当日面试结束后统一公布成绩。

① 面试时间：具体面试时间和批次请关注承德市双桥区人民政府网站。

② 面试地点：具体地点见面试通知单。

③ 进入面试的考生可登录承德市双桥区人民政府网打印《面试通知单》。面试具体地点、组别、时间安排及有关要求详见《面试通知单》。

④ 面试考生分组。报考同一岗位考生一般在同一个面试组和面试场次。因招聘人数较多无法分在同组、同场的岗位，根据笔试总成绩的排名顺序，采取蛇形分组法分组，并将招聘计划合理均分到每个面试小组，按组录取，哪组出现空缺，在哪组顺延递补。分组时，若笔试成绩出现并列，按照考试机构发布成绩的机器排列的先后顺序进行分组。

⑤ 面试有关要求。每组考生在入围后抽签决定面试顺序。面试时考生只报自己的组别和抽签号，不得报姓名。面试结束后立即离开考场，不得返回面试室和候考室，不得在考场附近逗留、议论。对违反规定的，取消面试

资格或面试成绩，考生抽签时仍未到候考室视为自动放弃。面试考官抽签确定面试组别。面试成绩满分为 100 分。为确保招聘质量，面试成绩低于 60 分者为不合格。

⑥考试总成绩的合成（保留 2 位小数）：

考试总成绩 =（社区工作相关专业知识 + 综合能力测验）÷2×50%+ 面试成绩 ×50%（保留 2 位小数，采取四舍五入方法）

⑦确定进入体检考生名单。根据招聘计划和考生总成绩，分岗位（蛇形分组的考生按面试场次）按 1∶1 的比例确定体检考生名单。比例内末位考生总成绩如出现并列，持有《社会工作者职业水平证书》人员优先，如均有《社会工作者职业水平证书》，则按笔试成绩高者优先进入体检。出现笔试、面试和总成绩均相同者，按以下顺序确定进入体检考生：社区工作相关专业知识成绩较高者；烈士子女或配偶；学历较高者（如果学历相同，"985""211" 院校优先录取）；具有基层工作经历或基层工作经历较长者，如果以上条件均相同，都进入体检、考核，由双桥区公开招聘社区工作者领导小组根据体检、考核结果择优聘用。

（三）考核、体检

主要审核本人档案和相关证明资料，采取多种形式，全面了解被考核对象的政治思想、道德品质、自律意识、业务能力、工作实绩以及需要回避等情况。对其报考条件进行资格复审。体检工作由双桥区公开招聘社区工作者领导小组办公室负责，体检标准参照现行的《公务员录用体检通用标准》执行，有行业标准的按行业标准执行。对考核、体检不合格考生或主动放弃考核、体检的考生，取消其招聘资格，按招聘岗位总成绩从高分到低分依次递补，并对递补考生进行考核、体检。

（四）公示

根据考试综合成绩和体检、考核情况，确定拟聘人选，拟聘人选在承德市双桥区人民政府网公示 7 个工作日。公示期间因各种原因取消拟聘人选聘用资格或拟聘人选放弃聘用的，将根据考试总成绩从高分到低分依次递补，并对递补考生进行考核、体检和公示。

（五）聘用

经公示无异议的拟聘用人员，由相关单位按照有关规定办理入职相关手续。聘用单位的选择：按笔试＋面试的综合成绩由高到低由考生分岗位依次选择社区，如综合成绩出现并列的，按照电脑发布成绩排列的先后顺序进行。聘用考生办理入职手续后须在两个月内将本人户籍迁入双桥区，未能按时迁入的视为放弃聘用资格。

（六）工资待遇

参照现行社区工作者工资福利待遇发放。

四、信息发布和有关说明

1. 承德市双桥区人民政府网（发布所有与本次招聘有关的通知、公告）：http://www.sqq.gov.cn。

2. 此次招聘考试违规违纪处理按照《事业单位公开招聘违纪违规行为处理规定》执行。凡考生未在规定时间内按要求参加笔试、证件审核、面试、体检、考核、办理聘用手续等情况的，均视为自动放弃招聘资格。资格审核贯穿招聘工作全过程，在任何环节，发现考生不符合招聘条件的，对伪造、假冒各种证件，弄虚作假的，一经查实，取消其应聘资格，问题严重的要追究责任。

3. 咨询电话：0314—2076120。

4. 请考生在进行网上填报时，务必填写本人常用联系方式，确保在招聘期间保持手机等通信设备畅通，因通信不畅影响报名、考试、体检或考查的，后果自负。

5. 请考生务必关注承德市双桥区人民政府网站通知公告栏，此次招聘所有通知公告均通过该网站发布。如无特殊情况，不再电话通知。

五、考生疫情防控工作

考生应主动配合做好疫情防控工作，不得隐瞒或谎报旅居史、接触史、健康状况等疫情防控重点信息（略）。

双桥区公开招聘社区工作者领导小组办公室

2022 年 3 月 1 日

思考与讨论：

1. 相对于一般企业的招聘广告，事业单位面向社会的公开招聘公告有何特点？

2. 案例中的招聘公告体现了哪些内容要素？

3. 结合案例中的招聘公告，谈一下你对招聘管理过程中"公平原则"的理解。

◆ 技能训练　编制企业年度招聘计划

（1）**实训目的**：通过动手演练招聘计划的制订，使学生掌握完整招聘计划的主要内容，练习招聘广告的写作和招聘策略的选择。

（2）**实训内容**：各组分别以模拟企业为背景，根据人力资源规划编制本企业年度招聘计划。

（3）**实训成果**：形成模拟企业的年度招聘计划。

（4）**考核指标**：

1）招聘计划的内容要素是否全面；

2）招聘计划中人数及招聘基准是否与前期实训作业《企业招聘需求分析》逻辑保持一致；

3）招聘策略选择是否得当，是否与招聘人数、招聘职位的难易程度等相匹配；

4）招聘计划书的排版是否美观。

（5）**操作步骤**：

1）实训前期准备阶段，根据前期各小组实训作业《企业招聘需求分析》确定的招聘人数、招聘岗位及招聘标准，使用倒推法制定模拟企业的招聘甄选金字塔。

2）各小组结合本章理论知识，一起讨论该模拟企业的招聘时间策略、人员策略、渠道策略。

3）各小组根据招聘人数、招聘策略，结合甄选金字塔，测算招聘经费。

4）根据小组讨论的结果，统一思想后，在各组员间分解任务，明确各任务的重点和内在逻辑。

5）小组长负责统稿、排版和提交作业。

案例

××广场盛大开业知名品牌专场招聘会策划执行方案①

一、活动目的

（1）通过和专业招聘网站的合作，发布公司的人才需求，扩大在××地区的知名度和美誉度。

（2）通过招聘宣传寻找适合××广场主力商家的人才，满足公司人才招聘及储备。

（3）在联动商家、帮助商家经营招聘的过程中，提供相应运营物业服务，更好的诠释××广场的平台价值和品牌价值。

二、时间地点

（1）招聘会时间：8月6、7日（周末2天）。

（2）招聘会地点：××广场营销中心。

三、宣传主题

（1）主题：××广场盛大开业知名品牌专场招聘会。

（2）执行思路：通过专业招聘网站宣传、本地微信公众号宣传结合微信特惠内容（如推广招聘信息得流量）推广××广场开业现场专场招聘会信息，实现为商户提供招聘平台、为企业公众号增粉、为××广场开业预热的目的。

四、前期安排

1. 时间轴

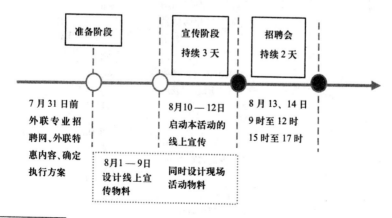

---

① 豆丁网.专场招聘会执行方案[EB/OL]. https://www.docin.com/p-2142390428.html.

2. 筹备组

工作组	职责	完成时间	负责部门	责任人
信息组	统计公司各部门招聘需求	7月31日前	人力资源部	岳婷婷
	统计商家招聘需求		招商	苏彪
外联组	联系专业招聘网站洽谈合作、联系通信公司采购活动特惠（流量）、本地公众号宣传	8月1日前	企划	赵丽萍
物料组	横幅、商家宣传展架、招聘信息展板、平面示意图牌及布场	8月5日前		谭鋆
宣传组	微信公众号、合作招聘网站、邵阳本地微信公众号	8月5日前		赵丽萍
后勤组	办公用品（笔、纸、回形针、固体胶）、饮水机、杯、纸，桌椅、桌布	8月7日前	人事	胡丽男

五、现场执行

1. 招聘会流程

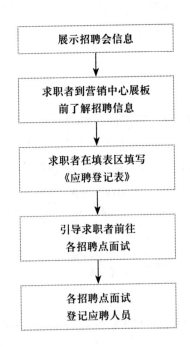

```
┌──────────────────┐
│  展示招聘会信息    │
└──────────────────┘
          │
          ▼
┌──────────────────┐
│ 求职者到营销中心展板 │
│  前了解招聘信息    │
└──────────────────┘
          │
          ▼
┌──────────────────┐
│  求职者在填表区填写 │
│  《应聘登记表》     │
└──────────────────┘
          │
          ▼
┌──────────────────┐
│  引导求职者前往    │
│  各招聘点面试      │
└──────────────────┘
          │
          ▼
┌──────────────────┐
│  各招聘点面试      │
│  登记应聘人员      │
└──────────────────┘
```

2. 现场工作明细

工作项目	负责部门	责任人	备注
总协调	商管	谢飞	现场总指挥，协调各部门
物料桌椅搬运	物业安保	贺小军	归属客服组，负责招聘会宣传物料和物品的搬运
场地布置	企划	谭鋆	企划协同活动公司对场地布置
资料填写区发求职登记表	人事	胡丽男	在资料填写区发求职登记表，指导填写登记表和相片的粘贴，求职资料整理
引导区引导工作	客服招商	苏彪	招商协助客服工作，指导应聘者填写完资料后，引导前往各面试点
面试区	各商家	刘德胜	公司面试点；各商家面试点收简历、面试、登记
活动拍照	企划	赵丽萍	企划部负责现场拍照
场地整理	活动公司全体人员	活动公司	所有参与活动人员协助

3. 现场布置

（1）功能区域

1）招聘展板区：门口放置招聘岗位信息及各招聘品牌的平面布局图的桁架喷绘。

2）简历填写区：摆放各品牌求职表、《××广场求职登记表》，应聘者面试前填写。

3）商家招聘点：公司和各商家招聘点的招聘人员驻岗，现场面试、登记。

4）现场宣传点：营销中心门口主横幅1条（招聘主题）、副横幅2条（宣传口号），各商家自备门形展架1个（品牌介绍）。

（2）平面图示意

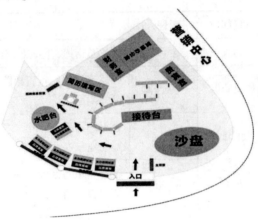

六、宣传计划

媒介	媒体	要求	备注
网络	××招聘网	① 8月10—12日发布招聘会网页广告、专栏及客户短信 ② 8月15日刊登后期的现场报道	
微信	××广场公众号	8月10日发布招聘会信息1条（含转发特惠信息）	
	本地公众号	8月12日发布招聘会亮点报道1条 8月15日发布后期的现场报道1条	

七、费用预算

项目	内容	数量	规格	单价	金额	备注
布置宣传综合费用	主背景板：招聘会主题	2				含桁架和喷绘
	副背景板：招聘岗位信息	1				
	主力品牌背景板	5				
	横幅：宣传口号	2				
	横幅：开业信息	1				

续表

项目	内容	数量	规格	单价	金额	备注
布置宣传综合费用	水牌：区域指引牌	1				
	面试桌椅					
	门形展架：品牌介绍	若干	0.8m×1.8m			商家自备
	金柱+拱门+条幅	1				
	通信公司流量					
	本地微信公众号宣传					
	合计					

◆ 技能训练　招聘海报及其他表单设计

（1）**实训目的**：通过小组成员一起动手绘制海报，演练编制各种招聘前期所用表格，提高学生动手操作能力，培养学生团队合作精神，增强团队凝聚力。

（2）**实训内容**：编制招聘申请表，应聘申请表，绘制招聘海报。

（3）**实训成果**：各组形成一份招聘海报及其他表单。

（4）**考核指标**：

招聘海报的评判标准：

1）海报内容要素选取合理，应包括招聘岗位、招聘人数、招聘基准、联系方式等信息，内容陈述合法合规；

2）海报布局美观，简明，突出重点；

3）海报凸显企业特征，内容简洁、醒目，符合招聘启事的写作要求，具有创新性和吸引力。

表单编制的评判标准：

1）表单信息完整、内容要素选取合理；

2）表单排版布局要美观、实用。

（5）**操作步骤**：

1）实训前期准备阶段，根据招聘管理和招聘广告相关理论知识，结合模拟企业的背景和招聘职位特点，各组就招聘海报、招聘申请表、应聘申请表内容要素选取，以及海报的设计及构图进行充分讨论，并形成统一意见。

2）小组成员根据自身特长领取任务：撰写招聘广告，编制招聘申请表和应聘申请表，手绘海报。海报制作小组，1—2人，搜寻海报素材，构思海报的创意，准备绘制海报的物料，绘制海报。

3）各组明确分工后，在规定时间内完成招聘海报的绘制和其他表单的编制。

◆ 知识拓展

表单设计应遵循的要点：①目的唯一性，即一张表格只解决一个问题；②要素要精简，不需要或没用的项目不要设计，如招聘需求申请表的设计中，"岗位层级""之间上级""下属人数"等内容是多余的；③内容要细化，突出重点；④符合审批流程，先由部门负责人签字确认，后由相关部门审核并签字，最后交由总经理签字批准后，转至负责该事务的部门执行。以招聘需求申请表的设计为例（见表3-2），表格设计可涵盖以下要素：

表3-2 某企业招聘需求申请表

用人部门：		需求岗位名称：	
主要工作内容	1. 2. 3. 其他：		
岗位要求	核心素质及能力		是否可以通过培训弥补 是□ 否□
	专业知识		是否可以通过培训弥补 是□ 否□
	工作经验		是否可以通过培训弥补 是□ 否□
	最佳工作经验时间		
	所需技能		是否可以通过培训弥补 是□ 否□
该岗位需要与谁合作或配合			是否需要具备团队合作能力 是□ 否□
现有人员配置情况	缺员人数	新员工入职后多久可独立完成工作	所缺岗位能否通过内部调岗解决 是□ 否□

续表

所需人数	该岗位是 长期需求□ 临时需求□	人员是否需要分批 到岗 是□ 否□	最佳到岗时间
用人部门经理审核			
人力资源部经理审核			
总经理审批			

◆ **案例分析**

　　TBK 公司是一家外商投资的独资公司，主营业务是为电信运营商提供技术支持，提供手机移动增值服务和手机广告。该公司所处行业为高科技行业，薪水待遇高于其他传统行业。公司位于本地较为繁华商业区的著名写字楼，总经理为外国人，在中国留过学，自认为对中国很了解。

　　公司因业务发展需要招聘行政助理，于是 HR 部门通过人才网站发布信息进行招聘。总经理亲自筛选简历，筛选标准是本科以上或者年轻的最好有照片看起来漂亮的，学校最好是名校。如果总经理有时间就总经理直接面试，没时间就由 HR 进行初步面试，总经理最终面试。新员工的工作岗位、职责、薪资、入职时间都由总经理定。

　　在众多候选人中，有个叫小丽的本地人，23 岁，本科英语专业毕业，做过一年少儿剑桥英语教师，形象靓丽，总经理与之面谈时觉得挺不错，随便问了几个问题就结束了，之后安排 HR 部门办理录用手续。

　　然而，小丽入职的第二周周一没来上班，也没有来电话。上午公司打电话联系不到本人。听她家人解释，她不打算来公司上班了，具体原因没有说明。下午，她本人终于接电话了。但不肯来公司说明辞职原因，两天后又来公司，中间反复两次，最终决定不上班了。她的工作职责是负责前台接待。她后来自述的辞职原因是工作内容和自己预期不一样，琐碎繁杂，觉得自己无法胜任前台工作。

结合案例，请回答下列问题：

1. 本案例中的公司运用人才网站发布信息进行招聘的方式属于哪种类型的招聘渠道？有何缺点？

2. 本案例招聘失败的原因有哪些？如果你是该公司的 HR，你将如何改进以提升公司招聘的有效性？

◆ **拓展阅读**

一百个招聘实战技巧[①]

一、招聘战略篇

（1）招聘，是要把正确的人放在合适的岗位上。

（2）最好的人才未必合适，合适的人才一定最好。

（3）整理出准确有效的需求数据，才能准确匹配候选人。需求数据不是简单地问清楚用人部门需要的人数，而是根据业务和实际情况去确定真正的岗位需求人员数量及人才画像。

（4）如果光看简历就能评鉴人才，那电脑就能当面试官了。

（5）招聘人员要严格按照需求层次进行招聘，用人部门需要什么层次的人才，就招聘什么层次的人才。

（6）招聘不要"饥不择食"，即使用人需求急，也要有基本的判断和选择。

（7）不要因为招聘困难，就降低标准。

（8）HR 招不到合适的人，是因为自己想要的人才画像不清晰。

（9）总是招来价值观不一致的人，公司会垮掉。

（10）学会做人才画像，招聘准确率会倍增。

（11）胜任力模型也是辅助高效招聘的好东西。

（12）企业发展不同的阶段，同样岗位，招聘需求也会不一样。

（13）你的客户长什么样，你要招聘的人就应该长什么样。

（14）多问问自己：我们招聘为了什么？候选人来应聘为了什么？

---

① HR 新逻辑 . 100 个招聘干货技巧，建议收藏［EB/OL］. https：//www.163.com/dy/article/H2ORUN 8T05529GLV.html.

（15）在招聘中，如果选择的人不对，培养不会有效，考核也不会有效，激励更不会有效。

（16）招到1个"叶问"，能吊打100个"小学生"。

二、招聘渠道篇

（1）招聘渠道五花八门，各有不同的特点或地域、行业侧重点。所以HR在选择招聘渠道时，要充分了解各个渠道的特点，再结合公司的情况、岗位的性质等，有针对性地选择几个重点渠道进行招聘。

（2）知名度高、口碑好的招聘网站，不一定就是能满足你招聘需求的渠道。

（3）有些招聘渠道在这个行业或城市效果非常好，但在别的地方就是没什么效果。

（4）不同的岗位在不同的招聘渠道会有不同的效果。

（5）发布招聘信息时，要用最简洁的语言，突出竞争优势、发展前景、福利待遇等。

（6）岗位说明书要不断推陈出新，中规中矩的说明书很容易在众多同类招聘帖中石沉大海。

（7）撰写岗位说明书的时候，注意不要出现劳动法所不允许的条例，比如年龄、性别的歧视等。比如，"椰树"曾在说明书里列明：员工需要承诺终身在"椰树"服务，不仅要有口头上的保证、写承诺书，还要有资金上的承诺，离开"椰树"以房产偿还，防止员工跳槽，这就闹了大笑话了。

（8）定期复盘自己在招聘网站上的招聘数据，才能更深度地摸索出规律，提高招聘质量。

（9）积极加入一些同行HR的社群，通过互相交流分享，轻松得到对每个渠道的使用效果最直接最真实的反馈。

（10）学校是一个巨大的人才储备库，人才济济，可塑性强。有校招需求的公司，HR要梳理好自己的校招资源。

（11）校园宣讲会比较适合大型的、知名的企业，中小公司建议只参加专场招聘会。

（12）要招聘高精尖人才，HR有必要和猎头行业建立联系，利用他们优质、丰富的人才资源，为公司招揽到更优秀的人才。

（13）建立内推渠道，可以为公司节约招聘成本，缩短招聘周期。但 HR 要制定好规则，避免出现业务勾结的情况。

（14）返聘的离职员工对公司的忠诚度，比从未离职的员工要高 30% 以上。

（15）在确定要向你的老板/领导申请增加新的付费招聘渠道之前，先把一些重点问题梳理清楚，比如，不同渠道的招聘成本分别是多少，选择的理由是什么，现有渠道使用情况如何，为什么要增加新的付费招聘渠道……

（16）招聘就像钓鱼，在哪里钓、用什么饵直接关系到你是否能钓到鱼、钓到什么品种的鱼。

（17）HR 要学会建立自己的招聘人脉关系，至少能和几个不同招聘网站、猎头公司的人维持良好关系。

三、招聘流程篇

（1）招聘工作展开的第一步，是确认招聘需求，明确规划才能开展工作。

（2）编制说明书。上一节"招聘渠道篇"中有提到。

（3）招聘渠道分析。对的地方才更容易找到对的人，市面上这么多的招聘渠道，总有几款是适用性更强的，通过分析、评估，才能准确投放。

（4）筛选邀约。珍惜邀约额度，尽量邀约匹配度更高的选手。

（5）面试选拔。面试是每个 HR 都要经历的工作流程，HR 需要不断提高自身专业能力、锻炼沟通能力并主动了解业务，才能成长为一个优秀的面试官。

（6）背调。对于 HR 而言，不能保证每一个候选人的简历都真实可信，所以在确定发放 offer 前，有必要对其简历进行适当调查。当然，前提是一定要获得候选人的同意，最好签订《背景调查同意书》。

（7）发放 offer。在确定公司能够录用候选人以后才能发出 offer，offer 中应当列清楚双方约定好的条款，如工作内容、劳动报酬、合同期限、工作地点等。

（8）新人入职。要注意，确认候选人能接 offer 并准时入职，并不是招聘过程的最终步骤。

（9）入职培训。新员工在入职的第一周内离职率是最高的，入职培训的内容和质量，直接影响新员工对公司和业务的判断。

（10）新员工转正。新员工的转正考核是招聘是否完成的最后一道槛，要设计真正有用的考核标准，不要让烦琐的流程耽误入职，也不要走个流程草草了事。

（11）招聘流程的设计要符合逻辑、合理清晰，安排几轮面试、谁来面试、用什么工具或系统、用什么面试技巧等，都需要HR进行科学设计。面试流程不是越多越好，不要为了设置流程而设置，要根据公司业务情况设置。

（12）在启动招聘之前，你必须让招聘流程中的利益相关者，清楚地了解招聘流程是如何运转的，以及你将如何把那些合适的候选人招进来。

（13）以全景视角梳理全景流程，既要看到大局，也要照顾细节，才能聚焦精准人才，避免无效投入。

四、面试技巧篇

（1）拥有"火眼金睛"的面试官，才能准确观察到简历美化和面试包装下的真实求职者。

（2）人是复杂的，简单地看简历、问几个问题，很难判断和评判一个人才的真实能力。面试官要通过不断的学习和实践，去提升自己评鉴人才的敏锐度。

（3）精准描绘人才画像，是面试前HR必须做的一项工作。

（4）问对问题才能选对人。

（5）误把聊天当面试，你肯定招错人，不仅浪费了公司的资源，还增加了企业的用人成本。

（6）不懂业务的HR，面试现场就是人才对牛弹琴的现场。

（7）面试不是HR的个人秀场，也不是为公司吹捧的舞台，要避免过度拔高公司待遇和岗位情况等。

（8）面试官是企业形象的代言人，即使公司再优秀待遇再吸引人，人才也有可能会因为HR的不专业、不友好而放弃面试或入职的机会。

（9）面试不能仅凭感觉，多维度考察人才的能力、品性和想法，是HR必备的技能。

（10）最常见的面试形式是结构化面试。但结构化面试过于死板、形式大于内容。由此，半结构化面试应运而生。

（11）从技术层面划分结构化面试可以分为行为面试、情景面试和压力面试三种。

（12）面试官必须有效发问和追问，用尽量少的提问获取应聘者尽可能多的、有效的、真实的信息，这就体现了面试官提问的水平。

（13）面试官应将提问问题情景化，即将提问的内容聚焦到该职位日常发生的一些典型事件上，这些应聘者都会记得比较清楚，也容易说出来。如果有一个事例使应聘者逐渐进入状态，整个行为面试就容易开展了。

（14）要主动做面试记录，否则很容易在面试后对应聘者的印象淡忘，做出不公平的判断。

（15）数据思维可以指导 HR 更好地完成工作，招到真正匹配的人才。

（16）高管要有求贤若渴的意愿，主动投入时间和精力去找人，更要有识别人才的能力。雷军创办小米的时候，每天用一半以上的工作时间在招人，前 100 名员工入职时，雷军都会参与面试。

（17）字节跳动的张一鸣也对人才相当重视，曾直言"优秀的 CEO，首先必须是一位优秀的 HR"。在字节创业的时候，前 100 名员工全是张一鸣自己面试的，过去 10 年里，累计面试过超 2000 个求职者。在张一鸣早期的社交动态中，一定能看到大量关于招聘的心得。

（18）面试后让你犹豫不决的人选，建议直接放弃。

（19）面试是推广企业雇主品牌的一个有效途径，是被很多 HR 忽略的一点。

（20）"面霸"越来越多的今天，HR 如果不持续学习并提升自身能力，很有可能遭遇被"反面试"的尴尬局面，导致总是招不到对的人。

（21）很多人力资源相关的课程、书籍和分享文章上，都会详细说到一些招聘面试的原则和技巧，但如果只会机械套用各种公式，是无法做好面试的，真正把原理转化为实际应用技能，是每个 HR 都要面对的难题和挑战。

（22）招聘求职是双向选择，给予互相的尊重是最基本前提。

（23）不要随便给候选人承诺实现不了的薪资待遇，不然来了不到两个月，就走了。

五、选人管理篇

（1）候选人管理实际上是一种招聘策略，去建立并维持与求职者的关系，解决招聘需求的同时，也达到雇主品牌宣传的效果。

（2）刷简历≠候选人管理。

（3）每个公司都应该建一个神秘的数据库——人才储备库。

（4）投递公司岗位的简历，但没有邀约面试的简历，可以先归类到人才储备库中。

（5）已经面试但不合适或未成功邀约的简历，做好标记归类到人才储备库中。

（6）面试后，对于正在考虑的候选人，做及时的跟进，了解对方的意愿度和顾虑，做出解答和反馈。

（7）面试后，不合适的候选人，及时给对方反馈，并说明不合适的原因。

（8）不要轻易放弃看似消极或提出拒接 offer 的候选人。

（9）向候选人挖掘出拒绝 offer 的原因，才能复盘招聘流程和技巧，进而提高入职率。

（10）一个企业能招多少人不仅是由招聘决定的，还是由这家企业的管理能力决定的。

◆ 课后思考题

1. 谈谈招聘计划的主要内容？

2. 企业在组建招聘队伍时，一般应遵循哪些原则？

3. 招聘时应注重哪些策略？

4. 列举几个招聘失败时的备选方案。

第四章
招募与初选

知识目标：能说出招募的内涵，列举招聘渠道的具体方式及优缺点，理解招聘渠道策略。

能力目标：运用所学知识进行招聘渠道的选择。

素质目标：会制定简历筛选标准，会筛选简历，在此过程中领悟机会平等的内涵。

学习任务一　学会灵活地进行招聘渠道选择

招聘渠道是招聘行为的重要组成部分，它是以协助组织提升招聘效率为目的，建立在招聘方与应聘者之间的一种信息发布及沟通途径。招聘渠道具有双向性，是连接招聘主体与客体之间的一个重要通道，是招聘双方之间信息沟通的桥梁。招聘渠道在一定程度上代表人才来源，它是招聘的先决资源，直接影响招聘效果。渠道入口的人才数量与质量，决定了出口的人才数量与质量。利用招聘渠道吸引来足够的合适人才，是有效开展招聘工作的开始，否则，"巧妇难为无米之炊"，即使有再优秀的招聘团队、再完美的招聘计划、再先进的甄选手段，也无济于事。渠道是招聘人员的生命线。招聘渠道只有几种，知易行难，想要用好用精很难。本章将带领大家一起学习如何灵活地进行招聘渠道选择。

一、人力资源获取方式概述

人力资源的获取指根据组织战略和人力资源规划的要求通过各种渠道识

别选取发掘有价值的员工的过程，这一获取过程有广义和狭义之分。狭义的人力资源获取仅指企业通过组织外部和内部渠道招聘员工的活动，而广义的人力资源获取则在狭义的基础上涵盖了从组织内部发现员工的新价值通过培训使得员工人力资本增值等过程。

人力资源获取方式有人力资源的取得和开发两种不同方式。通过招聘引进高质量的人才，即为人力资源的取得，对现有人力资源的培训，即为人力资源的开发。当人力资源开发的速度和效率不足以弥补企业战略或经营对人才的需要时，必须依靠招聘获取人力资源。

（一）人力资源获取的方式

1. 内部招聘

内部招聘指企业的岗位空缺由企业或组织内的那些已经被确认为接近提升线的人员或通过平级调动来补充。企业内部人力资源包括现有的员工、员工的社会关系、以前的员工和以前的应聘者。

内部招募的主要形式有竞聘上岗、晋升、岗位轮换、岗位调换、人员重聘等，其中竞聘上岗是内部获取的最重要方式。

内部招聘的优点：一是节省招聘成本及培训成本，原因在于组织内部应聘者非常熟悉组织和应聘岗位的工作内容及工作评估标准，组织管理层非常清楚地知悉应聘者的工作能力和人品习性等方面，减少了企业识人用人的风险，降低了沟通成本。一般情况下，内部招聘的成本会较低，组织会以不高于该岗位的市场平均工资雇佣内部员工。二是内部招聘会极大地激励员工的工作积极性，是组织奖励高绩效员工的重要手段之一。

内部招聘的缺点：一是必须通过有效的招聘评估办法和培训系统来提高内部招聘的有效性；二是由于内部招聘的程序、方式不公正或者部分内部员工的不健康情绪，组织内部员工容易产生内部矛盾；三是容易产生小团体，导致企业人员结构同质化。过多使用，易造成近亲繁殖，缺乏差异化和活力，不利于创新和变革。

综上所述，内部招聘费用少，同时作为一种激励手段，它能很好地提高员工工作积极性。因此，在企业面临生存困境、员工流失率较高时，为节约招聘成本，留住关键人才，内部招聘可谓一箭双雕。但不可过度使用，否则会影响企业人力资源队伍的多元化。当企业处于成熟期，内部招聘作为一种激励手段，可起到激励员工、调动其工作积极性的作用，但前提是组织的内部选拔晋升制度相对完善，遵循机会均等，任人唯贤，唯才是用，人事匹配的原则，内部选拔程序、过程、结果公平公正，令人信服。

2. 外部招聘

外部招聘是根据企业制定的标准和程序，从企业外部的众多候选人中选拔符合空缺职位要求的人员。当企业处于初创期或快速成长期，或因产业结构调整而需要大批中高层技术或管理人员，以及企业想获得能够提供新思想并具有不同背景的员工等情况时，外部招聘是平衡企业人力资源短缺最常用的方法。一般情况下，外部招聘最好在内部招聘后使用。

组织的外部招聘按照招聘对象可分为校园招聘和社会招聘两大类。社会招聘通常针对具有一定工作经验的求职者，招聘后企业稍加培训就能上岗，其常用渠道包括网络招聘、猎头公司、人才交流会、员工推荐、传统媒体广告招聘、公共就业服务机构、人力资源外包等。

当企业需要招聘高级人才时，由于优秀人才往往被原来的老板重金笼络和重用，招聘会、网络招聘等渠道很难招到，猎头招聘成为必然选择。正规猎头公司有广泛的寻访网络，对推荐人才进行反复甄选、履历验证或人力资源调查，具有效率高、及时准确等特点，而高级人才倾向于通过猎头公司或朋友推荐，以获得薪金谈判的缓冲。

猎头招聘要注意猎头服务公司的选择，根据拟招聘岗位级别、岗位要求、人才稀缺程度确认是选择大品牌还是一般品牌，选择全国性的还是地区性的，选综合性的还是专业性的。具体可从猎头公司自身的规模、专业深度、团队、成功案例及试推荐情况五个维度进行甄别，规模可从猎头公司人数（50 人以上），有没有在大城市设有分公司、办事处等识别，专业深度可从有没有发表过论文、出版过书籍等识别。提高猎头招聘渠道的有效性需要，加强与猎头服务公司的沟通，包括推荐人才与企业实际需要人才之间的偏差，未来推荐人才需考虑的方向，以及猎头顾问在人才寻访中遇到的困难等。

外部招聘的优点体现在以下方面：一是为组织带来新鲜血液，激发活力。组织外部的人力资源更加丰富，并且外部员工会给组织带来新鲜的工作思路和工作所需的技术能力等。二是引入"鲇鱼效应"，激发组织内部员工工作积极性。当组织内部员工看到有新员工加入时，组织内部员工会更加努力提升工作技能，展现自己的职业竞争优势。

外部招聘的缺点：一是在组织外选拔匹配的候选人，需要更长的时间适应企业文化，由于对于企业文化的不适应，可能会降低组织工作效率，同时会导致外部招聘员工离职，组织需要花费更大的时间和成本培训外部员工，以帮助外部员工融入企业；二是在组织外选拔匹配的候选人，加大了招募应聘者的成本费用，并且由于对外部应聘者更加陌生（相对于组织内部应聘者），导致招聘甄选工作必须更加严谨系统化，以最大化规避外部招聘的风险；三是由于组织外部员工的加入，偶尔会引起内部员工的失落情绪，例如组织内部员工感觉被忽视或者在组织内部缺少晋升机会等。

外部招聘时，还需注意以下方面：对于基层员工的招聘，遵循就近原则，一般可以选择当地的电视、报纸或人才市场招聘；知识型员工和中层管理人员，可以选择人才市场和网上招聘；公司需要的高级管理人才和专业技术人才，可以选择一些资质和信誉较好的猎头公司，针对专业技术人才，如果人才需求不紧迫，也可通过校园招聘的方式进行人才储备和定制化培养；同事、朋友介绍和推荐也是一个很好的途径，在特殊人才或高端人才招聘方面，他们往往更为可靠，甚至可与猎头媲美。

（二）如何选择合适的招聘方式

广撒网未必能多捕鱼，招聘渠道不是越多越好，而应该像渔夫捕鱼一样精准撒网，根据招聘需求分析潜在应聘人员，确定招聘来源，是校园还是社会有工作经验者，是企业内部选拔还是外部招聘，进而匹配相应的招聘渠道。一般来讲，高级管理人才选拔应遵循内部优先原则，外部环境剧烈变化时，企业必须采取内外结合的人才选拔方式，对于快速成长期的企业，应广开外部渠道。此外，企业文化类型的变化在一定程度上也会影响招聘方式。

以网络招聘为例，企业是否适用网络招聘，要根据企业所处的区位、行业以及薪资待遇水平决定。不同的招聘网站，服务的潜在应聘者和企业是不同的，目前国内知名的前程无忧、智联招聘等大型网站更多服务的是一、二线城市的各类企业，以及部分三、四线城市的大企业，中小微企业在这些知名招聘网站的招聘效果甚微。从求职者的角度看，已经成家的，考虑到举家搬迁的成本和代价，一般倾向于在所居住城市找工作；未成家的，一般倾向于选择就业机会多、发展空间大的大城市或者离父母较近的城市工作。这样来看，三、四线城市的中小企业即使选择网络招聘，也应选择本地招聘网站或社交平台发布招聘广告。

◆ **拓展阅读**

看国际知名企业如何选聘人才①

由安信证券股份有限公司等八家证券公司组建的"人力资源管理专业委员会国际知名企业人才选聘与培养机制"课题组对高盛、摩根、国内优秀企业，如招商银行、华为集团、万科集团等国际知名企业进行走访调研，根据调研结果总结了他们在内部选拔和外部招聘两方面的成功经验。

1. 通过建立能力素质模型促进人才选聘与战略的紧密结合

以企业战略为导向进行人才的内部选拔和外部招聘是保持企业基业长青的必要方式。国际知名企业普遍建立了符合企业实际发展情况的能力素质模型体系（或称为胜任力模型），确定符合企业长期战略要求的人才发展的方向和核心。胜任力模型描述了要实现企业整体战略目标所必需的素质、技能和知识配置。建立胜任力模型，首先要理解企业愿景和发展战略；其次界定企业成功关键因素，明确为实现企业目标员工队伍应具备的核心能力并对这些能力进行清晰的定义和描述，并进行能力分解与分级；最后形成胜任能力模型库。

此次走访发现，各知名公司经过长期实践，均已围绕企业战略建立了各自的胜任力模型。一般来说，该模型包含三大组成部分：领导力素质模型，适用于对管理者的招聘和培养进行指导；专业序列胜任力素质模型，适用于对不同种类专业人才的招聘和培养进行指导；通用胜任力素质模型，适用于对全体员工的通用素质的培养进行指导。

2. 强调人才内部选拔的重要作用

在人才发展的选聘环节中，值得我们注意的是人才内部选拔越来越引起国际知名企业的重视，其重要性已经超过人才外部招聘。通过内部选拔系统

---

① 蔡晓昕，张莞.国际知名企业人才选聘机制研究报告［C］// 人力资源管理专业委员会国际知名企业人才选聘与培养机制课题组.创新与发展：中国证券业 2013 年论文集，2013：1396–1402.

挑选合适的候选人，一方面可大大降低人才寻访成本，另一方面可以增强企业凝聚力。

不管是国际优秀投行还是国内行业外的标杆企业，在对空缺职位寻找候选人时，首先考虑的是公司内部人才与空缺岗位的匹配，例如，高盛的空缺职位都是通过内部选拔产生；国内企业中，万科的新动力培训营、招商银行的"人才工程"，都是人才内部选拔体系的典范。摩根内部选拔的流程是，当一个部门岗位出现空缺时，该部门的经理向公司人力资源部门提出担任这一岗位的任职资格条件，人力资源部门即在全球人才管理系统中发布和搜索达到能力要求的候选人，公司里的每一位合格员工都可以通过人力资源系统申请这个岗位。人力资源同该部门经理一起筛选候选人并与合适者面谈，从中择优录取，如果认为申请者都不理想，他们才从外部招聘。在座谈中，他们反复指出，这种做法有积极作用。内部转岗机会的提供创造了良好的风气，激励雇员从长远角度考虑自己同公司的关系。同时，这种做法向刚加入公司的人表明，他们不会永远待在一个地方，从事重复性工作。如果他愿意提高能力，增加对公司运转情况的了解，公司可以提供多种机会，并且这种做法还会产生良性循环，即空缺的逐次填补形成递减效应。一个业内流传的佳话是，起初一个的空缺，逐次填补后，企业也许最终只需要招聘一个初级文员就可以了。

3. 适当进行外部招聘，重点加强校园招聘

当然，各知名公司除了以内部选拔为主，也不放松对外部招聘工作的重视。不管是国外知名投行还是国内优秀企业，它们对校园招聘的热衷程度要远远大于社会招聘，因为学生们经过几年的专业学习，具备了较为系统的专业理论功底，尽管还缺乏丰富的工作经验，但仍然具有很多优势，比如，富有热情、学习能力强、善于接受新事物、头脑中的条条框框少、对未来抱有憧憬、没有家庭拖累可以全身心地投入工作。更为重要的是，他们是"白纸"一样的"职场新鲜人"，可塑性极强，更容易接受公司的管理理念和文化，并且随着市场变化越来越迅速，各大企业对后备人才的要求也越来越高，学生从毕业开始加入公司，能够比有经验的人员更好地适应和传承公司的文化，忠诚度相对较高，所以对应届毕业生的招聘及后期培养被认为是培育企业的未来嫡系明星。即使在金融危机时期，不管是国外知名投行还是国

内优秀企业，都依然坚持校园招聘，用以保证企业内部人才的持续供应。

强化实习生招聘在校园招聘中的作用。为充分考察学生们的实际工作相关能力，知名企业一般都提前一年进行实习生招聘，让学生提前一年利用暑假和学习之外的业余时间在企业进行实习，观察他们的实际工作能力，如沟通协调能力、团队合作能力等。经过一年的实习后，企业和学生之间有了大概了解，学生更加熟悉企业的业务和文化氛围，实习生中表现优秀的部分将成为企业来年校园招聘录用的主力军。当然，实习生的挑选在这些企业中也是相当严格的，不亚于对正式员工的招聘。例如，高盛公司的投行中最高职级员工均会参与实习生的面试工作。此外，这些知名公司还会开展校园活动，促进对优秀学生的吸引。再以高盛为例，为了吸引更多的学生把高盛作为第一雇主选择，高盛针对大二、大三或者研二的学生专门设置一个对投资银行业感兴趣的学生提供培训的项目。在这个项目中，高盛会向学生介绍行业基础知识，提升学生的硬性及软性技能，让学生了解行业的基本情况，以及为了进入行业需要做出怎样的准备与努力。其间，企业会考察学生的各项能力素质及文化价值观，以判断学生是否适合公司，如果公司认可他们的工作表现，则在来年的校园招聘中给予优先录用。

国际知名企业在锲而不舍地培养嫡系明星的同时，对市场上的优秀贡献者也是极其向往的，这就需要进行社会招聘。

（1）重视内部员工推荐在社会招聘中的重要作用。在摩根，员工推荐是一种普遍使用而且最为有效的社会招聘渠道，员工推荐的优点是人才寻访成本低，应聘人员背景可信，沟通成本低，容易融入公司。为了鼓励员工积极推荐，各企业纷纷在内部设立了"员工推荐计划"，对推荐成功的员工予以奖励。一般来说，如被推荐者入职六个月后还未离开公司，推荐者就可以得到该笔奖励，但是人力资源部员工、为本部门提供推荐人选的用人部门负责人不能参与该计划，毕竟招聘是他们的工作职责。高盛公司认为，把优秀的人才通过内部员工的推荐招聘进来不仅是企业的需求，也是员工意愿所趋，因为员工希望能和优秀的人一起共事，而这种风气已经形成一种文化。当然，员工推荐的人才也需要经过严格的招聘流程方可被录用。

（2）注重编制与空缺职位的平衡。国际知名企业在人员编制和空缺职位的制定上由各业务线的全球管理层统一讨论，根据企业对不同业务线来年的市场评估和内部预算等因素制订相应的编制及招聘计划，然后下达到每个分区，如亚太地区。各分区会成立相应的委员会，委员会委员来自亚太地区不同的领导层代表，既有业务线管理者、地区管理者，也有后台职能线负责人和专家。各分区委员会集合所有业务线下达到本区的计划进行统一讨论。委员不仅需要对自己的业务线负责，更需要站在一个全局的高度进行客观的评估。主要根据业务线的业绩增长期望是否合理、公司内部的预算压力和市场的人才情况作为考虑因素，进行内部微调。

（3）胜任力模型在面试中的充分运用。高盛和摩根都根据胜任力模型设计了一套标准的面试表格提供给面试官，包括能力素质要求项目、判断标准等，作为标准的人才量尺来评判候选人是否达标。针对专业技术型人才，摩根还使用了一套有针对性的线上专业知识问题，供初期快速筛选。当然，面试过程对面试官也提出了很高的要求，他们既要学会如何分辨候选人的现有知识技能水平，也要考察候选人的文化价值观是否和企业相匹配，以及候选人潜能等隐藏在冰山以下的胜任力素质。为此，高盛和摩根在面试前均对面试官进行面试方法的培训，通过对问题的层层提问来发现面试者具备的真实能力与经验。在面试过程中，面试官将依据结构化的面试评估表，运用行为面试法进行面试，然后依据自己的判断为候选人评分。这样做的优点是提高了面试的目的性和专业性，同时也降低了在面试过程中评分标准不统一的劣势。在公司，首次担任经理的员工，在任命后的1个月内需要通过面试培训，作为具备经理资格的条件之一。

（4）招聘渠道的选择策略。招聘渠道的选择方面可能和大家的想象有所出入，国际知名企业越来越倾向于减少对猎头的使用，一方面出于对成本的考虑，另一方面它们认为猎头推荐的人选存在着文化差异的可能性，因此，国际知名投行对猎头的选择非常谨慎。

国际知名企业除了猎头和通常的招聘网站，近年来新增了对社交网络的使用，它们普遍认为通过这些社交网络可以联系到被动求职者，并且他们的背景和工作经验在社交网络上反映得更全面和真实。

已离职的员工在某种程度上也是企业的后备人选，他们熟悉企业的文化和业务，但因为种种原因而离职，当他们希望返回企业的时候，企业对他们的培训时间会大大缩短。例如，在高盛有一个"回巢计划"，针对的就是因某种家庭或者个人的原因不得不离开高盛，而如今希望重返高盛的员工。公司为前雇员专门设立了一个群组，鼓励他们持续关注公司的发展，并在适当的时候重新回到公司的怀抱。

二、网络招聘

网络招聘指利用互联网发布招聘信息开展的招聘，主要形式有企业官网招聘和专业的人才招聘网站。目前国内已有的网络招聘平台有智联招聘、前程无忧、58同城、猎聘网、BOSS直聘、大街网等，各招聘平台的优缺点如表4-1所示。

表4-1　不同网络招聘平台的优缺点

分类	平台	特色	缺点
纵向平台	BOSS直聘	Boss与求职者可在线聊天；覆盖地级市以下城市；招聘高效；有活力	回复率不高；中小型不知名企业居多
	大街网	针对年轻职场人；可拓展人脉，提升职业价值；职位供求匹配度高，可与HR交谈	需注册；职位覆盖面较少；回复少；垃圾信息多
	领英	挖掘、寻找国外人才；分享专业知识和职场经验，了解行业动态；通过人脉圈获得更快职业成长；高端内容推送多	中低层职位信息推送少；推荐功能不完善；职位需求设置功能不够详细
综合平台	前程无忧	提供个人求职、企业求才、培训测评、招聘猎头、人力资源外包五大类服务；专业招聘网站，市场占有率第一；匹配度较高	体验感一般（注册关卡）；对地级市以下城市无服务
	智联招聘	提供网上招聘、报纸招聘、猎头服务、培训服务、校园招聘、招聘外包、急聘VIP服务；岗位较全，中基层求职岗位较多，高层求职岗位偏少	对地级市以下城市没有服务；准入门槛低，很多公司资质是没有检验
	58同城	除招聘外，还提供其他服务；招聘业务覆盖三四线乡镇和农村；简历当天可得到回复；岗位全机会多	企业层次偏低；存在虚假信息

续表

分类	平台	特色	缺点
综合平台	猎聘网	为十万年薪一是中高端人群服务，采用B（企业）H（猎头）C（求职者）的模式；人工审核、实名认证并对求职者个人隐私信息有效保护；提供猎头服务	强制要求注册填写简历；根据简历信息推荐当地企业，不可切换其他城市
	拉勾网	投简历后回复快；互联网相关行业使用频率高；无需注册便可进行岗位查询	岗位不全
	应届生求职网	针对大学生提供最全、最新、最准确的校园宣讲、全职招聘、兼职实习，求职就业指导；企业吻合度高	企业规模小；网站信息量大

资料来源：笔者根据知乎相关资料自行整理。

　　网络招聘的优点是高效、不受地域和时间限制、受众面大、覆盖范围广、信息传播速度快、信息收集及时、沟通交流方便、信息发布时效长，同时招聘信息管理方便、成本适中，因此是企业常用的招聘渠道之一。缺点是难以控制投递简历的应聘者的数量和质量，简历数量较多，筛选简历的难度较大，无法保证筛选的有效性和时效性，人力成本高。此外，应聘者投递简历普遍都是尝试心理，经过海量的简历筛选被真正确定为具有参加初试资格的应聘者，往往在接到初试通知后，很大一部分不会按照约定的时间参加初试，使人力资源部前期工作功亏一篑。

　　在目前的网络招聘领域，企业大致可分为三种：①众多中小型企业。通过招聘网站，它们用很少的成本就把招聘信息发布出去，找到了一大批自己想要的人才。②许多大中型企业。它们提供的待遇好，雇主品牌和知名度高，平均每天收到的简历或许是成千上万份。面对这样庞大的数据，HR根本不可能一一挑选，因此面临着较高的筛选成本。③一些行业内的顶尖企业。它们非常重视对数据的系统性处理，已经和专业的数据处理公司建立了合作关系，从而获得更专业的服务，变劣势为优势，在庞大的招聘池中精准地甄选企业想要的人才。这三种企业同生活在大数据时代却面临不同的形势，在招聘方法上的选择，使它们的差距越拉越大。

　　大数据在整个商业世界中扮演着越来越重要的角色，在招聘领域也获得了热捧。这说明未来企业间的人才竞争将主要集中在对招聘中人力资源大数据的挖掘和利用。谁能掌握更多的数据，获得更强的数据整合能力，谁就能在未来的商业战争中脱颖而出。

三、社交招聘

社交网络即社交网络服务，源自英文 SNS（Social Network Service），中文直译为社会性网络服务或社会化网络服务，意译为社交网络服务。基于社交网络宣传企业的雇主品牌，通过招聘经理个人人才库、强链接、弱链接和枢纽节点四个载体，建立人与人之间的多度链接，招募吸引人才主动应聘，最终触达到最终目标候选人的过程[①]，简称为社交招聘。社交招聘可细分为以下两种：①以搜索筛选和邀约候选人面试，全方位对候选人进行背景调查的直接招聘行为；②以建设长期人才库、做候选人关系管理等来经营雇主品牌，间接提升招聘效益为目的的企业雇主营销行为。

随着信息技术的不断发展，网络越来越发达，招聘形式随之发生了翻天覆地的变化，网络信息越来越透明，世界越来越小，但招人却越来越难。每天各家公司的招聘经理看到纷至沓来的众多简历，却挑不出来几个合适的，候选人要么是级别低要价高，要么是简历和真实能力不一致，招到合适人才基本靠运气。社交网络和 Web2.0 技术使越来越多的人力资源经理和招聘人员意识到社交网络的潜力，能吸引合适的人并用最小的成本与顶尖的人才取得联系。新技术的发展让招聘与求职网络扩大到社交媒体范畴，如微信、QQ、微博、豆瓣、百度贴吧等，社交圈的诞生直接造成了行业社群的诞生，因此诸如微信群、QQ 群、微博认证信息、朋友圈广告、豆瓣帖子、百度贴吧帖子等行业群正逐步成为一种新兴的招聘渠道[②]。

社交圈人才推荐解决了以往员工关注度低、奖励缺乏吸引力、推荐标准不明确、推荐流程烦琐耗时等痛点，在人才推荐质量和留存率上具有明显的优势[③]。以领英（LinkedIn）为例，在领英上招聘并寻求人才是企业能与被动

---

① 伊利.《社交招聘》定义及五要素［EB\OL］.https：//zhuanlan.zhihu.com/p/76967727.

② HR 该如何选择招聘渠道［EB\OL］.https：//zhuanlan.zhihu.com/p/82388878.

③ Beecher Ashley-Brown. 社交招聘时代，五大趋势改变未来［EB\OL］. https：//www.hbrchina.org/2018-09-18/6469.html.

求职者沟通的最好方式，这类求职者能为企业带来独一无二的思想、领导力和战略。通过 LinkedIn 建立一个可靠的、真实的关系，人们可以使用推荐功能，或者积极地推荐某个人给企业的 HR[①]。

目前，在各类渠道中，通过社交招聘招募到的人才在所有渠道中招聘数量排名第一，完成招聘的速度最快。根据菁客（ajinga.com）2018 年 8 月发布的《2018 中国移动社交招聘趋势报告》，72% 的企业使用微信平台进行人才推荐，已有 48% 的企业使用非员工推荐奖励，39% 的企业通过微信钱包支付人才推荐奖励。

综上所述，社交网络相对于传统网络招聘平台具有一定的优势，比如，它可以多方出击，人力资源专家们可以根据自己的需要而使用不同的社交网络，可以更好地进行雇主品牌展示，社交网络与求职者互动，有助于企业把自己打造成更符合求职者需求的雇主，社交网络将线下的社会信息（人际关系、娱乐等）逐步转移到线上，使用社交网络提供的搜索功能，可进行精准搜索和筛选。此外，因具备类似熟人社会的特征，社交网络使劳动力市场更为公开透明，且因为员工参与，更有利于企业整合资源。

◆ **拓展阅读**

社交招聘时代，五大趋势改变未来[②]

为一个职位选择合适的员工是一种挑战。面对大量的简历，人力资源部往往苦不堪言——即使有足够耐心看完每一份简历，但找到合适人才基本靠运气。

招聘本质上是一个预测问题。人才究竟会从哪个渠道看到企业的招聘信息？海外企业更多利用官网和邮箱获取候选人。而在中国，30% 的企业候选人来自第三方招聘平台，然后是人才推荐、校园招聘和招聘外包服务。如今，微信、短视频、朋友圈等社交平台已经成为 HR 和猎头们的"人才资源池"，目前可以看到以下五大招聘趋势：

---

① 欧阳泽林. 用 6000 字告诉你如何使用领英 LinkedIn 做候选人连接和招聘营销［EB/OL］.https：//zhuanlan.zhihu.com/p/27543982.

② Beecher Ashley-Brown. 社交招聘时代，五大趋势改变未来［EB/OL］. https：//www.hbrchina.org/2018-09-18/6469.html.

1. 微信成为企业人才获取的重要渠道

根据菁客（ajinga.com）2018 年 8 月发布的《2018 中国移动社交招聘趋势报告》（以下简称《报告》）显示：49% 的企业已拥有企业招聘微信公众号，企业官方微信公众号中，81% 拥有求职按钮与功能。

移动端技术的发展使得社交媒体嵌套功能更加完善。调查显示，72% 的企业求职者能在微信上直接申请开放职位。求职者可以通过企业微信公众号快速方便地浏览，查询企业开放职位并完成移动端申请与简历投递过程。结合 LBS 定位功能，可以帮助求职者迅速查找到离家更近的职位，研究表明，距离工作单位更近的员工离职率会更低。

在中国，微信已成为一个大型的、越来越重要的人才推荐渠道，但不是唯一的渠道。微博在针对特定兴趣的人群方面非常有用，且微博每月拥有超过 4 亿的活跃用户，QQ 在针对中国年轻人群时非常重要，而 Facebook、WhatsAPP、LinkedIn 等国际社交平台是众多海归人才的集中地。

2. 短视频将成为双向沟通的热门工具

随着抖音、快手、秒拍等短视频的火热，平台聚集了大量的年轻人。短视频的广泛运用已经大大地影响到候选人的沟通模式以及学习方式。现在的候选人期望可以通过他们惯用的方式了解企业与职位，因此结合品牌和职位介绍的短视频，能够获得更多的流量传播。

此外，视频简历、视频面试也作为一种新的形式，在企业招聘中开始推广。《报告》称，92% 的企业认为视频简历是中度或高度有效的，41% 的企业已经或即将把视频引入招聘流程。

3. 社交圈将成为人才推荐的集中地

新技术的发展让招聘与求职网络扩大到社交媒体范畴。社交圈人才推荐解决了以往员工关注度低、奖励缺乏吸引力、推荐标准不明确、推荐流程烦琐耗时等痛点，在人才推荐质量和留存率上具有明显的优势。

目前，在各类渠道中，通过社交圈的人才推荐在所有渠道中招聘数量排名第一，完成招聘的速度最快。移动支付的广泛应用也大大加速了社交媒体"人才推荐"计划。《报告》显示，72% 的企业使用微信平台进行人才推荐，已有 48% 的企业使用非员工推荐奖励，39% 的企业通过微信钱包支付人才推荐奖励。

4. 人工智能（AI）消除人才不匹配偏见

未来，人工智能可能是最客观、公正的面试官。AI可以通过社交渠道的大数据，生成期望的行为数据集，进行求职者简历分析，匹配最适合的人才，消除人为偏见带来的企业人才不匹配的风险。

根据报告显示，16%的企业已将人工智能引入招聘流程，85%的企业相信AI能在未来18个月内，为企业招聘带来实际价值。据Alexander Mann Solutions的 *Botsdon' t Byte* 白皮书显示，大约2/3的HR反馈称，人工智能（AI）和机器人技术可以让招聘人员拥有更多时间和招聘经理建立关系，花更多时间沟通了解候选人。

如果企业想通过人工智能获得好的招聘结果，一切需要从搜集高质量的数据开始。这包括招聘经理的满意度分数、面试结果、试用期反馈、绩效考评分数、互动性数据、留任率等，通过数据来培训人工智能机器人，提高匹配的精准度。

5. 保护个人隐私与数据安全日益重要

在招聘流程中，越来越多的用户也更加关注隐私泄露及数据安全问题，行业的数据安全问题刻不容缓。对于企业来说，应从自身做起，维护个人隐私与数据安全，避免因误用或侵犯他人数据安全与隐私而带来不必要的风险。

人与社交媒体的深度连接，改变了企业获取人才的方式。为了适应环境和人的变化，招聘企业必须加强技术投入，在深度理解人才价值的基础上，拓展更丰富的渠道来源。未来的招聘之路，将是企业技术变革、人才求职技能提升、大数据集合分析三者相互作用下的融合发展之路。

四、校园招聘

校园招聘主要是面向高校应届毕业生的一种招聘，企业走进高校进行校园宣讲，不仅可以扩大知名度，同时可批量招聘到储备人才，而且应届生可塑性强，创新意识足，薪酬成本低，在当前我国人才紧缺招聘难的背景下，校园招聘仍是许多企业重要的招聘渠道之一。

根据校园招聘的组织方式，可将校园招聘分为：企业直接到校园招聘，吸引学生提前到企业实习，参加高校组织的专场招聘会；企业和学校联合培养。

（一）校园招聘的利弊

校园招聘的优势：一是专业分类清晰，筛选容易。根据院校与专业的特点，学生的能力优势明显，匹配性评估变得更容易。二是人数确定，时效性高。相较于其他的招聘渠道，校园招聘的参与人数是明确的，能收到的学生资料是可预计的，最终达成录用意向的速度快。三是薪酬偏低，人才性价比高。虽然国家对应届生的最低工资有硬性标准，不同专业的学生也有社会性约定起薪值，但比起同类岗位的社会人，薪酬仍然偏低，是性价比最高的职员。四是工作投入度高，成长速度快。刚毕业的学生没有家庭负担、充满理想、父母对其工作的支持力度大，甚至还扮演着半个培训师的角色，以至于毕业生职员的工作投入度高，工作时不计付出，成长速度快。

校园招聘的劣势：一是组织和实施成本高。一场校园招聘的准备，不亚于一场产品发布会的准备，需要与校方协调场地与时间，对宣讲场地进行符合企业气质的布置，准备有针对性的企业宣传资料与视频或现场演说，并提供互动礼品等，这些都需要付出人力、物力与时间进行精心准备。二是应届生工作经验缺乏，需要企业付出极大的耐性与成本进行培训和培养。三是稳定性较差，学生往往对走上社会的工作有着不切实际的估计，对自己的能力也缺乏准确的评价，多数应届生在企业成长两三年有一些工作经验后，开始对企业与职业开始产生倦怠，人才流失风险高。四是管理难度大。新生代大学生自我意识极强，不受职场规则束缚，容易打破团队管理的平衡、增加管理难度。

（二）校园招聘的实施流程

校园招聘的时间一般9月中旬启动，主要集中在每年的9—11月和次年的3—4月。

9月初毕业生的最后一个学年开始后，出于招揽优质人才的考虑，越来越多的企业开始提前进入校园开展宣讲会进行人才招聘。10月是目前校园招聘最繁忙的旺季，高潮会一直持续到11月底。春节前后则迎来了校园招聘的淡季，节后3—4月会再现一次小高潮，主要针对公务员考试和研究生考试失利的一批毕业生。具体来说，校园招聘的组织和实施一般包括以下几个步骤：

1. 前期计划与准备

与高校就业处取得联系并对接校园招聘的时间、地点、程序等细节，制定专场招聘会的执行方案，组建校园招聘小组，并进行培训。准备宣讲会所需宣传材料、设备、表单等。

2. 招聘宣传

当企业确定举行校园招聘后，将通过各种形式进行宣传，以吸引更多的应届毕业生投递简历，为企业招聘积累庞大的人才库。具体可通过招聘网站、学校就业中心网站进行宣传，也可在高校教学楼、食堂等人群密集场所定向投递招聘宣传手册。

3. 举办招聘会

布置会场，放置桌签，调试设备、音响，当学生陆续入场后，播放企业宣传片。宣讲会开始，首先是领导讲话，其次是企业就企业战略、文化、员工职业发展、薪酬待遇等进行宣讲，与学生现场互动，回答学生提出的关切问题，最后是告知投递简历的方式及后续安排。为提高招聘初选的效率，大部分企业都是通过网络来接收应聘者的简历，这样便于不同地区的学生投递简历，也便于筛选和保存简历。

通过初选的学生，HR 通过电话、微信等方式告知候选人进入笔试和面试环节，以及笔试、面试的地点、时间、注意事项等。笔试主要是对应届生的通用能力测试、英文水平和专业技能进行测试。面试环节第一轮为初试，一般采用小组面试的形式，一对多或者多对多，在人际互动的环境下考察应聘者的基本素质。第二轮为业务面试，主要是一对一或多对一的结构化面试，面试官通常为有一定经验并受过专门面试技能培训的公司业务部门经理，主要对应聘者是否符合职位的专业素质要求进行评价。

4. 录用签约

通过企业的笔试、面试后，企业发出录用通知书给应聘者，内容包括岗位信息、薪资信息等。应聘者接受后，会和用人单位签订双方协议（企业、应聘者）或者三方协议（企业、学校、应聘者）。

5. 实习、试用与入职手续办理

有些企业会安排录用者提前到企业实习。应届生的实习一般从每年 3 月开始，到 6 月结束。有条件的企业可以向学校申请将学生的毕业设计放到企业进行，使学生对企业有一段适应期，这样在 7 月正式毕业之后，可以更快地适应工作。学校一般在 7 月上旬为学生办理离校手续。由于接收手续繁杂，人力资源部应协助学生办理手续。手续办理完毕后，毕业生已经正式成为企业的员工，同时脱离了学生的身份，企业应及时为其办理各种社会保险。

（三）企业做好校园招聘的建议与策略

（1）企业需正确对待校园招聘。企业应树立正确的招聘观念，突出特色，淡化宣传色彩。

（2）及时畅通的信息渠道。企业可直接到相关学校的院系开专场招聘会，也可参加学校举办的大型招聘会。

（3）制定明确合理的招聘标准，提高校园招聘的效率和质量。在校园招聘前应对空缺岗位进行职责分析，确定职位的责任、内容、操作规程及职位对胜任人员的素质要求，并以此为标准开展招聘工作。

（4）科学规范校园招聘的实施过程。第一，合理组建招聘团队，通过培训提高招聘人员素质，用人部门经理应参与招聘；第二，科学筛选简历，根据岗位要求接收和筛选简历，不能过分看重专业、分数及学历；第三，灵活运用笔试考核方法，把笔试成绩作为考核方法之一，准确把握笔试成绩难度；第四，正确组织面谈，面试官应根据职位的资格要求多提问一些有关行为描述性的问题；第五，注重招聘后的信息反馈，提高雇主品牌形象；第六，及时做出录用决策。对于企业相中的应聘者，一旦决定录用，企业需要及时与之签订合同，这不仅是效率的体现，也可以防止其他企业抢走企业相中的人才。

（5）完善招聘评估工作。主要指标有招聘持续时间与招聘成本、招聘团队提供的简历被业务部门选中的比例、用人部门对招聘团队提供人才的满意度、新进大学生的业绩表现和新进大学生的离职率等。

案例

某企业校园招聘实施方案①

一、总则

（1）招聘目的：吸引优秀的、有潜力的应届毕业生充实专业人才队伍，提升公司整体素质，为公司持续发展储备人才。通过大规模高规格的招聘活动，树立公司在学校乃至社会的良好形象。

（2）选拔原则：公开招聘、全面考核、择优录用。

（3）用人标准：理想主义情怀、踏实的工作作风、主动的工作态度、正直坦诚的人格、良好的沟通能力、积极的进取心、强烈的责任感、敏捷的思维。

二、招聘计划制订

1. 招聘需求的提出

根据公司阶段发展策略，由各部门（分公司）提出本年度应届生的需求计划，填写《用人申请表》。人力资源部汇总需求计划，进行评估后，编制《校园招聘需求表》，报总裁审批。

2. 学校的选择

3. 招聘计划书

在进校园招聘前，人力资源部要制订详细的《招聘计划书》，确保整个校园招聘顺利实施。

三、招聘准备

1. 校园招聘小组组成

（1）招聘人员确定。由公司人力资源评审委员会成员、往届毕业生组成，其中，往届毕业生要求提供演讲稿，宣讲会当天作为校友进行演讲。

（2）职责分工。包括宣传组、面试组和后勤组。

2. 宣传资料准备

校园招聘宣传册、海报、条幅、易拉宝、宣传单页。

---

① 校园招聘解决方案［EB/OL］. https://www.doc88.com/p-39699006306992.html?r=1.

3. 面试资料准备

求职申请表、DISC 性格测试题、专业知识测试题、面试评价表、无领导小组讨论题目、结构化面试题目等。

4. 预约宣讲会时间

联系高校就业办负责人，确定宣讲会时间、场地；要求学校就业信息网上发布公司的信息。

四、招聘实施

（一）校园宣传

招聘前，发动持续、广泛、有效的校园宣传，营造声势，吸引眼球是招聘成功的前提。要点"统一形象、多种渠道、分片承包、宣传到位"。

1. 第一阶段：广泛宣传

目的：通过在校园全方位的宣传，让每一位在校学生，无论在学校的哪个角落，都能获知公司的招聘信息。

方法：

（1）海报宣传要求：

1）覆盖到学校宿舍楼、食堂、图书馆、教学楼、活动中心、自习室等学生集中出现的地方。

2）海报上可以用彩色油笔写上宣讲会时间和地点。

3）海报要按统一的版式来制作，尺寸为 60cm×90cm，157G 铜版纸印刷。

4）海报的张贴可以由学校来安排，公司按片区分责任人来协助、检查。

5）海报分区管理，在主要的张贴地点，如果海报丢失或撕毁，责任人确实要及时补贴。

6）要在宣讲会前三天开始此项工作。

（2）悬挂条幅：在学生出行的校园各主要道路，悬挂公司的宣传条幅。

（3）庆典气球：在宣讲会场所悬挂氢气球，带竖飘条幅。

2. 第二阶段：重点宣传

目的：借助学院、班委的途径，将招聘宣传册（彩页）发给每一位毕业生，让其了解公司的招聘信息。

方法：

（1）调动院系领导热情，推动宣传工作深入开展。

万元揽才计划：老师直接推荐优秀毕业生，被公司录用后，按其在公司的服务年限，分批发放万元奖金。让学院副书记、班主任、辅导员都知道该计划，并积极配合执行。

（2）组织班长座谈，落实宣传册发放。

填表抽奖计划：组织毕业班班长座谈，宣讲公司招聘计划。为鼓励班长配合发放公司宣传册和求职申请表，在每张求职申请表上都盖有公司流水编号。在回收的求职表中，进行抽奖。被抽中的班级班长获得1000元奖金或iPad一部。

（3）公司网站及全国招聘网站配合发布校园招聘信息。

（4）组织已通过网络投递简历的学生做支援者。保证：

1）宴请学院领导。

2）提前拿到毕业班班长联系电话，跟进班长通知到位。

3）公司招聘宣传组成员分工包区，确保落实到位。

（二）招聘宣讲

1. 校园宣讲

根据事先安排好的时间、地点，由公司高层在现场进行演讲。内容包括公司的发展情况、企业文化、薪资福利、用人策略、员工在企业发展机会、本次校园招聘工作的流程和时间安排。通过精心组织、高质量的宣讲会，让参加的同学了解到企业现状、发展前景、文化等，增强对企业的好感。

2. 沟通互动

宣讲后，公司组织互动活动。求职者可以就个人关心的问题提问，公司给予解答。

3. 简历填写

有意向的求职者现场领取公司统一的《求职申请表》，亲笔填写后，交到公司指定的简历回收地。

（三）人员筛选

1. 简历筛选

公司根据求职者的基本资料（学校、专业、专业课成绩、计算机水平、实践活动、爱好特长、出生年月）、填表的态度及内容的完整性等方面初步筛选。

2. 笔试

笔试主要对求职者进行专业能力测试和综合素质测试，时间为60分钟，测试后筛选出招聘人数的200%进入第三轮测试——面试。

3. 面试

（1）面试考察内容：面试主要测评应聘者是否具备职位要求的综合素质和工作能力，包括知识、经验、能力、性格、人品和价值观等情况。

（2）面试方法：①无领导小组讨论；②结构化面试。

（3）评选原则：招聘小组成员采用多票制原则确定进入下一轮的候选者。保留计划招聘人数的150%进入复试。

1）初试时要求有2/3以上赞成票即可进入下一轮面试；

2）复试时要求全票通过方可被录用。

五、人员录用及报到

（1）根据应聘者以上五轮的考核表现，由招聘小组成员共同确认录用人选，并报总经理审核，人力资源部根据审核后的结果，发正式录用通知书。

（2）被录用人员和公司签订《就业协议书》，约定服务的年限、薪资标准及违约责任。

（3）新员工要在公司规定的报到时间来公司报到，办理入职手续。逾期未报到者按违约处理。

六、实习、试用及转正

（1）实习期（见习期）：应届毕业生进入公司后，首先有三个月的实习期，在此期间公司负责对其进行岗位知识、技能的培训。

（2）试用期：实习三个月考核合格后，转成试用期员工，享受与社会招聘员工同等的待遇。

七、招聘后续工作

招聘小组对本次校园招聘的效果要进行书面总结、反馈。

五、实习生计划

（一）实习生计划的优势

实习生计划作为校园招聘的一个前奏，一般在应届毕业生正式求职以前，特别是毕业前的那个暑假中，为经过初步挑选的大学生提供实习岗位，表现优秀的实习生，将会作为下一步正式录用的备选人才。

实习生计划至少有四个好处：第一，可以避开校园招聘的人才争夺高峰，将一些优秀毕业生提前纳入人才储备库，在人才争夺战中抢占先机。第二，通过实习，企业能够提前了解应届毕业生的个性特点、人品及在实际工作中的能力表现，有利于作出准确的录用决定；对于学生来说，通过实习充分了解企业，能亲身体会自己是否喜欢这个行业，对今后的择业方向做出更客观理智的规划。第三，通过一段时间的实习，这些实习生已经对企业和工作有了较多了解，一旦被正式录用，将来上班后能够很快上手。第四，实习生计划可满足企业阶段性对人才的需要，完善人力资源管理制度，降低企业成本，提高企业经营效益。

实习生计划与校园招聘的不同之处在于招募的对象。校园招聘只针对应届毕业生，而实习生计划主要针对大二、大三，以及研一、研二的在校生，广义上也可包括应届毕业生。

（二）实习生管理

1. 计划期管理

首先，明确目的，视实习生为潜在竞争力。实习生到底是企业的廉价劳动力，还是潜在竞争力？对这个问题的回答，代表了两种完全不同的用人观。

其次，进行职位分析，确定哪些职位需要招聘实习生。对于实习生计划来说，进行职位分析可以确定在哪些岗位需要招募实习生、招募什么样的实习生，而哪些岗位必须招用正式员工更为适宜，还可以确定通过何种渠道、方法更容易招聘到具有某种素质的人才。

2. 招聘期管理

一是 HR 要及早行动，以获得先机。

二是根据职位要求，确定选拔标准，包括硬性指标和软性指标，从硬性标准来看，学历、专业、成绩与相关历练等多是必需的，从软性标准来看，学生的综合素质也很重要。

三是广开招聘渠道，扩大宣传面。可以选择在企业的网站、高校的 BBS 上发布招聘信息，与招聘网站和媒体合作，也可通过内部推荐，或直接联系学校就业指导中心、院系与协会组织等招募实习生。

四是创新招聘流程，增强营销推广的效果。

五是预防"镀金式实习"，挖掘学生的实习动机。

六是规范实习生管理，通过与学生签订实习协议约束企业和实习生行为。

3. 正式实习期管理

当学生进入企业开始正式实习后，企业需提供内部资源的支持，为实习生提供保障，一方面，自身良好的管理机制与文化是必不可少的，否则实习生发现企业内部管理诸多问题，是不可能真正愿意加盟企业的；另一方面，企业要能为实习生提供一定的物质条件，包括实习补贴、住宿条件、工作指导及办公资源，这对人、财、物等资源都提出了一定的要求。

为帮助实习生尽快融入企业，适应新环境，最好能确定"辅导员"和"伙伴"，使实习生尽快融入工作环境。同时，对实习生进行系统的培训，使企业理念渗透，布置一视同仁的工作内容，培养实习生，并在实习过程中全面评估，有效甄选人才。

4. 实习后期

实习后期，秉着双向选择的原则，留用优秀实习生，并注重收集实习生的反馈，做好分析，对于优秀人才，企业 HR 应加强关系维护，为新一轮的实习生招聘工作做准备。

◆ **案例**

从实习生的角度看小米的实习生管理 [①]

暑假的时候去小米实习了三个月，虽然最后没有选择留下来，不过我仍

---

① CSDN 博主"Mr_Ten". 聊聊在小米实习的日子［EB/OL］. https：//blog.csdn.net/u012722531/article/details/78808106.

然非常喜欢小米这个公司。之前在小米一个比较普通的部门工作，可能是因为表现得比较出色，转正的时候将我调到另一个核心部门，当时是那个部门总监亲自跟我谈的。领导亲自跟我介绍他们部门，还是蛮感动的。我觉得对员工的尊重是我在小米最大的体会，即使我只是一个小小的实习生。

1. 入职

我不知道其他互联网公司的入职是怎样的，但小米的入职体验我觉得是非常棒的。小米的 offer 附带了入职指引，指引做得很精美，写得也非常详细。

小米的实习生入职和正式员工入职是一套流程，先是在大米会议室拿入职材料，小米的"同学"简单介绍小米的制度、福利、常用平台等。入职之后还会有一个新人培训，一整天时间，主要分享小米的文化、价值观以及小米星辰大海的使命等。

小米虽然给员工的工资不算很高，但来这工作过的人都不想离开小米。老板雷军是一个有梦想、有胆识、有良知的老板。身为一个身价几百亿元的大佬，工作起来却比 99% 的人都努力。你经常能发现食堂都没什么人的时候，雷总才去吃饭，半夜一两点，他才从公司出来。他不是高高在上的CEO，你经常可以在楼下的小米之家遇到他，兴致勃勃地跟这个市长、那个书记介绍小米产品，我们部门领导说他是亿万富翁的推销员。

小米的企业文化遗传了雷军的品性——朴实却不简单。很多人对小米的印象还停留在小米一代二代的时候，觉得小米廉价、低端。其实小米卖三千元的机型，成本可能比华为卖四五千元的机型还高，个人觉得小米产品的设计国内真的算蛮不错的了，你可能没用过小米的手机，但米家的东西你一定不陌生。小米靠高效率将高端产品也做到低价。关注科技圈的人都有所了解，小米近几年拿了很多很多的设计大奖，有了米家，你才发现市场上的充电宝、插线板、台灯，都开始变得有质感了起来。

虽然小米还没有上市，但感觉各方面其实都已经比较成熟了，无论是核心业务、制度流程，还是企业文化方面。

2. 工作环境

小米的工位不算豪华，但也不小，可以横放两个 23.8 寸的显示器，左右两边的余量还能各放一个书包。电脑是戴尔台式机，两台全新的显示器，

16G 内存，CPU i7-6700 顶配主机，键盘鼠标有点渣，正式员工一般都买个机械键盘。除了电脑，还会发一台全新的小米工程机，前几年一般是最新的小米手机，现在人太多了，只能发最新的红米手机了。MIUI 部门的工作环境大概是这样的。

除了工作，小米食堂也蛮不错的，互联网公司有自己食堂的其实不多，很多公司的食堂都是外包的，或者写字楼自带的。小米食堂的厨师和服务员都是小米的正式员工，食堂本身也享受公司补贴，菜价都很良心，在五彩城这个地方，一荤一素一碗饭只要 13 元，一个月 700 元的餐补，你如果都去食堂的话，肯定够了。除了菜价便宜，小米食堂和别的食堂最大的区别就是——健康。小米食堂的使命一直都是低油、少盐、少糖、拒绝不良添加剂。

相比于硬件的环境，我觉得小米的软环境也让人舒心。小米的行政人员会在加班的时候给你发夜宵，下午给你发下午茶，生日时还会把果盘拼成 MIUI 的形状，她们每天琢磨的是如何让小米的员工们工作得更舒心。你在办公平台申请一个办公用品，下午就会有一个行政人员提着印有小米 logo 的橘色纸袋，亲自送到你工位上，超级贴心。

小米的员工买自己的产品虽然没有优惠，但你可以在公司申请免费体验最新的小米产品，包括未发售的，只需要交一些押金即可，并且体验完毕如果你想买下它，只需要大概 7 折的样子就可以了。除此之外，每个月有 30 元多看电子书读书券，20 米币。

3. 同事

小米的员工都非常年轻，经常走进电梯里，看周围人的面孔我会觉得自己在大学的教学楼里。我们部门一般就每个组的 leader 工作年限长一点，一般也就三年，team 成员都工作一两年的，还有很多实习生，部门平均年龄 27 岁左右。年轻化的好处就是，大家爱好、价值观都比较接近，既是同事，也是朋友，包括我的 leader，一点架子没有，比起 leader，其实更像学长，并且小米内部本来也都互相称作"同学"的。即使雷总，也是经常都能在公司碰见的，最近的一次，我和雷总才隔了不到半米。

小米和其他互联网公司另一个比较大的区别是，小米有自己的粉丝群体，你可能很少听见阿里粉丝、腾讯粉丝，但你一定听过米粉。很多米粉都会慕名前来小米应聘，小米里面有很多员工也确实都是米粉，有小部分之前就是米粉，更多的人是像我一样，来之后被小米的氛围感染，才慢慢变成米粉的。在小米工作你会感受到一种浓浓的小米文化，大家在茶余饭后也会津津乐道公司新出的产品，你会感觉到大家工作并不仅仅是为了讨一口饭吃，他们很多都是真心喜欢在这里工作，是真心想把产品做好的。米粉都是一群单纯朴实的年轻人，即使是已经在小米实现财富自由的大佬们，他们也常常在朋友圈晒自己新买的mix2。至少在我周围，我没有感受到所谓的办公室政治。其实MIUI的员工，也经常吐槽MIUI卡，不好用，但这并不影响他们在小米商城买买买，在笔记本上贴上小米的logo，朋友圈为小米疯狂打call。所以虽然你只是这个庞然大物中的一颗小螺丝钉，但你也能深刻感受到，自己是这艘巨轮中的一员。

六、选择和拓展招聘渠道

当今网络如此发达，招聘形式也随之发生了翻天覆地的变化，网络信息越来越透明，世界越来越小，但企业招人却越来越难。单一渠道无法满足企业对人才的需求，如何选择和组合渠道显得尤为重要。渠道策略的选择关系着招聘的质量和效率，企业招聘策略的选择可遵循以下步骤：

（1）梳理企业现有招聘渠道，分析各招聘渠道的特点及招聘效果。

（2）分析组织的招聘要求，重点分析招聘的数量、到岗时间、人员层次、招聘难度。

（3）分析潜在应聘人员的特点，重点分析不同群体关注的媒体特点及其获取信息的来源、方式等。

（4）确定合适的招聘方式。根据招聘计划中拟招聘的人员层次、类别、岗位的重要性、对人才需要的紧迫程度、成本预算等要求，确定是内部招聘还是外部招聘，是社会招聘还是校园招聘，据此做出具体的招聘渠道选择。

（5）选择合适的招聘渠道。基于上述分析，在明确招聘的岗位数量、不同岗位的任职资格、到岗时间、招聘难度等条件后，按照成本——收益分析的思路，比较不同招聘渠道的适用性，参照公司针对招聘渠道的评估数据，选择招募效果最好的一种或多种招聘渠道，以确保招聘池有足够的候选人。

（6）对现有招聘渠道进行定期维护，建立伙伴式关系。

（7）对于特殊的招聘需求，应开发创意性渠道。

由于信息不对称，人才市场供需结构性矛盾突出，许多企业都面临人才一才难求的困境，人力资源部大量的人力财力都用在了招聘上，效果却不显著。想多开几家网络招聘平台以获取更高的达成率，然而各个平台都收费，成本约束无法突破。那么，HR如何开拓省钱高效的招聘渠道呢？

一是在企业营销活动中嵌入现场招聘。从优化公司业务流程的角度出发，在营销部一年的活动策划中纳入招聘环节，降低企业招聘成本，拓展招聘渠道。例如，企业进行大型商业广场的产品宣传活动时可加入现场招聘环节，由HR出任招聘环节的主持人，宽宽的舞台大大的电子屏展示企业的特色与文化的同时，展示招聘广告，吸引求职者。也可在企业宣传单页、产品册上加入招聘信息及联系方式，人力资源部同营销部一同在商业聚集地人群流量大的地点进行发放，HR现场沟通对招聘岗位感兴趣的人选，推广企业产品的同时完成一次初选。企业户外的大大小小的各广告牌广告位，传媒、新媒体等各种宣传的广告中，也可插入企业的招聘信息和联系方式，甚至可以印上人力资源部微信二维码，潜在候选人可通过添加好友进行初面的线上沟通。

二是参加职场真人秀类的招聘节目。招聘难已成企业普遍的难题，在拓展招聘渠道，加大企业雇主品牌宣传方面企业也是"八仙过海，各显神通"。例如，很多500强企业通过参加各大电视台推出的《职来职往》《非你莫属》等职场真人秀类的招聘节目来网罗人才，招兵买马。这也是各大企业面临招聘难题走出了一条新的路径。

三是积极拓展社交网络招聘。对于中小企业来讲，无论是企业文化、雇主品牌，还是薪酬福利水平，对人才的吸引力都非常有限，因此积极拓展社交网络平台，如微信（公众号、小程序）、抖音、快播等自媒体进行招聘，是当下这类企业拓展招聘渠道的一个方向。

◆ **案例**

企业参加招聘会的主要程序

由于招聘会的参展单位和应聘者众多，所以必须事先做好充分的准备，具体来说，可按照下列程序进行准备：

1. 准备展位

为了吸引求职者。参加招聘会的关键是要在会场设立一个具有吸引力的展位，将公司简介、招聘职位、薪资福利等求职者关注的信息展示出来。企业需要提前两三天找一个专业公司制作展台、招聘广告，留出富余时间对设计不满意的地方进行修改。展厅中可尽量争取一个好的位置，如果有条件可在会场显示屏中播放企业宣传片。在展位的一角，可设计一个相对安静的区域，用于通过初选有必要进一步详细交谈的人员与 HR 现场交流。

2. 准备资料和设备

在现场招聘会上，企业通常会发一些企业宣传单和招聘申请表，这些资料需要前提设计、印制好，准备充足的数量。如果是去高校进行专场校园招聘宣讲会，需要准备电脑、投影仪、话筒、音响、照相机等设备。此外，还需准备桌签、签字笔、档案袋等用品，用于招聘会宣讲、记录及简历的收集、整理。

3. 招聘人员的准备

现场招聘会一般需要人力资源部或用人部门的人员参加。较大规模的校园招聘会，除人力资源部、用人部门经理参加外，还需企业高层参加。HR需要提前与招聘会参会人员协调时间，沟通参加招聘会要做的准备工作。所有现场人员，都需要提前熟悉此次招聘的岗位职责、任职资格、公司的薪资福利、晋升、职业发展等政策，以便专业、准确地回答求职者可能问到的问题。

4. 与协作方沟通联系

协作方包括招聘会的组织者、负责后勤事务的单位，还有可能是高校的就业处等。沟通的具体内容包括了解协作方对招聘会的要求、提出需要协作方提供帮助的事项等。

5. 做好招聘会前期宣传

通过企业官网、政府就业信息推介平台、高校就业指导处网站、社交平台、报纸、广告等方式做好招聘会的前期宣传，如果是参加校园专场招聘会，也可通过高校网站主页、校园广告栏、校园广播等方式加强宣传，以保证有足够的求职者参加招聘会。

6. 招聘会的后续工作

招聘会结束后，可将简历初步筛选后分成三类：不符合、部分符合和重点关注。尽快通过电话、微信或邮件的方式与应聘者取得联系。反应速度比较快的公司，会给应聘者留下公司管理效率较高的影响。

◆ **案例**

A公司内部招聘的困境

A公司自2013年以来共进行了78个职位的内部招聘，而实际成功的仅占25.6%。其中30%是领导强力推荐的，70%是用人部门内部晋升的。自内部招聘以来，不仅员工的工作热情明显下降，而且在近半年内平均每月有3—5名管理人员和技术人员辞职，按年度计算离职率超过了20%，公司出现了过去没有过的人才危机现象。

请思考，如何解释A公司的这种现象呢？

案例分析：

造成这种现象的原因主要是企业招聘渠道不够多元化，过度依赖内部招聘。内部招聘的流程可能有待优化，内部招聘破坏了员工的公平感和职业上升的空间，使内部招聘的弊端远胜于其优势。首先，企业应该规范内部招聘管理，将内部招聘建立在系统的职位管理和员工职业生涯规划管理体系基础上有序展开。其次，应建立企业内部晋升与岗位轮换的管理程序和制度，推行内部招聘的制度化、透明化改革。最后，针对新晋升员工，进行管理技能方面的培训，并及时与落聘者进行有效沟通和反馈，取得理解和认同。

◆ **拓展阅读**

HR该如何选择招聘渠道①

企业根据自身情况及人才需求状况，选择适合自己的招聘渠道，招募适合企业的人才，无疑是企业招聘工作的重中之重。HR在选择招聘渠道时可

---

① 知乎. HR该如何选择招聘渠道［EB/OL］. https：//zhuanlan.zhihu.com/p/82388878.

遵循以下几点原则：

1. 选择最适合岗位需求

在选择适合岗位的招聘渠道时，一定要考虑招聘成本、招聘周期、招聘岗位层级、招聘地理区域、求职者渠道分布特性等。从招聘成本收益的角度看，内部推荐、网络招聘往往投入小、产出大，而现场招聘、报纸招聘与猎头三种渠道往往投入大产出少。招聘一线岗位的时候可以采用传统媒体的渠道较为适合，招聘白领岗位适用于网站招聘，招聘金领适用于猎头渠道。

2. 多渠道而非单一渠道

组织的招聘管理会面临如下情形：①跨行业的综合性企业集团；②高速发展的公司需异地扩张；③招聘突发期的紧急招聘；④招聘职位具有明显的层次性与差别性；⑤招聘渠道单一，某些核心岗位难以突破。当组织的招聘面临如上任意一种情形时，在选择招聘渠道的时候，在控制合理的招聘成本前提下，对渠道进行合理组合运用是 HR 的不二选择。

3. 合理控制招聘成本

招聘成本是招聘人员绩效考核（多、快、好、省）的依据之一，因此合理控制招聘成本十分有必要。HR 要尽可能提高各渠道的利用率，降低单位招聘成本。具体而言，内部推荐可增加宣传与激励力度，选择性参加现场招聘会，积极开拓社交招聘渠道。

4. 对比分析历史渠道效果

HR 首先要对阶段性招聘数据进行收集、整理和统计分析，记录好不同渠道的简历数量、面试人数、录取人数等数据。在此基础上评估各招聘渠道的有效性。评估指标有：

渠道有效简历率＝各渠道提供的初试人数／该渠道提供简历的总数

渠道面试通过率＝各渠道通过面试人数／该渠道参加面试人数

渠道录用率＝各渠道录用人数／该渠道提供简历总数

通过对渠道效果的分析，可以得出各岗位在各渠道过去的招聘效果，可以作为渠道选择的参考之一，动态优化招聘渠道，降费增效。

5. 结合企业现状

不同的招聘渠道决定了人员素质的不同，所以在考虑招聘渠道的时候，也应当考虑企业自身的情况，包含企业文化、企业发展阶段、企业行业地位等吸引人才的因素。

学习任务二　学会组织和实施校园宣讲会

宣讲会一般指企事业单位在社会公开场合、校园等场所开设与宣传、拓展及招聘相关的主题讲座，主要向招聘对象传达相关组织、团体或企业的情况、文化价值观、人力资源政策、校园招聘的程序和职位介绍等信息。

当企业处于发展期需要大规模招聘时，相对于校企联合办学，校园招聘及实习生计划无论是从招聘成本、效率、质量，还是可持续发展考量，都是一个不错的选择。考虑到企业竞争对手也在争夺实习生，因此在实施校园招聘时，要注意一些技巧。

一、校园宣讲会的目的

校园宣讲会是企业在校园招聘伊始针对目标高校组织的专门的讲座，通过企业高层、负责人以及在本公司工作的该校校友的现身说法来传达公司基本概况，介绍企业文化、经营理念，发布职位空缺、招聘条件和招聘流程等，通过情绪的感召与互动，引导学生全面地了解企业。

校园宣讲会不仅是吸引大量人才的平台，而且是企业在未来主力消费群体中打造品牌影响力的舞台，校园宣讲会的质量直接影响大学生对企业的印象及认知。所以，企业一般都会开足马力做好准备。有些实力雄厚的企业甚至选择全国巡回宣讲，整个校园招聘历时数月，足迹遍布全国主要城市。这种校园招聘成本固然不菲，但因为学校和专业定位准确，所以招聘效果是最理想的，而且在整个巡回宣讲过程中对企业形象的宣传力度也比较可观。

二、校园宣讲会的实施流程

（一）前期准备

1. 院校联系

与学校或相关院系就业指导中心电话联系，确认公司招聘意向、拜访

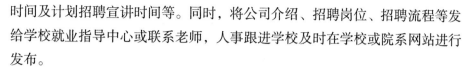

时间及计划招聘宣讲时间等。同时，将公司介绍、招聘岗位、招聘流程等发给学校就业指导中心或联系老师，人事跟进学校及时在学校或院系网站进行发布。

2. 高校拜访

与目标高校就业指导中心的老师进行交流沟通，以下内容需沟通确定：

（1）沟通并确定最佳宣传方式。

（2）确定宣讲会的地点、时间，学校对接人员姓名、职务及联系方式。宣讲会地点原则上安排在学校或院系的礼堂、大型阶梯教室、多媒体教室、会议室，会场要求音响设施齐全，硬件条件好，容量在300—500人为宜。

（3）张贴海报的具体时间、地点、张贴人。

（4）委托发放公司宣传单页。

（5）校网信息发布的时间等。

以上（3）（4）（5）项工作应在宣讲会开始前至少一周开始着手。

3. 方案报批

人力资源部制定校园招聘方案并上报审批，含费用预算。

4. 校园宣讲

（1）校园网站：在校园宣讲会前一周委托目标院校在校园网站发布公司招聘岗位和宣讲会信息。

（2）海报张贴：在校园宣讲会前一周张贴在人员较为密集的场所（如食堂门口、图书馆门口、教学地点公告栏）和目标人群宿舍楼前公告栏，海报上应标有公司校园宣讲会的具体时间和地点；宣讲会前两天应至校园补充海报，加大宣传力度，以确保目标对象能按时参加宣讲会。

（3）宣传单页：在校园宣讲会前一周委托目标院系就业指导中心或学生会向目标毕业生发放公司宣传单页。每个学校宣传单页在200份以内。

（4）校园广播（各地根据实际选择是否使用）：在校园宣讲会前1—2天委托学校毕业办与校广播台联系播放企业校园宣讲会事宜。

5. 物料准备

宣讲会所需物料表单如表4-2所示。

表 4-2　校园宣讲会物料清单

序号	物资名单	用途	准备责任部门
1	企业宣传片	宣讲会入场前播放	企业人力资源部
2	校园宣讲会 PPT	宣讲会现场宣讲	
3	招聘海报	宣讲会前几天在食堂、教学楼等广告栏张贴及当天现场张贴	
4	宣传单页	宣讲会前派发	
5	宣传条幅	宣讲会现场宣讲	
6	X 展架	宣讲会现场布展	
7	宣讲会教室引导图标	引导学生及领导找到宣讲会教室	
8	笔记本电脑及 U 盘	PPT 演示、音视频播放及筛选简历	
9	照相机	拍照留影	
10	投影仪	播放宣传片及 PPT	招聘院校
11	音频设备	播放声音	
12	无线话筒	现场与学生互动	
13	席卡	领导席位标识	企业人力资源部
14	企业拎袋	装零碎物品及简历	
15	档案袋	分类装应聘简历	
16	订书机、订书针、回形针	装订简历等文件	
17	胶水、双面胶	粘贴海报	
18	签字笔、荧光笔、	填写文件、资料标识及筛选用	
19	一次性纸杯、茶叶	领导及工作人员喝水	
20	宣讲会议程	领导翻阅	
21	应聘申请表、签到表	应聘学生填写	

6. 人员安排

（1）宣讲会主持人：HR。

（2）宣传人员：现场发放宣传单页、企业报纸、杂志。

（3）引导人员：引导学生入场就座，宣讲会开始后控制入场的学生数量，保证嘉宾通道的畅通。

（4）设备调试人员：笔记本连接，灯光、音响、相机、麦克风、投影调试，光盘及备用光盘试播。

（5）资料收集人员：宣讲会结束时，负责收集应聘简历人员。

（6）现场工作人员：拍照、传递话筒、记录等。

（二）宣讲会当天

1. 清点物料

到达会场后，根据《物料清单》清点物料，如有差缺应及时补齐。

2. 场地布置

（1）熟悉场地：工作人员了解场地情况，做好相关的准备工作。

（2）设备调试：笔记本连接，灯光、音响、相机、麦克风、投影调试，光盘及备用光盘试播。

（3）会场布置：应事先确定现场布置方案。

1）场外：在宣讲场外墙上入口位置张贴海报。

2）横幅：根据需要，可在场内悬挂一条横幅。

3）灯光、设备：会场工程师负责调试灯光、话筒、投影仪、音响等相关设备。

4）讲台：接好笔记本等相关设备。

5）话筒：讲台麦克两个、手持无线麦克两个（根据学校情况）。

6）海报：两张，场外入口张贴两张海报。

7）座位：第一排中间位置预留领导座席，学生入场后由前至后、由中间至两边就座，确保现场整体协调。

（4）入场口：两侧可摆放 X 展架、易拉宝，专人负责简要介绍、引导。

3. 引导和暖场

（1）宣讲会前 30 分钟播放集团短片。

（2）学生入场，入口处发放宣传单页。

（3）引导领导入场。

4. 宣讲会正式开始

首先，主持人开场白介绍，对参会者表示欢迎并介绍双方参会领导，告知宣讲会内容和校园招聘流程，提示参会人员将手机设定为震动状态。

其次，请校方领导讲话，校方领导致辞后人力资源部就招聘岗位、员工职业生涯规划、薪酬福利等进行宣讲，之后进入与学生的沟通互动环节，学生现场提问，嘉宾回答，向提问的学生进行相应赞扬。

最后，主持人对宣讲会进行总结，宣布宣讲会结束，并告知简历收取方式及后续安排，播放音乐，学生退场。

5. 收集资料及后续工作

宣讲会现场收集应聘学生的简历及应聘资料（推荐表、成绩单、身份证、英语四六级证书及各类荣誉证书的复印件）。提醒学生若简历不全的，应在下一轮笔试或面试时带齐相关简历。在时间允许的情况下，企业人力资源部可现场安排应聘学生填写《职位申请表》，并组织笔试。

宣讲会结束后企业应尽快进行简历筛选，以电话、微信等方式告知通过初选的同学进入笔试的时间、地点及注意事项等。多数企业的校招都会设有笔试环节，应聘人员需进行综合素质测试，高级秘书、战略规划财务、法务等专业性较强的岗位需进行专业测试。

笔试后就进入了面试环节，企业根据需要安排一轮、两轮或多轮面试，通过终极面试的应聘者，还需接受企业的背景调查，对通过审查的人员拟订录用申请，审批同意后正式签约。

（三）宣讲会后的面试工作

如果当天宣讲会时间来得及，可现场安排面试。根据现场面试官的数量同时开展 1—2 组面试，面试小组的成员根据参加面试的学生人数，建议每组由 HR 和各归口经理联合面试。

针对应届生，面试过程中面试官应侧重观察学生是否具有积极主动、持续学习、制定决策的态度及能力，围绕测评能力，聚焦在关键行为事件信息的收集与跟进，为客观评价提供事实依据。每场面试时间控制在 15—20 分钟。

面试结束后，主面试官与同场的其他面试官进行决策会议，各面试官分别阐述各自记录到的该学生的典型行为以及对他表现的评价，并充分交换意见，最终确定通过及淘汰人员。人力资源部整理汇总通过面试人员名单，通知参加录用签约环节。

（四）现场录用签约

校园招聘会的签约与录用形式主要采取集中现场录用并试签订三方协

议。签约前，HR 会就公司的业务及发展、校园招聘毕业生的岗位、薪资、培养、发展进行较为详细的介绍，并对学生提出的问题进行解释和答复。人资经理在此环节中对时间和氛围进行整体把控，营造正面积极的沟通氛围，促进学生确立签约的决定。

然后开始收取学生签字的就业协议书并与学生沟通入职相关事宜。对同意与公司签约的学生，但不能按公司时间报到时间入职者，若已领取到就业协议书的，将学生签字后的就业协议书收取后，邀请学生到公司或就近的门店参观并领取就业协议书；对同意与公司签约的学生，且能按公司时间报到时间入职者，需做好充分的沟通，保证其能顺利入职进行实习；对于现场决定不与公司签约的同学，要礼貌、尊重，对其参加我们校园招聘的全过程表示感谢，并送其离开。

最后，公司校园招聘工作人员与签约学生进行合影留念（视情况而定）。

三、校园宣讲会实施过程中的注意事项

宣讲时间根据实际情况，原则上不与相关院系授课、考试、就餐等时间冲突；企业参会人员最好统一着公司发放的工作服（夏装、秋装前一天确认），男士系领带。宣讲过程中，声音要洪亮，表达要清晰，宣讲的重点可以突出强调。宣讲速度把握好，避免后面很赶。多一些互动，眼神、肢体语言的交流，吸引同学的注意力。宣讲会小组成员可以邀请企业中本校的优秀毕业生加入，现身说法，通过校友自身在企业的成长和发展经历，展示企业对人才的重视。最后要预留时间给同学们提问，可以和同学约定提问细则，确保有序进行，让同学获取更多信息，减少重复提问。

◆ **案例**

××银行银川分行 2022 年宁夏大学、
北方民族大学定向校园招聘启事[1]

××银行是经中国银行业监督管理部门批准成立的银行业金融机构。自成立以来，本行服务范围覆盖全区 5 个地市 17 个县区，并在区内外发起

_____

[1]　资料来源：笔者根据智联招聘网站招聘信息摘编。

设立 7 家村镇银行。截至 2021 年末，××银行资产总额达到 612 亿元，各项存款 486 亿元，各项贷款 360 亿元，目前区内分支机构达到 69 家（集团 104 家），员工 750 余人（集团 1000 余人），品牌特色突出、经营稳健良好。

××银行始终秉持"行稳致远"的发展理念，始终坚持"服务地方经济、服务中小企业、服务城乡居民"的市场定位，多年来秉持"家园型"企业文化理念，以"拼搏 务实 创新"为企业精神，与全体员工分享财富、分享能力、分享价值观。

××银行银川分行成立于 2009 年，目前在银川市三区两县一市共设有营业机构 33 家，服务客户 51 万人。截至 2021 年末，银川分行资产总额 207 亿元，各项业务稳健良好。

现根据业务发展需要，针对宁夏大学、北方民族大学应届毕业生（含两年内往届毕业生）进行人员招聘。

一、招聘岗位描述

招聘岗位为业务拓展岗，岗位职责如下：

（1）以客户为中心，处理客户存贷款及其他中间业务，并负责维护客户关系。

（2）营销金融产品和开发客户市场，组织协调各类资源完成经营任务。

（3）负责业务全流程的风险管理、合规管理工作。

（4）完成本行交办的其他工作。

二、招聘条件

宁夏大学、北方民族大学 2022 届全日制本科及以上学历毕业生，理工类、农学类、法学类、经济金融类、会计学、管理学等相关专业。取得本科学历的，年龄在 25 周岁以下（1997 年 3 月 1 日后出生）；取得硕士研究生学历的，年龄在 28 周岁以下（1994 年 3 月 1 日后出生）。条件特别优秀的，可放宽专业要求。本次招聘允许宁夏大学、北方民族大学 2021 届、2020 届毕业生报名参加。

（1）2022 届毕业生，需在 2022 年 7 月 31 日前取得毕业证、学位证。

（2）遵纪守法、诚实守信、品行端正，无违纪违规违法记录、无不良信用记录。

（3）身心健康、性格开朗、吃苦耐劳，有较强的责任心和良好的团队协作精神，能承受一定的工作压力。

（4）有良好的学习能力，能够自觉主动持续学习和获取新知识，具备较好的逻辑思维能力。

（5）具有良好的沟通能力、交流能力、服务意识。

（6）符合××银行履职回避的有关规定。

三、工作区域及招聘人数

银川市三区（兴庆区、金凤区、西夏区）：22人。

银川市永宁县：3人。

四、用工形式与培养目标

招聘岗位的用工形式为直接招聘的正式员工，依法签订劳动合同。本行对录用人员配套系统的金融基础知识培训、实务能力培训体系和"Y"字形的职业晋升通道体系，旨在经过3—5年时间，培养业务精湛的金融专业人才和具有综合能力的分支行管理人才。

五、新员工培养机制

（一）岗前实习

（1）理论学习：多模块的业务知识、深厚的企业文化。

（2）岗位实践：技能锻炼、流程学习、实操演练。

（3）阶段收获：了解××银行，认知岗位职责，掌握合规要求，适应职场转变。

（二）新员工集训营

（1）培训方式：集中培训。

（2）培训内容：丰富的能力提升课程，多彩的团队扩展项目，全面的业务知识了解，充实的行内大咖分享。

（3）阶段收获：融入××银行，感受行内关怀，赢得团队友谊，提升适应能力。

（三）轮岗/定向培养

1. 培养方式

（1）一对一导师带教，工作、学习、生活全方位指导。

（2）手把手跟岗辅导，产品、系统、流程精准化掌握。

（3）肩并肩陪伴学习，书籍、课程、直播多方面保障。

（4）面对面集中培训，传授、讨论、演练情景化教学。

2. 成长路径

结合岗位需求和人才特点，安排定期轮岗或定向培养，提供定制化的培养路径。

3. 阶段收获

深化岗位任职，掌握必备技能，明确岗位方向，融入工作角色。

（四）考核定岗

围绕新员工学习目标达成情况、工作完成情况、行为规范进行综合评价，正式定岗。

六、薪酬福利待遇

本行为职工提供区域内有竞争力的薪酬水平。职工薪酬结构包括：固定薪酬、绩效薪酬、福利性收入、中长期激励等。

本行立足员工需求，以提升员工幸福感为导向，打造种类丰富、市场水平高、员工满意度高的智慧福利体系，主要包括：

（1）生活保障：社会保险（五险）、住房公积金、企业年金；

（2）关爱津贴：取暖费、年货、工装、交通补贴、餐补、通信补贴、生日慰问、困难员工慰问等；

（3）带薪休假：年休假、婚假、产假、护理假、哺乳假、丧假等；

（4）健康守护：年度体检、补充医疗保险、员工父母体检；

（5）学习培训：青苗计划、352人才培养工程、管培生计划等；

（6）服务配套：食堂、阅览室、健身房、活动室、职工之家、文体活动、社团活动、兴趣小组等。

七、招聘程序

报名—笔面试—体检—培训—入职。

八、报名时间与方式

（1）报名时间：2022年3月7日9：00至3月22日17：00。

（2）报名方式：

应聘者请登录 szsyh2022.zhaopin.com，根据要求逐项进行网上申报。

九、其他事项

（1）应聘者请准确、完整填写个人信息，对填报信息真实性、完整性、一致性负责，并妥善保管个人信息，防止信息被他人冒用。如提供信息与事实不符，一经发现，取消应聘资格；已录用的，取消录用资格；已签订劳动合同的，解除劳动关系。资格审核贯穿整个招聘和使用流程。

（2）经审核符合条件者，将通过电话或手机短信等方式与应聘者联系，请务必确保通信畅通。

（3）本行对所有应聘者信息予以保密，应聘人员个人信息仅用于此次招聘，应聘资料恕不退还。

（4）本次招聘统一采取线上报名。笔试、面试、体检、录用、签约等后续安排另行通知。

（5）本行招聘不在任何环节以任何形式收取费用，请提高警惕，谨防受骗。

◆ 技能训练 策划校园宣讲会

（1）**实训目的**：巩固招聘计划撰写技能，学会撰写专场校园招聘会的策划方案。

（2）**实训内容**：

1）根据各小组模拟企业的招聘需求，选择校园招聘方式，为校园宣讲会做前期准备；

2）以小组为单位分工协作完成校园招聘策划方案；

3）全班同学根据自己感兴趣的公司及职位，撰写一份个人简历。

（3）**实训成果**：

1）招聘策划方案一份；

2）个人简历一份。

（4）**考核指标**：

1）宣讲会策划方案内容要素全面，流程完整，可操作性强；

2）简历内容要素应包括个人信息、教育背景、实践经历、求职意向等，排版简洁精美，无漏洞、错误；

3）小组成员分工合理，高效完成任务。

（5）**小组分工及操作步骤**：

1）小组统一思想，搜集信息，讨论思路，形成框架后，按照宣讲会准备工作、当天工作和后续工作，组长进行任务分解；

2）明确任务目标后，按照组员特长和意愿领取任务，撰写策划书；

3）由一人统稿后，组员一起讨论完善和修改。

◆ 技能训练　模拟组织和实施校园宣讲会

（1）**实训目的**：学会组织和实施校园宣讲会。

实训内容：以小组为单位，模拟举办现场宣讲会，展示招聘海报，模拟宣讲会的整个流程，并收取简历。

（2）**实训成果**：

1）宣讲会 PPT；

2）宣讲会后各组收取 5—10 份简历。

（3）**考核指标**：

1）宣讲 PPT 内容要素完整，设计美观；

2）宣讲会流程完整，有感染力，宣讲效果好；

3）时间控制得当，有互动。

（4）**小组分工**：

1）由 1—2 名组员负责后勤，播放宣传片，粘贴海报，收取简历，拍照录像；

2）4 名组员充当宣讲小组，其中，1 人角色是企业高管，1 人是 HR 经理兼主持人，1 人是校友，1 人是学校领导。

（5）**操作步骤**：

1）3 分钟企业宣传短片，在宣讲会开始时播放；

2）主持人登场，介绍宣讲会与会领导、流程及注意事项，邀请校领导致辞讲话；

3）配合招聘海报，宣讲小组对企业简介、此次招聘人数、招聘职位、薪资福利待遇等方面进行宣讲，时间不得超过 10 分钟；

4）宣讲企业就求职者提出的问题进行回答，互动时间为 3—5 分钟；

5）主持人宣布宣讲会结束；

6）宣讲会总时间不得超过 15 分钟，并现场收取简历；

7）老师及同学在学习通 APP 上根据评价标准进行打分。

学习任务三　学会筛选简历

一、简历的功效及构成

一般来说，简历是企业第一次接触应聘者，而筛选简历也是对应聘者的第一次过滤。一方面要辨别简历中的虚假信息；另一方面要对重点内容在接下来的面试中进行确认，使面试更有针对性。如何从简历中获得有效信息，主要依赖于对应聘者简历的解读。

简历的内容要素一般包括以下几个方面：

（1）求职者的个人信息。具体包括姓名、性别、出生年月、婚姻状况（后三项有些公司不要求）、住址、联系电话、户口状况（不是必要的）等。

（2）教育和培训背景。能证明求职者知识水准、所拥有技能和能力的一切相关信息，包括正规、非正规的成人教育和专业培训。

（3）工作经历。包括雇佣型的工作，也包括实习、义务性和社团、社区性的工作。

（4）技术和技能。包括电脑技能、语言技能、性格和能力、性格特点、沟通能力、人际能力、团队精神、兴趣爱好等。

（5）工作意向，想要从事的职类或具体岗位。

（6）薪金要求。

具体实践中，因求职者个人喜好，简历中呈现的要素并不限于上述六个方面，但个人基本情况、求职意向、教育培训背景及雇主经历是必备的选项。

二、筛选简历的步骤

筛选简历需要速度，更需要质量。

第一步，分析简历结构，简历的结构可以反映出求职者的组织和沟通能力，重点看布局是否合理、简练，重点是否突出。如果以固定模板填写的简历，则重点看求职者的教育、培训背景及工作经历。

第二步，审查简历中的客观内容，即姓名、性别、年龄、教育背景、工作经历、培训记录等，上述内容中，重点看教育背景、工作经历的真假，以及是否存在职业空白期（上一份工作截止日期和下一份工作开始日期之间的时间是否过长），审查中有疑点的地方可以放在面试中及后续的背景调查进行询问和查证。

第三步，审查岗位胜任力，主要关注求职者的教育及工作经历是否与岗位要求相符。

第四步，审查简历的逻辑性，重点看求职者的教育、工作经历与所应聘职位的逻辑性，以及求职者所取得的成绩与自身教育、工作经历间的逻辑性，如一个有海外留学背景、曾担任过一些公司高层领导，却应聘普通管理岗位的求职者，应值得 HR 注意，又如一个采购人员在工作经历的描述中显示他帮助企业完成出色的销售业绩。

三、如何设置筛选简历的门槛

如何设置筛选简历的门槛，是影响速度和质量的重要一环，关键看求职者的能力素质是否与企业要招聘的岗位匹配，与工作岗位无关的条件不能作为门槛。在筛选简历时要慎重、有耐心，不要轻易放弃每一份简历，但不要试图找到全才或超人，只要有一个点符合门槛条件，HR 就尽量给这个求职者面试机会，以免错失人才。

根据招聘岗位基本要求、职业资格要求和综合素质要求，先将学历、专业、工作经历与岗位相匹配的简历挑选出来，由人力资源部部长进行二次筛选，主要衡量应聘者的求职意愿、职业发展规划及工作经历与招聘职位是否相符，岗位薪酬待遇是否满足求职者的薪酬期望值。招聘计划与通过简历筛选人员比例一般控制在 1:10。

四、如何提高简历筛选的质量

一般来说，如果需要筛选的简历数量不是成百上千，HR 不可能在尽量短的时间内一一阅读筛选，需要委托第三方服务机构进行数据处理。大多数情况下，HR 需要手动筛选简历。如何从大量的简历中筛选出企业所需要的人才是招聘经理必备的技能之一，这也是把好企业人员入口关的第一个环节，虽然未曾谋面，但从简历中也是能够"识人"的，特别是从简历的表观

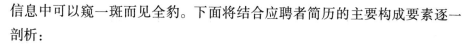

信息中可以窥一斑而见全豹。下面将结合应聘者简历的主要构成要素逐一剖析：

（一）年龄

和应聘的岗位所要求的经验相比，年龄是一个重要的参照。可以把应聘者的年龄与其工作经验进行比较，就可以看出应聘者所列出的经验的真伪。一般来说，应聘者不会虚报年龄，而会在经验上造假。如果应聘者年龄较大，那就需要在更换工作的原因上进行分析；进一步，年龄较大的应聘者是否还可能踏实的从基层做起也是一个问题。

运用马斯洛的需求层次理论可知，人在不同的年龄阶段有着不同的特定需求，不同的年龄对工作方面的需要就会有差别，从职业生涯规划的经验来看，一般来说，年龄和对工作方面的需要对应关系如下：25 岁以前，需要一份好工作；26—30 岁，需要工作提高个人地位与发展；31—35 岁，需要一份高收入工作（工资、福利、隐性收入）；36—40 岁，寻求独立发展的机会、创业；41 岁以上，需要一份稳定的工作。

当然，这五种需求并不只是单独出现，而是在不同的年龄段有不同的主导需求。而且并不是所有人都会按上述时间段发展自己的职业生涯及职位需求。所以，一方面要考虑候选人年龄和他本身的需求的匹配程度，另一方面要考虑候选人年龄和我们所提供的岗位的特征的匹配程度。

（二）学历

"真的假文凭"和"假的真文凭"是学历上的大问题，同时一些海外学历也日益增加，因此有必要通过各种渠道查询学历的真伪，有三种常用的方法来鉴别文凭的真伪。

1. 观察法

通过肉眼观察和与真文凭的对比来识别假文凭。有些假文凭做工比较低劣，如纸质硬度不够、没有水印、学校公章模糊、钢印不清等都可以用肉眼识别。当然，现在的一些假文凭制作的比较逼真，水印、公章、钢印等都完备，简单的通过肉眼很难识别。如果周围有真文凭，可以将它与需识别的文凭进行对比，这时往往可以很快发现文凭的真伪。如果假文凭做工精细，并且没有真文凭进行参照，可以使用提问法或核实法来进行识别。

2. 提问法

通过对应聘者的学识、常识和能力的提问来鉴别文凭的真假是最有效的方法。根据文凭中的专业，面试人员可以提一些专业性的问题，这些问题有的可能非常肤浅，有的甚至是错误的，通过应聘者对问题的反应可以初步判断文凭的真伪性。

3. 核实法

通过观察法和提问法都没有办法确定文凭的真伪性时，可以采用核实法。面试人员可与文凭所在学校的学籍管理部门取得联系，让他们协助调查该文凭的真伪性。一般而言，学校都能积极的进行协助。核实法虽然比较复杂一些，但准确率可以达到百分之百。也可以在网上进行查询，如中国高等教育学生信息网（http：//www.chsi.com.cn/xlcx/）。

学历中第一学历和后学历的问题，尤其是后学历教育更需慎重。如果是后学历的话，还要看应聘者何时开始、何时获得后学历的，这可以看出应聘者的学习能力和接受挑战的心态。和学历相关的是专业，一般岗位说明书中都对专业做了规定。如果应聘者具有多个学历，那么对其不同学习阶段专业的分析可以得出其在知识的系统性和广度的基本判断，还可以从不同专业的相关性中获得其个人规划的能力。

（三）住址

求职者住址距离公司的远近将影响其通勤成本。如果应聘者是跨城市应聘的，尤其是针对一些年龄较大的应聘者，他们的动机是什么，因为他们将面临非常现实的一些问题，如生活成本增加、生活环境变化等问题，这些都将影响其进入企业后的工作状态。

（四）工作经验

工作经验是简历分析中的重点。重点需要关注以下几个方面：

（1）工作变换的频繁程度。一方面说明应聘者经历丰富，另一方面说明应聘者工作稳定性较差。当应聘者存在非常频繁地变换工作的情况，那么他们每次工作轮换的原因是需要分析的。当然频繁地变化工作也并非绝对存在问题，关键是为什么变换工作。如果每项工作相关性不大，而且工作时间不长，那么就需要高度注意了。

（2）工作是否有间断，间断期间在做什么。目前是否在工作，这关系到应聘者劳动关系的问题，也关系到应聘者何时能入职，当然为什么离职也很重要。

基于前两个问题，对应聘者整个工作经历轨迹进行串联画像，分析应聘者是否比较深入系统地从事过某一项工作。

（3）要对每个阶段所负责的主要内容和业绩进行审查。工作经验中不写职位，只写部门，不敢具体化，可能是小人物。职位不具体，只写出"管理""业务"或列出虚职，闪烁其词，不敢具体化，注意各企业职务序列的不同，不实不具体，慎之亦可不选。常用数字表达挽回损失 ×××万元；如果未提到团队的功能，推荐给用人部门时，当慎之。

（4）应聘者的经验与岗位要求是否匹配，如果已经达到一个相对较高的职位，而来应聘一个较低的职位，动机是什么？

（5）培训内容是否与职业规划相关？如果培训内容罗列较杂，典型的万金油，也许他自身的职业规划也不明确。

（五）求职意向

如果求职者将应聘职位都写错，将发到其他公司的信也发出，这属于严重的小错误，"病急乱投医"，说明其对职业规划甚少，应付了事，不可原谅，可随手删掉简历。

（六）薪资待遇

不提待遇，可能是资历浅或顺从性好，有点不够自信。待遇不低于多少价位，有挑战性，这种人一般情况下岗薪还是能匹配的。

（七）简历的组织与语言风格

喜用表格的人，一般比较有条理，有些岗位是特别需要这种人才的。

若简历中出现着重号和标注重要内容的星号等符号，也许隐藏了一些不该隐藏的东西，将最优秀的面示人的，也许将缺点隐藏得最深。

除写自己的身高、体重外还写出血型、星座的，这类求职者往往主次不清，只能适合一些较低层次的岗位。

能明确地写出证明人为所在职公司的老板或上司的求职者，敢于正视自身走过的历程，可暂看重。

筛选简历除逐一分析各要素隐藏的亮点外，还需注意系统性，即对各项内容进行交叉分析，这样就能获得应聘者更完整和全面的信息，发现其中的亮点和疑点。对于亮点和疑点，都不是最终判断，还必须通过进一步的甄选进行确认。

五、如何根据工作申请表进行初步筛选

相对于简历，企业根据自己招聘需求制定的工作申请表更便于 HR 进行初选。初选的方法有 ABCD 分级法和比较模型法。

（一）ABCD 分级法

ABCD 分级法先是根据岗位工作要求制定出筛选申请表的调查表，调查表中每一个评价指标对应 A、B、C、D 四个等级，其中，A 级最为重要，B 级次之，C 级再次之，D 级则不符合。以维修技师为例，该岗位工作申请表的筛选调查如表 4-3 所示。

表 4-3　维修技师岗位工作申请表的筛选调查表

条件	B	C	D
18 岁及以上	√	√	
能轮班工作	√	√	
持有有效的、未被吊销的驾驶执照	√	√	
有文凭或相等的证件	√	√	
有两年技术方面的技能等级证书或相等的证件	√		
有五年或五年以上相关工作经验			
有两至四年相关工作经验	√		
有编程逻辑控制方面的经验（只限维修电器技师）	√		
有机械安装或制造方面的经验（只限维修机械师）	√		
有稳定的工作史	√		
工作史中没有不能解释的间断	√		
离开工作是有一些冒险因素		√	
离开工作是有实质性的冒险因素			√
报酬和工资方面有不切实际的想法		√	√
申请表没有签名			√

（二）比较模型法

比较模型法的操作步骤是先将明显不合适招聘岗位的人选挑出来，然后针对剩下的应聘者，根据工作说明和人员招聘条件，对照评价标准为每一个应聘者打分，如表4-4所示。

表4-4　比较模型法

应聘者	身体情况			教育训练			知识经验			特长才能			性格特征			专业特长		
	低于标准	符合标准	高于标准	低于标准	符合标准	高于标准	低于标准	符合标准	高于标准	低于标准	符合标准	高于标准	低于标准	符合标准	高于标准	低于标准	符合标准	高于标准
1. 张三																		
2. 李四																		
3. ××																		
4. ××																		
5. ××																		
6. ××																		
7. ××																		

◆ **案例**

咨询业应届生简历筛选标准（示例）

项目	权重	差	较差	中等	较好	好
学校排名	5%	1	2	3	4	5
海外经验（交换学生、到国外实习、比赛或参加国际会议）	20%	1	2	3	4	5
学业成绩（经济学背景优先，如果不是经济学背景，主修两个与经济学有关的专业亦可）	20%	1	2	3	4	5

续表

项目	权重	差	较差	中等	较好	好
实习经历的质量 （咨询业、银行业和跨国公司实习经验可得高分，其他实习经验看情况而定，实习经验越多分数越高）	20%	1	2	3	4	5
社会活动 （主席和副主席最高，其他依质量和数量加分）	10%	1	2	3	4	5
语言能力 （英语六级优秀或托福600分以上分数较好。会粤语者可加分）	20%	1	2	3	4	5
兴趣和其他经验与相关信息	5%	1	2	3	4	5
总分	100%					

◆ 技能训练　制作简历评分表并筛选简历

（1）**实训目的**：领悟初选的标准对招聘池的影响，以及学会制定筛选标准和筛选简历。

（2）**实训内容**：

1）根据拟招聘职位的招聘基准（基础标准和关键标准）制定筛选简历的标准，设计一份简历评分表，评分表中应包括评价指标及权重、评价标准，以及打分规则；

2）根据简历评分表，筛选简历并对每份简历进行评价与反馈。

（3）**实训成果**：

1）各组拟招聘职位的简历评分表；

2）每份简历的打分过程、结果及反馈。

（4）**考核指标**：

1）评分表中的评价要素是否与招聘基准匹配；

2）评价指标的权重及标准设置是否合理；

3）打分规则是否有具体的分值计算公式。

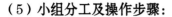

（5）小组分工及操作步骤：

1）基于拟招聘职位的招聘基准，小组讨论并选取评价指标，以及各指标的权重；

2）每位组员领取1—2个评价指标，并查阅资料明确各评价要素的内涵，根据评价指标内涵，设置评价标准及分数；

3）全组一起讨论评价指标、权重及标准设置，最后设置打分规则；

4）试运行评分表，并进行调整；

5）根据调整好的评价表给收取的简历打分，并进行评价与反馈；

6）整理打分过程材料及结果。

◆ **拓展阅读**

如何说服老板增加付费招聘渠道①

在确定要向你的老板申请增加新的付费招聘渠道之前，先把下列几个问题梳理清楚：

（1）公司年度总体的招聘支出是多少？不同渠道的招聘成本分别是多少，占比如何？例如：招聘系统、各招聘网站、招聘会、广告费、内推激励等。

（2）为什么要增加新的付费招聘渠道？是因为公司用人需求短期增大，还是现有渠道招聘效果欠佳？

（3）是否是真实的招聘需求？招聘需求在时间、重要程度上是否有过分析？

（4）现有渠道你使用得如何？比如公司介绍、岗位职责等信息写得是否具有吸引力？在搜索简历的时候，关键词和搜索逻辑的设定是否合理？搜索简历的时候，是否有不断更换关键词，以确保搜索到更多的简历？是否定期刷新市面上更新的简历？

（5）目前在用的招聘网站招聘效果情况总结：被动收到的简历总数，有效简历数，有效简历比例；主动搜索简历数，有效简历多少，有效简历比例

---

① 中人网论坛. 如何说服老板增加付费招聘渠道［EB/OL］. http：//community.chinahrd.net/forum.php?mod=viewthread&tid=907738.

多少。在过去一年，有多少岗位是通过目前的网站招聘到的，招聘成功率多少。有哪些岗位是这个招聘网站招得比较好的，哪些是无法招聘到的，评估一下目前招聘网站的效果，判断目前的招聘网站是否可以继续使用。

（6）是否还有其他免费的招聘渠道可以使用？

如果以上六点都梳理清楚了，那么你还需要调研清楚下面的问题：

（1）拟增加付费渠道在吸引人才的类别、层次、质量、提供的招聘服务等方面有何优势？跟公司现有付费渠道是否重叠？在对应公司需要的人才的招聘效果如何？

（2）你准备购买什么服务？费用多少？可以提供多少简历？使用时长多少？可以自助搜索下载多少？可能达到的有效招聘率是多少？

（3）是否试用过该渠道？是否通过同行业 HR 打探过该渠道的效果？

接下来需要准备向你的老板申请付费招聘渠道。老板在审批预算的时候，往往不太愿意听过多的文字描述，而更习惯用数据的方式被说服。因此，你要数据、图表等更为直观的方式，将付费招聘渠道可能给公司带来的收益呈现出来，说服老板。比如，利用现有的与计划引进的付费招聘渠道，计算出渠道产出率。精细计算出每种渠道的产出率，让你的老板知道运用不同的渠道，分别的产出比例是多少，渠道应用的受众群是哪些，为什么必须选用这类渠道，以及所有渠道应用的配比权重又分别怎么设定，这样设定权重的原因是什么等。相信通过详细的现状分析、需求分析，老板会仔细考虑你的需求建议，助力你的招聘工作。

◆ **课后思考题**

1. 请列举外部招聘的几种主要方式？
2. 简述网络招聘的优势、劣势？
3. 简述校园招聘的一般流程。

第五章
甄　选

知识目标：能说出甄选的含义及不同甄选方法的适用性和不足，能复述无领导小组讨论组织和实施的操作步骤。

能力目标：运用理论能对应聘者的简历和申请表进行初步筛选，依据职位的招聘要求编制笔试题目。

素质目标：领悟甄选过程中蕴含的社会主义核心价值观中的"爱国""敬业""平等""公正"。

企业人员选拔的方式、方法，决定组织能否招到合适的人才实现能岗匹配以得到高额的回报，能否降低员工的辞退率与辞职率，为组织降低离职损失。劳动生产率主要取决于员工的劳动技能、掌握的知识、具有的经验等因素。企业采用何种方式、方法测试或评价应聘者是否具有与岗位相匹配的技能、知识、能力、经验、动机等，显得尤为重要。本章重点讲授甄选的定义及方法，以及不同甄选方法的适用性。

一、甄选的定义

甄选指组织运用多种方式对应聘者的知识水平、能力、专业兴趣和个性特征等方面的内容进行全面深入的了解，以甄别、选拔适合工作岗位要求的最佳人选的过程。

与甄选相关的一个重要概念是人员素质测评。素质测评指测评主体运用科学的方法，收集被测评者在主要活动领域中的表征信息，针对某一素质测评指标体系作出量值或价值判断的过程，或者直接从所收集的表征信息中引发与推断某些素质特征的过程。素质测评的结果可用于招聘选拔、人力资源培训与开发等方面，故甄选是在人员素质测评结果的基础上对应聘者进行选拔，以实现人岗匹配。

人员甄选活动涉及社会学、管理学、心理学、统计学等多门学科的知识，必须综合利用各学科的理论、方法和技术对众多应聘者进行系统、客观的测评，以此判断不同应聘者的任职资格和对工作的胜任程度，为最终的录用提供决策依据。

进行人员甄选时需要注意，甄选是通过考察应聘者的知识技能水平，并预测他们未来在企业中的绩效而作出录用决策的。但很多企业在甄选时只注重考查应聘者的知识技能水平，而忽略了预测应聘者这些特点能否为组织带来绩效。

二、甄选的方式

一般来说，企业进行人才甄选的方式主要有履历分析、笔试、面试、心理测验、面试、评价中心等。从企业选拔人才的全过程看，通过简历筛选、招聘申请表筛选、笔试及心理测试对应聘者进行的初步选拔，即粗选，通过面试、评价中心、情景模拟等方式对应聘者进行深度筛选，即细选。企业招聘的职位等级越高、对企业的核心业务越重要，越是需要精挑细选，进行深度筛选。第四章已经提前讲授了如何进行简历的筛选，第六章将详细讲授面试，本章跳过初选、面试的内容，主要讲授笔试、心理测验、评价中心及其他方法。

三、甄选方法的选择

在设计甄选程序、选择甄选方法、技术时要重点考虑时间、成本、质量三个因素。就甄选方法本身，其自身的信度、效度、公平性和区分度是 HR 重点关注的几个点，此外要注意不同甄选方法的使用范围。无论是知识测验、技能测验，还是能力测验和心理测验，可供选择的工具有很多，不同工具都具有各自相对具体而明确的适用范围与特定功能。

值得注意的是，任何招聘技巧或方法都无法从根本上解决招聘难题，一方面，任何甄选技术都有其优点和适用范围，也有着自身无法克服的负面效果；另一方面，甄选技术积极作用的发挥是以企业现实条件与需要为载体，招聘管理的成功实施与执行往往建立在一套科学、完善的人力资源管理系统之上，缺乏系统的支撑，招聘工作的效率就会大打折扣。

由于不同组织、不同职位对应聘者的素质要求不同，人员的不同素质需要使用不同的测评工具进行测量，单一的测评工具往往不能很好地满足招聘甄选的需要。因此，在实践中，企业在招聘选拔过程中往往会根据企业性质、招聘岗位的特点、招聘预算等因素，选择有效的测评工具加以组合，以提高招聘甄选的有效性。选择工具组合时，考虑能够测量岗位所需全部素质的同时，应兼顾甄选工具的数量及组合方式的成本和效能。

对甄选工具进行合理的组合，设定合理的使用程序，是实现高效选拔目标的关键。甄选测评工具的组合设计一般包括三个步骤，即确定招聘岗位要考评的素质、选择甄选测评的方法、对不同方法加以组合并设定合理的使用程序。

学习任务一 甄选的方式、方法

一、笔试

笔试是让求职者在试卷上笔答事先拟好的试题，然后由主考人根据求职者解答的正确程度予以评定成绩的一种测试方法。笔试题目的类型以及题目的编排不同于应试教育中的选拔性测试，企业采用笔试选拔应聘者更强调的是应用性，故笔试要遵循符合目标原则、综合运用原则、重视运用原则和难易适中原则。

笔试测试题目包括主观性试题和客观性试题。具体各类型题目编制的要求如下：

（一）主观性试题

主观性试题指应试者在作答时不受范围的限制，可以根据自己对题目的理解创造性地回答的一类题目。主观性试题更多的是考查应试者的思维能力、综合分析能力以及知识广度。相对于客观题，主观性试题更加突出题目的开放性、能力的综合性、测评的相对有效性以及答案的多样性。

1. 简答题的编制

简答题广泛运用于笔试当中，简答题简单扼要、直接明了，能够用一个简单的题目让应试者总结并组织语言，适用于考核基本事实、基本原理概念等。

2. 论述题的编制

论述题是比较常见的主观性试题，应试者需要对题目做进一步的分析和阐述，有较大的发挥空间，对应试者的思维能力、书面表达能力、分析能力和解决问题的能力等有较高的要求。论述题主要考查应试者回答某个问题的思路是否清晰、有条理，考虑问题是否全面、系统，能够考查较高层次的信息。

在编制论述题时，也要注意以下几个方面：题目选材上，要与工作相关度高，并且能够让应试者有发挥的空间，重点考察招聘职位所需的知识、能力和素质。题目本身综合性强且难度相对大；用语上，要准确明了，确保应试者能够充分明白题目的要求；评分上，在编制试题的同时给出相应的评分要点，避免考官凭主观印象评分。

（二）客观性试题的编制

1. 选择题的编制

选择题是应用十分广泛的一种客观性试题，一般要求应试者根据题干要求从多个备选答案中选择一个或者多个，按照答案需要选择的个数以及个数是否确定可以将选择题分为多项选择题、单项选择题和非定项选择题。

选择题适用于各种不同层次学习结果的测量，试卷易于评阅，知识覆盖面广，题量多，但诱答选项的编拟较为困难。选择题的编制，可利用一句话的重点内容进行考查。可以将该句话的重点内容设置一个空，设置若干干扰选项进行考查，考查考生对于这句话重点内容的理解；可从一段重要的文字引出一个选择题。这样可以是一个多选题，将一段话的每句作为一个选项，同时可设置干扰项对重点段落进行考查；也可设置一些情境和选项，考查应试者的能力、素质和个人特性。题干一般采用陈述句或疑问句创设出解题情境。

2. 填空题的编制

填空题一般先给出已知条件，在语句中空出要问的答案，以横线代替，编写过程中，采用将一句话或者一个段落的重要内容省略，要求应试者在画线部分，将正确答案填写出来。

填空题的特点是知识点覆盖面大，形式灵活，主要用来考查记忆的内容，或者在个性测试里面可以通过应试者的不同回答考查应试者的人格特征等。

填空题编制时应注意保证题目的严谨性，保证答案尽可能的唯一性，开放性的填空题应保证所填内容与前后都能保持逻辑上的一致性，题目选材要围绕关键或重要的知识命题，为提高难度可创设新情境，尽量避免直接引用书中的原句。因填空题只能考查被试者较低层次的知识、能力，评分易受笔迹、用词等因素影响，所以在招聘甄选中填空题的使用要适量。

3. 判断题的编制

判断题只有两种答案，对或者错，似乎很容易。但很多判断题看上去似是而非，让人捉摸不定。判断题的命题通常是一些比较重要的或有意义的概念、事实、原理或结论。

判断题编制时要注意句意明确，措辞严密，对错似真，信息充分，考查内容关键，每次只一个点，少用否定句，正确答案种类要平衡。

（三）试题的审查、试测、修改和编排

1. 试题的审查

第一阶段从宏观上对试题的几个内容进行审查，例如，是否遵循了试题编制原则，试题的总体难度以及区分度分析，试题需要考查的内容是否全面、是否有重复，试题测试的目标层次、题量、题型组合是否合理。

第二阶段主要从微观上对试题内容的措辞、准确性，试题是否有逻辑上、语法上的错误等方面进行审查，诸如标点符号、错字别字、题目序号、各小题的小分合计是否与卷面总分一致等。

2. 试题的试测

对编制好的试题进行测试和评估。试测的过程可以发现很多细节的问题，如题干表述是否存在歧义，题目是否明确易于理解，试题的信度如何、效度怎么样，是否能够测出不同人员的知识能力水平的差异，题目的难度、题量是否与测试限定的时间相匹配。不过这个过程比较消耗人力、物力，只有在大型重要的笔试中才会进行。

3. 试题的修改

在前期试题审查和试测的基础上，对试题中存在问题进行一一修改的过程。修改和审查、试测的过程可以不断循环，重复进行多轮，只有通过反复的修改，才能确保试题的科学性、规范性、严谨性和可用性。

4. 试题的编排

编排的主要原则是先易后难、规范工整、形式美观，一般先客观后主观、先知识题后能力题、先基本概念后知识运用等。

二、心理测验

心理测验作为心理学的一个主要分支，起源于人们对心理特征个体差异的研究，它根据一定的法则和心理学原理，使用一定的操作程序将人的认知、行为、情感的心理活动予以量化，以评估被试者智力、品格、兴趣、爱好、学业等，帮助当事人了解自己的情绪、行为模式和人格特点。

心理测验技术在人才评价应用中有以下几个方面：①对应试者的不同需求层次和成就动机等因素进行测定；②对应试者的人格特征、个性类型和心理健康等进行测定；③对应试者的职业兴趣、职业倾向和人职匹配程度等进行测定；④对应试者智力能力倾向和发展潜能等进行测定。

（一）智力测验

智力是个体通过思维活动来适应新情境的一种潜力，它包括抽象的思维能力、学习的潜能、适应新情境的能力。有学者认为，凡是个体为了应付环境、解决问题和适应性地生存所应具有的基本的、关键的东西都应包括在智力的概念中。

智力测验指对人们的感觉与思维能力，包括记忆、推理、观点表达能力等方面的测验。这是一种通过测量来衡量人的智力水平的方法。智力指一个人认识问题、理解问题和解决问题的一般能力，包括观察力、记忆力、注意力、想象力、思维能力等因素。常见的智力测验主要有比萘—西蒙量表、斯坦福—比萘量表、韦克斯勒量表等。

（二）职业兴趣测验

职业兴趣指人们对某种职业活动具有比较稳定且持久的心理倾向。职业兴趣测试是心理测试的一种方法，它可以表明一个人最感兴趣的并最可能从中得到满足的工作是什么，该测试将个人兴趣与那些在某项工作中较成功的员工的兴趣进行比较。它是用于了解一个人的兴趣偏好以及兴趣序列的一项测试，帮助人们更快地熟悉并适应职业环境和职业角色。典型的职业兴趣测验包括霍兰德职业兴趣理论和斯特朗职业兴趣量表。

（三）能力倾向测验

所谓能力倾向指一个人经过一定的训练或置于适当的环境下完成某项任务的可能性和水平，也可视为有效的进行某类特定活动所必须具备的潜在的特殊能力素质。个人的能力倾向有特点，人们之间的能力倾向有差异，能力倾向测验即是测量这些特点和差异的手段之一。它可以预测人在一定职业领域中成功的可能性，也可用来筛选出在该领域中没有成功可能性的个体。能力倾向测验又可细分为：

（1）一般能力倾向测验。主要测量思维能力、想象力、记忆力、推理力、分析力、数学能力、空间关系力、语言能力等，典型方法有一般能力倾向测验（GATB）、区分性能力倾向测验（DAT）。

（2）特殊职业能力测验。主要测量独特于某一职业的能力，典型方法有明尼苏达办事员能力测验、斯奈伦视力测验、西肖音乐能力测验、梅尔美术判断测验、飞行能力测验。

（3）创造力测验。主要测量各种创新思维能力，典型方法有南加利福尼亚大学测验、托兰斯创造思维测验、芝加哥大学创造力测验等。

（4）心理运动机能测验。主要测量心理运动能力、身体能力，典型的方法有本纳特机械理解测验、克劳福小零件灵巧测验、明尼苏达操作速度测验、明尼苏达空间关系测验、明尼苏达秘书测验、明尼苏达集合测验、施旦贵斯机械性能测验、麦夸里机械能力测验、普渡插棒板测验、奥卡挪手指灵活性测验等。

（四）人格测验

人格主要指个体与环境交互作业过程中形成的一种独特的身心组织，是个人所具有的与他人相区别的独特而稳定的思维方式和行为风格。人格测验是用测验方法对人格进行测量，诸如动机、兴趣、爱好、情感、性格、气质、价值观等。在企业招聘的过程中，运用人格测评将具有与组织匹配人格特点的人留在组织内，这样能确保组织的高效良性运转和人员的相对稳定性。常见的人格测验量表有卡特尔 16PF、迈尔斯—布雷格斯类型指标、罗夏迹测验等。

三、面试

面试指在特定时间、地点进行的，有着预先精心设计好的、明确的目的和程序的谈话，面试者通过观察和交谈了解应聘者的个性特征、能力状况以及求职动机等方面情况。它以观察和谈话为主要工具，收集和分析语言信息及非语言信息（如面部表情、身体语言、仪表等）。

面试的内容一般涉及应聘者对工作岗位的认知、工作经历、工作能力、教育和培训经历等。相对于笔试、心理测验等甄选方式，面试具有双向沟通、互动性强、内容灵活、针对性强的特点，更强调对应聘者整体素质的测评。与此同时，面试的判断带有一定的直觉性，它依赖于考官严谨的逻辑推理与辩证思维，判断的过程往往带有主考官个人的情感性和第六感觉。因此，面试这种甄选方法的有效性在很大程度上取决于考官素质的高低、面试经验丰富与否。

从面试的程序、人数、面试题目、面试的目的等方面，可将面试分为结构化面试、半结构化面试和非结构化面试，小组面试和单独面试，基于行为的面试，情景面试，压力面试和非压力面试，远程面试等不同类别。

四、评价中心法

（一）评价中心的历史渊源和定义

评价中心技术的起源可以追溯到 1929 年德国心理学家建立的一套用于挑选军官的、非常先进的多项评价过程。

评价中心是现代人员素质测评的一种重要方式，主要用于中高级管理人员的测评。它从多角度对个体进行标准化评估，使用多种测评技术，通过多名评价者对个体在特定的测评情境表现出的行为作为判断，然后将所有评价者的意见通过讨论或统计的方法进行汇总，从而得出对个体的综合评估。

评价中心的内容包括公文筐测验、无领导小组讨论、角色扮演、案例分析、管理游戏等，它是一种综合的测评技术，而不是一两种测评工具的简单堆砌。

评价中心可用于人员甄选、培训诊断及员工技能发展，用于甄选时，重点是挑选那些能够胜任目标岗位的员工，用于培训诊断时，重点分享员工的优势和不足，明确员工有哪些能力方面需要加强，在培训诊断的基础上，通过评价中心可帮助员工实现技术和能力的提升。

评价中心的优点是具有较高的信度和效度，得出的结论预测性较高，相对比较公平和公正，但与其他测评方法比较，评价中心组织过程复杂，需投入很大的人力、物力，且时间较长，操作难度大，对测试者的要求很高。

（二）评价中心的测评原理及主要特征

评价中心技术是应用现代心理学、管理学、计算机科学等相关学科的研究成果，通过心理测验和情境测试对人员能力、个性进行测量，并根据工作岗位要求及企业组织特性进行评价，从而实现对人的个性、动机和能力等较为准确地把握，做到人职匹配，确保人员在未来工作岗位上达到最佳工作绩效。严格来讲，评价中心是一种程序而不是一种具体的方法。它具有技术运用综合性、评价过程动态性、测评内容的全面性三个特点。

（三）评价中心的主要工具

评价中心主要采用的工具包括无领导小组讨论、公文筐技术、角色扮演、案例分析等。

无领导小组讨论将应聘者分为不同的小组，每组 5 ~ 8 人不等，不指定主持人或者召集人，大家地位平等，要求每个小组成员就某些争议可能性比较大的问题进行讨论，最后形成一致意见。

角色扮演是测评应聘者人际关系处理能力的情景模拟活动，该测试工具要求应聘者扮演某个角色，进入角色情景去处理各种问题和矛盾。

公文筐技术考查应聘者在指定时间内对各种文书问题的反应和处理能力，包括备忘录、信件、电话记录、请示等。公文筐技术是评估中心运用得最广泛，而且被认为是最有效的一种评估形式。

管理游戏是一种由多名应聘者共同完成一例具体的管理事务或企业经营活动的测评方法。优点是能够突破实际工作情景的时间与空间限制，针对性和目的性比较强，趣味性比较强，能引发应聘者参与意识。

（四）使用评价中心应当注意的问题

（1）评估人员一般要规避现场，以保证标准环境。

（2）评估人员一般为企业的直线经理或相关专家，对工作比较熟悉，也容易令被测试者接受。

（3）参评人员要接受严格的训练，时间的长短视评价中心的复杂程度而定。

（4）评估人员与被测试者应当不熟悉，评价过程采用规范的评估形式，保证评估双方互相信赖。

五、其他方法

除上述工具外，评价中心技术还会使用履历分析、工作取样、搜寻事实、演讲等方法。

履历分析指根据履历或档案中记载的事实，了解一个人的成长历程和工作业绩，根据对被测试者背景情况的分析，了解其素质状况的一种测评方法。

工作取样法是通过抽取足够多在实际工作或者模拟工作情境中所要求的工作任务作为样本，然后观察应试者在抽样工作任务中的行为表现和反应，通过其反应行为与实际工作要求的任职条件的一致性程度给出不同的分数。

搜寻事实是通过让应聘者进行提问的方式，以展现其思维的过程，对其思维能力、沟通技巧等进行考察的一种情景模拟技术。

演讲又叫讲演或演说，指在公众场所，以有声语言为主要手段，以体态语言为辅助手段，针对某个具体问题，鲜明、完整地发表自己的见解和主张，阐明事理或抒发情感，进行宣传鼓动的一种语言交际活动。

综上所述，评价中心工具中很难说哪种技术比其他技术更好或更差，选择何种工具组合，主要取决于招聘岗位的类型及特点，以及评价中心测评的目的及测评过程所能利用的资源。不同的组织在运用评价中心时需要进行适当选择。例如，在实际工作中，一个一线主管可能花费较多时间和下属一对一的解决工作中的问题，却很少跟其他主管进行非结构化的团队会议，所以采取模拟会议的方式比无领导小组讨论更适合。而公文筐技术、无领导小组讨论和管理游戏需要对主考官进行额外的训练，而且需要较长时间准备、观察和判断。如果选择这些技术，企业必须具备充足的人力、物力、财力和时间，否则最好还是选择简单一点的技术。

◆ **拓展阅读**

情景面试的设计与应用①

不论是行为面试，还是情景面试，都是 HR 在面试时运用得比较多的方法。这两者看似一样，但却有着实质性的区别。所谓情景面试，是通过对岗位要求的分析，根据岗位可能涉及的工作，设计出一系列情境性的问题，并给出一个供参考的答案。然后，对面试该岗位的所有面试者，提出该问题，并按照参考答案，对面试者的回答做评价的一种面试方法。

情景面试的心理学逻辑是人们如果能够描述处理特定问题的特定方法，那么他们在实际工作中遇到类似的情况时也可能采用相同的方法，即通常情况下一个人平时是怎么想的，怎么做的，那么他遇到这个事情时就会偏向这么想，这么做，比如你想评估对方是否具备销售员的沟通能力，你可以这样提问：请您举出一个实际的例子，说明您是如何向一个陌生而又难搞定的客户解释咱们产品的某项复杂的功能的。那对方回答你的方式及内容，差不多就是后期他遇到这个状况时所能处理的方式。

虽然情景面试有一定的合理性，并且当某个人没有相应的经验，比如实习生或转行的人，你无法问他行为的问题，因为他没有做过，你只能通过情景面试的方法问他，但情景面试也有缺点，对于某些面试经验丰富的求职者可能会有空谈的倾向。比如你问某位应聘者是否能接受加班的情况时，如果他揣测到面试官喜欢加班的员工，就有可能会说有经常加班到很晚的情况，但实际工作中并不是这么做的。情景面试的种类非常多，常见的有角色扮演、案例分析等。

1. 情景面试的特性

（1）针对性。不同职位的面试中设计的情景，往往与工作实际相近，并根据人员层次和岗位要求做出不同的难易程度，因此具有很强的针对性。

（2）直接性。情景模拟能够消除面试过程中的被动因素。因为如果单

---

① 中国人力资源开发网.面试中，如何有效利用"情景面试"［EB/OL］. http://www.chinahrd.net/blog/417/1015579/416192.html.

纯由面试官提问，求职者只是做出针对性的回答。这个回答很可能提前已经预演过。但给出一个情景，让求职者主动做出判断和选择，就能避免这个问题，更容易直接考察出求职者的基本素质。

（3）可信性。情景模拟与实际工作直接相关，求职者在处理情景的过程中，实际上已经体现出了他可能具备的处理实际问题的表现与能力。这比通过简单地提问，更能让面试官相信他的能力。

（4）预测性。求职者通过情景模拟所展现的，不仅仅是他会如何处理可能碰到的问题，通过问题的处理过程，一定程度上可以体现出应聘者的态度、性格、工作方式，从而有利于面试官做出准确地判断。

总的来说，相对其他面试方式，情景面试更具开放性。在结合工作实际的情况下，开放性可以囊括更多的考察内容。

2. 情景面试设计的关键点

情景面试的关键在于问题的设计上。想要有一个好的情景模拟，需考虑四个问题：

一是典型性，即模拟的情景一定要是工作中最重要、最常见、最关键的活动。比如，同样是做招聘的，招聘专员的一个典型环节显然就是面试，而不是整理当天的邀约情况表单。

若是招聘经理，很可能就是招聘规划，而不是具体的面试。

二是逼真性，越贴近工作实际场景，越有利于测出求职者的真实水平。不仅要求环境逼真、工作情景逼真，同时要求求职者处理问题的态度逼真。不能因为是面试，就特意做出某些改变。

三是合适性，考察什么岗位、什么人员，就要做相匹配的情景模拟。不能说面试招聘专员，却给一个招聘经理所处理的工作场景。除非公司是以招聘专员的名义招人，实际上在考核通过后，就会被提拔为招聘经理。

四是片段性，一项工作从开始到结束，会有很多个环节，面试时不可能做到面面俱到。在考察时，要把它裁剪成很多个片段，只把重要的片段拿出来，组合在一起即可。对于其他未被安排在内的部分，可以直接展示或跳过。

3. 情景面试的实战应用

情景面试具体可分为情景假设法和情景模拟法。

（1）情景假设法。

问题举例："如果您是公司的客服经理，这个时候，来了一名顾客，这名顾客在我们公司买了一台电子设备，这个电子设备本身是没有质量问题的，但因为顾客的操作不当，要求公司进行退款，而我们的售后进行了检测之后，告诉顾客这不是因为质量问题，而是当事人使用不当，所以，售后维修师没有办法给出质量问题的鉴定，只肯维修，而顾客则认定一定要退款，这是产品的质量问题。这个时候，作为客服经理，您该如何处理这个问题？"

这是一个两难的问题，不管这个应聘者如何回答，我们都需要引导应聘者就问题的答案进行论据的支撑，在其陈述论据支撑时，我们可以进行追问，一直问到我们得到的真实情况后判断。

在操作过程中，我们要注意场景模拟的设置，一般都来源于应聘者真实的生活或者工作场景，而这个场景一般是公司真实发生过或者有可能发生的，而不能是一个不可能发生或者与工作无关的题目。比如说，我们问候选人"如果你是美国的总统，您该如何解决新冠肺炎疫情"，这就不是一个好的问题。

（2）情景模拟法。

情景模拟法主要用于一般检测候选人在遇到真实事情的时候，他的解决方案和他的真实行为之间是否存在差异，也就是实际回答的和他所操作的是否一致。

问题举例：公司要招聘一名行政总监，HRD面试。在面试时，该行政总监对于会议的主持技巧、理论均有比较到位的讲解。但这个行政总监是否真的具有这方面的能力呢？此时，可以找几个部门进行模拟一下，这个模拟不可能让面试候选人知晓。

当我们面试到一定程度，比如说2/3处，这时下属敲门，说我们的质量/项目会议即将开始，问HRD什么时候参加，该HRD告诉下属马上就去，并邀请应聘者一起参加，并告诉行政总监（应聘者），公司没有这方面的专业人士，看看这名行政总监能否临时客串一下他们的主持人，主持该会议。

参会的人员包括项目经理、质量经理、人力总监、副总经理，还包括几个群众演员。而HRD领着该行政总监参加该会议，并且让行政总监进行会议主持，就说是从外面请来的这方面的专业人士。大家就某个质量问题进行讨论，在讨论过程中，可以进行争吵。行政总监就会议的进程进行监控及引导。

这个是真实场景模拟，其实是考查该行政总监（应聘者）就"会议主持"方面是否具有真实的技能、能力。在主持过程中，参加的人员对该行政总监的表现进行打分，结束后，进行打分汇总，最后综合得出谁更适合该岗位（注：该方法只是做参考，不是唯一的录取依据）。

情景模拟法，可以说是一场表演，该表演越真实越好。所以，参加该会议的人员得要有一定的经验和专业能力。

学习任务二　学会组织与实施无领导小组讨论

无领导小组讨论是选拔人才中经常使用的一种新方法，它有助于应试者较好的发挥其特长，展现其优势，并帮助企业有效地区分不同考生的综合能力和领导潜质，可以在短时间内考查出考生的多维能力，最终把善于统领方向、果断决策、善于沟通、敢于承担责任等综合素质高的人才选拔出来。

国外的研究证明，无领导小组讨论在评价中心的使用频率为59%，而国内的一项研究证明其在研究中心的使用频率为85%。国家公务员考试也将无领导小组讨论列入测验的工具，该方法在企事业人才的选拔实践中广为流传。

一、无领导小组讨论的定义

无领导小组讨论是评价中心技术中经常使用的一种测评技术，是将多名应聘者按一定规则分成若干小组，每个小组人数控制在5—8人，要求他们就某一问题或主题展开自由讨论，并在一定时间内得出一致性结论的一种测评方式。在讨论过程中不指定谁是领导，也不指定受测者应坐的位置，让受测者自行安排组织。松散群体讨论，能快速诱发应聘者的特定行为，使测评师对其行为进行定性描述与定量分析，并通过群体中的比较来评价其素质特征。

无领导小组讨论可用于评价管理者的语言表达能力、分析问题能力、归纳总结能力、反应的灵敏性等。无领导小组讨论具备三个功能：一是区分功能，无领导小组讨论能在一定程度上区分出应聘者能力、素质上的相对差异；二是评定功能，无领导小组讨论能在一定程度上评价、鉴别应聘者某些方面的能力、素质和水平是否达到了规定的某一标准；三是预测功能，无领导小组讨论能在一定程度上预测应聘者的能力倾向和发展潜力，预测应聘者在未来岗位上的表现、成功的可能性和成就。

二、无领导小组讨论的特征

（一）讨论角色的平等性

顾名思义，无领导小组讨论是没有领导的讨论，在讨论中每个人的地位都是平等的。这样人为地提供一个相对平等的讨论场所，有利于每个参与者不受拘束，充分展示自己的能力和才华，保证每个参与者能真实地表现自我。

（二）讨论活动中的互动性与竞争性

无领导小组讨论使应试者之间的竞争由间接变为直接，强化了面试的竞争性，不仅为人才脱颖而出提供了机会，而且有利于识别最具潜能的"千里马"。

（三）测评方式的仿真模拟性

这种群体讨论决策的方式，在某种程度上与一个单位的决策者们商讨问题极为相似。面对多元化的竞争对手，应试者如何表述自己的观点、如何说服别人、如何争取他人的认可、如何对待不同意见、如何巧妙地控制讨论的局势，这些都能反映应试者具备的组织协调能力以及显在和潜在的领导者素质。

（四）评价的公平客观性

无领导小组讨论的公平效应主要体现在测评师对应试者的评价判断上。在传统的面试中，难免会出现光环效应、刻板效应、第一印象、近因效应等认知误差。而在无领导小组讨论中，由于测评师主要从可观察的、可比较的行为表现去评判应试者，有别于一般的价值判断，因此能较好地克服认知偏差，得出公平而科学的判断。

三、无领导小组讨论优缺点

（一）优点

无领导小组讨论能多角度地对应聘者进行评价，因此，评估结果也相对更加公平、科学、准确。无领导小组讨论为应聘者提供了一个展示自我的舞台，通过与其他选手的互动，能使应聘者在相对无意中显示自己各个方面的特点，有平等的发挥机会，从而很快地表现出个体上的差异。因其明确了讨论的主题，面试官可以从沟通能力、领导组织能力、团队合作能力等多方面考查应聘者，并依据应聘者的行为、言论对应聘者进行更加全面、合理的评价。通过此方法，面试官容易获得笔试、面试都无法捕捉到的信息，因而，其对应聘者的评估相对的科学、准确。

此外，无领导小组讨论使面试官同时观察多个应聘者，节约时间。面试官可以同时对一批人进行观察，提高了效率。

不仅如此，无领导小组讨论技术的应用范围广泛，对管理领域、非管理领域等中高层人员的选拔都适用。

（二）缺点

无领导小组讨论技术的缺点：①对测试题目的要求较高；②对面试官的要求较高，面试官一般要经过相关的培训；③面试经验丰富的应试者存在做戏、表演或者伪装的可能性；④只适用较高层次人才，需要应聘者具有较广泛的知识面和较强的思维和表达能力，只对一定领导层次人才的选拔具有较高的效度；⑤操作成本高。一般来说，一个无领导小组讨论会持续一个多小时，这相对于面试和心理测评来说，时间成本相对较高。

四、无领导小组的组织与实施

（一）实施前的准备

1. 进行岗位分析，确定适当的讨论题目和考评维度

岗位分析是进行其他相关程序的基础，招聘人员在编制题目和制定维度时，一定要与招聘岗位的特征紧密结合。基于职位分析确定招聘职位的评价指标，并选取相应题材。因为不同的岗位对任职者的个性、能力、所受教育等的要求是不同的。在条件允许的情况下，试题编好后，应先进行小范围的试测和评估，发现问题后及时修改，再正式投入使用。

无领导小组讨论法题目的设计可按照下列步骤实施：①选择题目类型；②编写题目初稿；③审查题目可用性；④咨询专家；⑤对题目进行测试和反馈；⑥修改和完善。其中，选择题目类型阶段是编写题目初稿阶段的前提，

审查题目可用性阶段有利于保障无领导小组讨论法运用的公平性，而咨询专家阶段是测试阶段实施的关键，而且测试的好坏将直接影响反馈、修改、完善阶段的效果。

无领导小组的试题可以分为五种题型：

（1）开放式问题。答案的范围可以很广。主要考查应试者思考问题是否全面，是否有针对性，思路是否清晰，是否有新的观点和见解。例如，你认为什么样的领导是好领导？关于此问题，应试者可以从领导的人格魅力、领导的才能、领导的亲和力、领导的管理取向等方面来回答。开放式问题对于测评者来说容易出题，但不容易对应试者进行评价，因为此类问题不太容易引起应试者之间的争辩，所考查的应试者的能力范围较为有限。

（2）两难问题。让应试者在两种互有利弊的答案中选择其中的一种。主要考查应试者的分析能力、语言表达能力以及说服力等。例如，你认为以工作为取向的领导是好领导呢，还是以人为取向的领导是好领导？一方面，此类问题对于应试者而言，不但通俗易懂，而且能够引起充分的辩论；另一方面，对于测评者而言，不但在编制题目方面比较方便，而且在评价应试者方面也比较有效。但是，此类问题需要注意的是，两种备选答案一定要有同等程度的利弊，不能是其中一个答案比另一个答案有很明显的选择性优势。

（3）多项选择题。此类问题是让应试者在多种备选答案中选择其中有效的几种或对备选答案的重要性进行排序，主要考查应试者分析问题实质、抓住问题本质方面的能力。此类问题对于测评者来说，比较难以出题目，但对于评价应试者各个方面的能力和人格特点比较有利。

（4）可操作性问题。给应试者一些材料、工具或者道具，让他们利用所给的这些东西，设计出一个或一些由测评者指定的物体，主要考查应试者的主动性、合作能力以及在实际操作任务中的操作能力。如给应试者一些材料，要求他们相互配合，构建一座铁塔或者一座楼房的模型。此类问题，在考查应试者的操作行为方面比其他问题好一些，同时，情景模拟的程度要大一些，但考查语言方面的能力则较少，这就要求测评者必须很好地准备所能用到的一切材料。用可操作性问题考查应试者，对测评者的要求和题目的要求都比较高。

（5）资源争夺问题。此类问题适用于指定角色的无领导小组讨论，是让处于同等地位的应试者就有限的资源进行分配，从而考查应试者的语言表达能力、分析能力、概括或总结能力、发言的积极性和反应的灵敏性等。如让应试者担任各个分部门的经理，并对有限的资金进行分配，因为要想获得更多的资源，自己必须有理有据，必须能说服他人，所以此类问题可以引起应试者的充分辩论，也有利于测评者对应试者进行评价，但对题目的要求较高，即题目本身必须具有角色的平等性和准备材料的充分性。

编制试题应符合以下三个方面的要求：

（1）讨论题目必须具有争论性。

（2）题目为大家所熟悉的，保证人人可以有感可发。

（3）试题内容不会诱发应试者的预防心理，因为这会影响应试者尽情展现自己风采，表现真实的自我。

2. 选定并培训面试官

一般来说，无领导小组讨论的面试官应该由招聘职位部门的管理者和测评专家、专业人士共同组成，要考虑面试官的年龄、知识结构、性别等方面的组合。面试官确定以后，要统一实施培训。培训内容包括无领导小组讨论的实施过程、测评要素的评价标准、观察的技巧等方面。

3. 选择适当的测试环境

除选择一间宽敞明亮的屋子，能够容纳下所有应聘者和面试官外，对面试官与应聘者之间的距离、应聘者相互间的距离等的选择都是要考虑的因素。为了使所有的应聘者处于平等的地位，最好选取圆桌，而不用方形的桌子。

安排测试的场所要安静、宽敞、明亮，在座位安排上，讨论者之间的距离应该远近适中，0.7—1 米是比较合适的距离。观察者与讨论者之间的位置安排要考虑到现场观察时要让讨论者尽量不受观察者的影响，具体布局如图 5-1 所示。

4. 组织安排应聘者

一般情况下，无领导小组讨论以每组 5—8 人为宜。人数少于 5 人，应聘者之间争论较少，不易充分展开讨论；人数多于 8 人，组员之间分歧可能过大，很难在规定时间内达成一致意见。

在应聘者分组时应遵循以下原则：一是竞聘同一岗位的应聘者必须被安

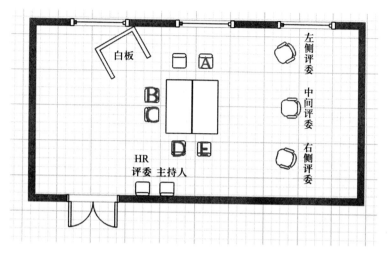

图 5-1 无领导小组讨论场地安排

排在同一小组，以利于互相比较；二是以前曾经接受过无领导小组讨论训练的应聘者与没接受过这方面训练的应聘者应尽量分在不同的小组；三是避免相互认识的应聘者分在同一小组。

（二）组织与实施阶段

无领导小组讨论的正式测评流程包括准备阶段、自由发言阶段、讨论辩驳阶段和总结反馈阶段。

（1）准备阶段。主持人介绍整个测评程序、宣读指导语。应聘者了解试题，独立思考，列出发言提纲，一般 5 分钟左右。

（2）自由发言阶段。应聘者轮流发言阐述自己的观点；要求每个人先阐明自己的观点，表明自己的态度和立场。发言顺序可以是随机的，保证每个人有发言机会，给那些个性内向、表现欲不强的人提供一个展现风采的舞台。评委的任务是观察记录每个发言者的内容，形成初步印象。

（3）讨论辩驳阶段。应聘者交叉辩论，继续阐明自己的观点，或对别人的观点提出不同的意见，并最终得出小组的一致意见。在这个阶段，每个应聘者必须充分展示自己的聪慧才智。杰出者在这个阶段会脱颖而出，成为小组的核心人物，应聘者的人际沟通能力、决策能力、应变能力和组织领导能力会充分展现在评委面前。在整个讨论过程中，每个评委要根据自己的观察对应聘者的表现依据公正、客观的原则在评分要素上打分。

（4）总结反馈阶段。实施无领导小组讨论的工作结束后，特别需要注意评估反馈工作，与应聘者进行及时的沟通。缺乏与应聘者的沟通或沟通效果不好，会使无领导小组讨论失去其应用价值，另外，可能导致应聘者的某些消极行为。这对企业建设和个人发展都是不利的，需要慎重对待。

（三）无领导小组讨论实施中的计分方式

一般而言，无领导小组讨论的计分方式有三种：各考官对每个应聘者的每一个测评要素打分；不同的考官对不同应聘者的每一个测评要素打分；各考官分别对每个应聘者的某几个特定测评要素打分。在具体实施期间，考官间可根据考官水平和考官特长等具体情况，有针对性地选择使用某一种计分方式。

（四）无领导小组讨论实施中常见的问题

1. 测评题目设置不合理

测评题目对于"无领导小组讨论"是否成功十分重要，但在实际操作过程中，许多企业和单位为了节约成本，直接引用现成的测评题目，没有考虑自身实际情况，导致测评结果的偏差。

（1）测评题目缺乏针对性。"无领导小组讨论"的测评题目，需要根据工作分析的结果而设计，以此确定工作所需的关键技能，并能对招聘岗位所需要的能力和素质进行测评。这就要求测评题目必须结合工作岗位的实际要求来设计与之对应的测评题目，但在实践中并没有做到。

（2）测评题目缺乏冲突性。"无领导小组讨论"的测评题目需要有冲突性，能使被评价者在讨论过程中产生不同的看法，从而产生对问题的争辩。在此过程中，评价者对被评价者进行仔细观察，判断被评价者是否符合岗位所需。但在实际操作过程中，问题会缺乏冲突性，而难以使被评价者持有不同的观点，评价者不能观察到被评价者面对不同意见而产生分歧时的反应、对不同意见的理解能力、说服他人的能力以及做出决策时的处事风格等，也难以使被评价者暴露出自身真实的行为特征。

2. 难以寻觅适合的评价者

一是评价者缺乏有效选拔和培训。评价者的专业性对测评结果会产生重要影响，因此需要评价者对"无领导小组讨论"这种测试方法熟悉了解，还要具有一定的测评经验。此外，要注意评价者人员配置结构的合理性以及在测试实施前对评价者进行相关培训。但是，在实际操作过程中，评价者大多是企业内部的人力资源专家和外部聘请的专家，企业会忽视对评价者进行培训这一环节，使得评价者对测评方法缺乏必要的了解，从而导致评价者在测评过程中难以做出客观公正的评价，最终导致测评结果的偏差。

二是评价者存在主观片面性。虽然"无领导小组讨论"相对于笔试、面试等甄选方法增加了应聘者间的互动，评价者由不同方面的专家组成，客观性较强，但评价者自身还是会受到晕轮效应、首因效应等主观影响，进而会对测评结果产生影响，导致人员选拔的误差。

三是评价者存在测评中评分困难。在测评过程中，由于评价者需要同时观察多位被评价者，在观察的同时需要记录被评价者的临场应变、沟通、语言表达和倾听说服等方面的能力，与其他测评方式相比，"无领导小组讨论"的评价者的工作量更大，对客观性和准确性方面的要求更高，导致评价者在测评过程中的评分困难。

3. 测评中分组差异性导致难以横向对比

无领导小组讨论的讨论组一般由5—8人组成，因为每组人数有限，所以不能完成对所有应聘者的横向比较。此外，不同的分组方式，会造成小组之间存在一定的实力差距，从而影响小组测评氛围，使被评价者难以展现自己的真实实力，还会影响到评价结果，造成人才选拔的误差。

由于不合理分组所造成的小组之间的差异难以解决，存在一定的对比效应，评价者的评价会受到小组整体表现和其他被评价者表现的影响。当被评价者的能力比较突出，小组整体表现又较为优秀时，难以真正体现被评价者的实际能力；反之，小组的整体表现不佳，整体实力欠缺，能力较强的被评价者的表现会较为突出。

（五）无领导小组讨论实施注意事项

1. 做好充分的事前准备

首先，在实施"无领导小组讨论"之前，充分估计实施难度，制订计划，全程监控。为避免"无领导小组讨论"在实施过程中出现难以坚持的局面，组织应该在决定实施之前就了解相关的操作流程，考虑是否适用于企业或者单位的实际情况，提前估算实施难度。

其次，还要制定详细的实施方案，并且对整个测评过程进行严密的监控，确保"无领导小组讨论"的顺利实施。如果在实施过程中，有突发问题发生，应马上寻找问题产生的原因，并采取相应的措施对问题进行纠正或执行替代方案。此外，"无领导小组讨论"能否坚持实施下去还与高层管理人员是否支持密切相关。大多数高层管理者并不太清楚实施"无领导小组讨论"的重要性，不清楚无领导小组与传统面试方式相比，在选拔高级人才和多方面考察被评价者素质、能力方面的优势。因此在实施"无领导小组讨论"这种测评方法前，需要与高层管理人员进行有效沟通，使高层人员对"无领导小组讨论"有一定的了解，并努力取得其支持，特别是关键人员的支持。

2. 设置合理的题目

一是合理购买测评题目。我国在试题编制方面缺乏经验，所以使用的测评题目大多是从西方国家直接引进的，并未结合自身的实际情况。因此在选购测评题目时需要考虑岗位的独特性，并有足够的时间、经费支持。购买的试题需要进行适当的修改后才可投入使用。

二是编制适合的讨论题目。当企业放弃了从外部购买测试题目的想法，进行自行研发编制测试题目时，测评题目和测评材料选取与招聘岗位的实际情况相关，具有针对性和典型性，测评题目难度适中，带有冲突性，能引起被测评者的分析、讨论，使被测评者在"无领导小组讨论"的讨论过程中不自觉地展现出自己的真实行为。

3. 重视对评价者的选择和培训

对"无领导小组讨论"的评价者要进行慎重的选择和培训。在选择评价者时，要注重评价者的责任感和能力。此外，评价者需要具备一定的人员测评经验，要对招聘的职位有一定的了解，熟悉工作的性质、内容及任职资格。一般而言，评估小组应包括人力资源评估专家、人力资源部工作人员、招聘职位的直接主管。在评价者选择结束后，组织要对选拔出来的评价实施培训，培训内容包括整个"无领导小组讨论"的过程、目的、原则、评价指标、评分标准、行为观察技术等方面，降低评价的主观性。

4. 合理划分讨论小组

小组人数合理划分，人数适宜。按照工作经验、测评经验和性别等方面，对参与测评的人员进行合理划分，尽量减少小组之间的差异，从而使小组成员充分互动，每个成员都有合理表达自己想法的机会。要做到合理划分，必须在准备阶段就收集应聘者相关信息，包括年龄、性别、性格、工作经验等，并按照这些信息进行合理分组，以尽量减少讨论小组之间的差异。

◆ **技能训练 模拟无领导小组讨论**

（1）**实训目的**：通过情景模拟，让学生更为直观地感知该测评技术的测评目标，适应性和应用范围，以及组织与操作流程，锻炼学生作为评价者如何观察、记录和评价。

（2）**实训内容**：采用情景模拟的方式，设定两种角色：面试官（主面试官1名，副面试官若干）和应聘者（5—8名），模拟组织和实施无领导小组讨论1课时，师生共同讨论和分享1课时。

（3）**实训成果**：

1）评价者的面试记录；

2）应聘者参加无领导小组讨论的心得体会；

3）在学习通APP中对五位应聘者进行评价。

（4）**考核指标**：

1）面试记录是否符合规范，是否记录的是客观事实；

2）评价是否基于自己的面试记录。

（5）**操作步骤**：

1）教师课前准备无领导小组的面试题目、评价标准，在学习通APP中发布主题讨论（便于同学间分享学习和教师点评），设置评分活动（包括评价标准、评分规则等），分配主面试官、应聘者、计时员等角色；

2）正式实施无领导小组讨论前，由教师对评价者进行培训（上节课理论知识回顾），主要包括主面试官如何控场，面试官如何观察、记录、归类和评价，评价指标、评价规则等，组织同学布置会场；

3）各角色就位，开始模拟无领导小组讨论；

4）发布主题讨论，师生共同讨论如何记录和评价，如何在无领导小组中表现自己；

5）教师点评和总结。

◆ **案例**

无领导小组讨论题目举例

题目 1：

　　某天上午，你们坐飞机从 C 城到 D 城，就在经过一个没有人烟的雪野时，因大风雪飞机失事，跌到山林中。此时，气温低达零下 15 度。该机是双引擎机，可坐 10 人，失事后机身多处撞伤，并引发大火。飞机驾驶员及一名乘客死亡，其他 9 人则无重大伤害。

　　飞机驾驶员还来不及告诉大家飞机的正确位置时就死亡了。但在飞机失事之前，你曾注意到高度显示飞机在 3000 米左右。失事地点正好在雪线下不远，地面崎岖不平，树林茂密，乘客们穿着秋装，但每人有一件衣服。

　　在飞机爆炸之前，这群乘客从飞机中抢救出 15 件物品：该地区的航空地图、大型手电筒、四条毛毯、一支手枪及十发子弹、一支雪橇、一小瓶白酒、一面化妆用小镜子、一把小刀、四副太阳镜、三盒火柴、一瓶军用水、急救箱、十二小包花生米、一张塑料防水布、一支大蜡烛。

　　请你从 15 件物品中挑选出最重要的 5 件并进行排序，说明挑选及排序的理由。

题目 2：

　　学期末了，院学生会由于工作出色，获得了学校一笔奖励金，为对于怎么分配这笔奖励金，学生会只能从全院学生中邀请 5 名学生组成奖励金分配小组，专门讨论奖金的分配问题，你有幸成为其中的一员。学生会有 5 个部门，分别是办公室、学习部、体育部、实践部、文艺部，由于奖金的数额是固定的，某个部门的奖金多了，就意味着其他部门的奖金少了，每个部门的部长都能说出一大堆理由，希望能多分些奖金。

　　办公室：组织协调各部门的会议，做好会议记录，做好各次活动的考勤工作和各部门的协调工作。

　　学习部：做好大一学生的早晚自习考勤工作，营造学院良好学风，组织学习知识讲座，开展十佳好学子活动，协调各部门的工作。

　　体育部：组织运动会的大型活动，组织篮球赛及各项运动比赛，协调各部门的工作。

实践部：组织跳蚤市场和大型招聘会，协调各部门的工作。

文艺部：组织灿烂金秋晚会，开展文化节活动，宣传校园艺术文化，协调各部门的工作。

作为决策小组的一员，你认为奖金应如何分配并说明理由。

要求：

请你先用 5 分钟的时间，提出你认为合理的详尽分配方案和主要理由，将答案写在答题纸上。在此期间，请不要相互讨论。方案内容包括五个部门的奖金额顺序（由高到低），说出哪些部门应该高于平均水平，哪些部门应该低于平均水平，并分别说明你的理由。5 分钟后进入个人陈述环节，每个人要用 3 分钟的时间阐述自己的观点，时间一到就轮到下一位选手陈述。所有选手陈述完毕后，在考官说"讨论开始"之后进行自由讨论，讨论时间限制在 25 分钟之内。注意：每人每次发言时间不超过 2 分钟，但对发言次数不做限制。在讨论期间，你们的任务是整个小组最终要对问题达成一致共识。小组选派一名代表在讨论结束后向主考官报告讨论情况和结果，时间为 5 分钟。

题目 3：海上救援

海难上，一游艇上有八名游客等待救援，但现在直升飞机每次只能够救一个人。游艇已坏，不停漏水。寒冷的冬天，刺骨的海水。游客情况：

（1）将军，男，69 岁，身经百战。

（2）外科医生，女，41 岁，医术高明，医德高尚。

（3）大学生，男，19 岁，家境贫寒，参加国际奥数获奖。

（4）大学教授，50 岁，正主持一个科学领域的项目研究。

（5）运动员，女，23 岁，奥运会金牌获得者。

（6）经理人，35 岁，擅长管理，曾将一大型企业扭亏为盈。

（7）小学校长，53 岁，男，劳动模范，五一劳动奖章获得者。

（8）中学教师，女，47 岁，桃李满天下，教学经验丰富。

请将这八名游客按照营救的先后顺序排序。

题目 4：面包与记者

假设你是可口可乐公司的业务员，现在公司派你去偏远地区销毁一卡车的过期面包（不会致命的，无损于身体健康）。在行进的途中，刚好遇到一群饥饿的难民堵住了去路，因为他们坚信你所坐的卡车里有能吃的东西。

这时报道难民动向的记者也刚好赶来。对于难民来说，他们肯定要解决饥饿问题；对于记者来说，他要报道事实；对于业务员来说，你要销毁面包。

现在要求你既要解决难民的饥饿问题，让他们吃这些过期的面包（不会致命的，无损于身体健康），以便销毁这些面包，又要不让记者报道过期面包的这一事实？请问你将如何处理？

说明：①面包不会致命。②不能贿赂记者。③不能损害公司形象。

◆ **课后思考题**

1. 谈谈人力资源测评与选拔的方法有哪些？各有哪些优点和缺点？
2. 试述评价中心技术的主要工具及其使用要点。
3. 简述无领导小组讨论评价注意事项。

第六章

面　试

知识目标： 能说出面试的含义、类型及适用性，列举面试的五个阶段。

能力目标： 理解面试评价要素的内涵，能识别面试问题的类型，会设计面试提纲和面试评分表，会组织和实施面试。

素质目标： 领悟并践行面试的组织与实施过程中的公平原则。

生活中每个人或多或少都经历过面试，小到幼儿园入园面试，小学、中学阶段加入社团面试，大到公务员面试、研究生面试及找工作经历的企业面试，影视作品中也常常会展示面试的镜头。提到面试，每个人都能说上几句。那么，你知道面试中那些问题背后的意图是什么吗？这些问题是考官随意问的吗？作为企业的 HR，又该如何组织和实施面试呢？

一、面试的定义

面试是一种运用范围广泛、方法灵活、收集信息量大、简便且技巧性很强的人才测评技术。所谓面试，是考官与应聘者直接交谈，面试考官向求职者提供企业的概况、应聘岗位的情况及企业的人力资源政策等信息，并从求职者那里获取应聘者的专业知识、工作经验、岗位技能等信息，或者置应聘者于某种情景中进行观察，了解应聘者的反应、能力、个性特征及求职动机等情况，从而完成对应聘者胜任职位的可能性和发展潜力的评价，以确定求职者能否成为公司的一员，最后基于公平原则、匹配原则作出聘用决定的过程。

相对于笔试、心理测验等甄选方式，面试具有双向沟通、互动性强、内容灵活、针对性强的特点，更强调对应聘者整体素质的测评。与此同时，面试的判断带有一定的直觉性，它依赖于考官严谨的逻辑推理与辩证思维，对应聘者判断的过程往往易受考官个人情感性和第六感觉的影响。因此，面试作为最常用的甄选工具之一，其能否发挥优势，关键在于面试官本身的素质和能力。

二、面试的分类

随着信息技术的不断发展，面试形式丰富多样。依据面试程序的标准化程度可将面试分为结构化面试、半结构化面试、非结构化面试；依据面试的组织形式，可将面试分为单独面试、小组面试、系列面试和远程面试；依据面试题目的类型，可将面试分为基于行为的面试和情景面试；依据面试的目的，可将面试分为压力面试和非压力面试。

（一）根据面试的组织形式划分

1. 单独面试

在这种组织形式下，由人力资源部工作人员与用人部门人员组成面试小组，逐一对应聘者进行面试。面试小组一般由3—5名面试官组成，其中设定一位主考官，其他面试官协助主考官进行提问和观察。面试官队伍的多元化使得对应聘者的评价更加立体、多维，该类面试评价比较准确，但对应聘者的压力较大。

2. 小组面试

小组面试是多位面试官从不同角度同时对多位应聘者提问，一般采用情景模拟和角色扮演的方式，让应聘者在特定时间内就情境中的某个问题进行陈述和讨论，面试官采用一对一或多对一的方式，对应聘者进行观察和评价。评价的内容包括领导能力、语言表达能力、逻辑思维能力、说服能力、组织协调能力等。该类面试的缺点是题目设计难度大、成本高、评价要素难以设定，对施测者要求高，应聘者间会相互影响，小组内部较为容易选出优秀者，但不同小组的应聘者间难以进行比较，优点是有助于了解应聘者的人际关系技能，还可以为工作繁忙的招聘人员节省时间。

3. 系列面试

系列面试是指企业在作出录用决策之前，由多位面试官对应聘者进行面试，每位面试官从自己的角度观察应聘者，提出不同的问题，并形成对应聘者的独立评价意见。在系列面试中，每位面试官依据标准评价表对应聘者进行评定，每位面试官的评定结果将用于综合分析比较，以便作出最后的录用决策。

4. 远程面试

远程面试指招聘方在进行简历筛选后，借助现代通信工具，如电话，带有摄像头、耳麦的电脑、笔记本等，利用具有社交功能的 APP，如微信、MSN、QQ、BOSS 直聘等，与符合企业招聘岗位要求的应聘者进行交谈，初步了解应聘者的过程。远程面试一般用于初步面试筛选，它可以打破时间和空间限制，为真正面对面地考察做精减工作，以提高招聘效率。

电话面试的作用和问题类似于正式谈话之前暖场的交流，可采用中文或英文，不同企业采用不同的方式。一般情况下，面试官通过电话可向应聘者预先介绍工作的实际情况，补充询问简历中的空缺信息，如问应聘者如何降低顾客投诉率，是通过精心服务，还是因为营业额下降而导致顾客投诉率下降，也可通过标准化试题了解应聘者的动机和其他重要才能，或者回答应聘者提出的有关公司、工作岗位（晋升机会、工作绩效要求、工资等）的问题，时间为 30 分钟左右，并据此判断应聘者是否具备招聘职位所需的相关能力，是否给予下一轮面试的机会。

视频面试是一种面试官与应聘者在约定的时间利用互联网，通过带有摄像头功能的电脑、笔记本或手机进行语音、视频或文字方式及时沟通交流的面试方式。在网络招聘竞争日益激烈和人才大批量随时流动、追求效率的现代社会，特别是新冠肺炎疫情暴发以来，视频面试已成为企业招聘的一种重要方式。

（二）根据面试目的划分

1. 压力面试

压力面试指面试官有意制造紧张气氛，提出一些出乎意料的问题；或者提出数个问题穷追不舍，步步紧逼打击求职者的自信心。通过两种手段观察求职者对压力的承受能力、应变能力及真实想法。这种面试形式广泛应用于招聘销售、营销、公关等需要广泛与人接触和交流的职位人员。压力面试的要点不在于从对方的不舒服中得到乐趣，而是探究被面试者处于困境中将作出何种反应。

2. 非压力面试

面试官力图创造一种宽松亲切的氛围，使应聘者能够在轻松的状态下真实地回答问题，以获得录用所需要的信息。除那些真正需要在压力下工作的员工外，非压力面试适用于大多数员工。

（三）根据面试题目内容划分

1. 行为面试

基于行为的面试是一种通过让应聘者举出实例或者现场对一些观点进行思考和评价，以观察应聘者某些素质的面试。所依据的原理是用过去的行为预测未来的表现。行为面试的核心是需要定义各项素质的典型行为，包括正面的典型行为和负面的典型行为。在基于行为的面试中，考官的主要任务是运用STAR原则收集应聘者过去的行为，并据此判断应聘者提供的信息真实与否。

STAR分别代表情景、目标（或任务）、行动和结果。具体来讲，S是Situation，情景，描述曾经历过的特定工作情景或任务。T是Target，目标，描述在该情景当中所要达到的目标。A是Action，行动，描述为了达到目标所采取的行动。R是Result，结果，描述该行动的结果，包括积极的结果和消极的结果[①]。

2. 情景面试

情景面试的目的是了解应聘者的思维模式和行为习惯，其背后的逻辑是人们如果能够描述处理特定问题的特定方法，那么他们在实际工作中遇到类似的情况时也可能采用相同的方法，即通常情况下一个人平时是怎么想的、怎么做的，那他遇到这个事情的时候就会偏向这么想、这么做。

情景面试中考官主要根据应聘者对某一具体情景的反应做出评价，面试的题目是假定的情景，该情景主要源于工作，或者能够体现出工作所需的素质。此外，情景面试还要求对事例的反应能区分优秀员工和一般员工。

（四）根据面试的标准化程度划分

1. 结构化面试

结构化面试指面试的内容、题目的顺序、程序、评分标准及评价结果的

---

① 徐世勇，陈伟娜 . 人力资源的招聘与甄选［M］.北京：清华大学出版社，北京交通大学出版社，2011.

合成与分析等构成要素，按统一制定的标准和要求进行的面试。尽管结构化面试也是通过考官与应考者之间的交流进行，但从形式到内容，它都突出了标准化和结构化的特点，比如，结构化面试要求面试题目对报考相同职位的所有应考者应该相同；面试考官的数量至少 2 人以上；典型的结构化面试还要求在对拟任职位进行工作分析的基础上编制面试题目。正因如此，结构化面试的实施过程规范，面试结果也更为客观、公平、有效。

结构化面试的缺点是缺少充分的双向沟通，考官不能根据应聘者的特点提出不同的问题，谈话不够深入，不能充分发挥考官的智慧，限制了应聘者的展示空间，问题之间的衔接、转换较为生硬，不自然。

2. 非结构化面试

面试所问的问题没有事先安排的需要遵守的框架，围绕面试官与应聘者展开的话题随机发问，在提问的内容和提问的顺序上都没有明确的规定。面试官可以根据不同的应聘者，以及应聘者对上一个问题的回答，决定下一个问题问什么。

非结构化面试的优点是衔接自然，交流比较充分，话题探讨得比较深入，针对性强。缺点是应聘者可能会感到不公平。对不同的应聘者提出不同的问题，难易程度不同，问题背后考查的要点不同，因此不便于横向比较。而提问的针对性和代表性，问题本身的质量（效度和信度）都取决于面试官自身的专业水平，也有可能会漏掉关键的问题。面试的有效性严重地依赖于考官本人的把握能力。

3. 半结构化面试

半结构化面试介于结构化面试和非结构化面试之间。面试官提前准备重要的问题，但不要求按照固定的次序提问，且可以讨论那些需要进一步调查的题目，对应聘者回答不充分、不全面的题目面试官可以适时追问。它兼有结构化面试和非结构化面试的特点。

但无论何种方式的面试，为公平公正地评价每一位应聘者，避免面试官的主观判断，面试过程中都需要面试官在提问的同时认真倾听，及时记录应聘者的反应以及对面试官主要问题的回答，最后根据面试记录，在评分表上做出评估和建议。

学习任务一　学会设计面试提纲

面试是企业人员甄选最为常用的一种方法，它的适用性强、操作简单、成本不高，但面试的有效性更多地依赖于面试问题的有效性，以及建立在有效面试题目基础上的记录与评估。那么，如何设计一份合理的面试提纲就是本次的学习任务。

面试提纲一般分为评价指标和面试试题，其中试题可分为通用试题和重点试题。通用试题适用于所有应聘者，面试官通过这类试题的提问了解应聘者的情况，从中获取评价信息。通用提纲涉及的问题很多，不可能在短时间内全部提出，这要求面试官根据应聘者的具体情况选择性地提问。重点试题是针对具体的某一应聘者提出的，面试官可基于初选时每位应聘者提供的简历或填写的应聘申请表，从中发现问题，并有针对性地进行提问，更为深入地了解应聘者。接下来，我们一起学习如何设计面试的评价指标和面试试题。

一、面试题目的类型

依据面试题目提问的方式及测评目的，可将面试题目分为不同类型。

（一）根据面试题目提问的方式划分

（1）封闭式问题。封闭式问题的答案唯一，要求面试者用非常简短的语言，甚至是"是"或"否"来回答问题，有些封闭式问题带有考官明显的倾向。因此，这类面试问题的作用是帮助面试官确认信息或控制面试的节奏，将话题的主动权引到面试官手中。优点是可以用最简洁的方式得到最有效的信息，缺点是不能保证信息的可靠性。

举例：

你现在每月需要出差几次？多长时间？

你的团队精神如何？

你期望的工资是多少？

你喜欢上一份工作吗？

你是否赞成加班？

（2）开放式问题。这类面试问题多以"如何"开头，让被面试者在回答中提供较多信息的问题，其作用是鼓励被面试者多说话，特别是害羞和内向的被面试者，同时有助于面试官了解被面试者的语言表达能力、沟通技巧、思维的广度，优点是一般不会给面试者带来过大的压力。

举例：谈一谈大学期间你认为最得意的一件事。

（二）根据面试题目的类型划分

1. 行为性问题

这类问题常以"请举一个你过去工作中××方面的例子"为典型特征，告诉被面试者一种情景，该情景必须是应聘者实际工作中真实发生过的，而不是假设的某种情景，然后询问应聘者过去如何应对这一情景。行为性问题是一种重要的面试技术，目前在面试中应用得越来越广泛。

举例：

请举个你曾经遇到很大困难并最终克服了它的例子。

请举例说明你的一个想法曾经对团队的成功起到了至关重要的作用。

行为面试的要点是，要求应聘者对过去行为进行描述时要把握住4个关键的要素：

Situation（情景）：描述曾经历过的特定工作情景或任务。

Target/Task（目标/任务）：描述在该情景当中所要达到的目标。

Action（行动）：描述为了达到目标所采取的行动。

Result（结果）：描述该行动的结果，包括积极的和消极的结果。

通过STAR法则迫使应聘者提供更多的细节，面试官据此判断应聘者提供的信息真实与否，评价其在具体事例中表现出来的工作能力。

2. 情景性问题

面试官通过提供给被面试者一个与未来的工作情景有关的假设情景，让被面试者回答他们在这种情景中会怎样做，并据此推断其思维推理能力、价值倾向、态度、创造性、工作风格等。这类面试问题常以"如果……你会怎样……""假设……你会怎样……"的方式提问，常被用于校园招聘对应届生的面试中。

举例：

如果你和老板的意见不一致，你怎么办？

你的领导批评了你，你觉得很冤枉，你该怎么办？

如果你是一个团队的领导，你的团队成员向你抱怨一个客户向他们提出近乎无理的难以满足的要求，而这个客户恰恰是公司非常重要的客户，你会怎样做使你的客户和员工都感到满意？

（三）根据面试进程及提问的目的划分

1. 背景性问题（导入阶段）

背景性问题一般在面试开始阶段作为导入性题目对应聘者进行提问，其主要目的：一方面，营造良好的沟通氛围，缓和应聘者的紧张情绪；另一方面，帮助考官对应聘者有基本的认识和大致的了解，为双方进一步交流和沟通收集有价值的话题。这类题目的设计相对比较容易，题目的可替代性相对比较小，一般只围绕应聘者的个人背景进行，可结合简历中的疑问或工作经历进行提问，例如，你大学期间学过哪些课程？这些课程对你应聘的职位有何帮助？

2. 智能性问题

智能性问题主要考察应聘者的综合分析能力，语言表达能力和逻辑推理能力，一般由考官提出一些值得思考并富有争议性的现实问题和社会问题，让应聘者阐述自己的观点和看法。这类问题没有明确的标准答案，应聘者可以自由发挥，因此考官考察的重点不是应聘者的答案是否正确，而在于应聘者能否抓住看似复杂的问题的实质和症结所在，并有逻辑、有层次、有针对性地展开论述，做到观点鲜明，证据充分，论证严密，最终可以自圆其说，令人信服。例如，你如何看待当今社会热议的 996 这个话题？

3. 工作知识问题

工作知识问题主要询问应聘者对应聘岗位相关知识的了解和掌握情况。对于那些对专业知识要求较强的技术类工作岗位尤为重要。这类面试问题的设计，需要命题组与具体部门负责人进行沟通。如果在工作中对专业技术要求很高，则提问应该具有一定的深度，如果工作中只需要了解基础的专业知识，则设计问题时只提问该专业领域的普遍理论知识即可。例如，请谈谈无领导小组讨论技术的适用性。

4. 情景性问题（核心阶段）

情景性问题描述了一个与工作相关的假定情景，让应聘者身处这样的情景中讲述自己将会有怎样的想法和做法。这类题目设计时，可以根据所应聘职位在工作中解决不同问题所需要的各种能力而设置不一样的情景，主要考查应聘者的组织协调能力、决策能力和随机应变的能力等。

5. 行为性问题（核心阶段）

行为性问题是让应聘者确认在过去某种情境任务或背景中他们实际做了什么，从而获得应聘者过去行为中与一种或数种能力要素相关的信息，这类问题的目的是通过关注应聘者过去的工作行为来预测应聘者将来的工作表现。在行为性问题的实际使用过程中，由于所有已经发生的事情都是由应聘者进行描述，而作为面试官对应聘者过去行为的真实情况了解比较困难，应聘者有可能对以往的工作成果夸大其词。因此，在使用行为性问题进行提问时，考官要注意提问的技巧，遵循 STAR 原则，对应聘者以往的工作细节进行追问，以便了解特定情况下应聘者的行为、表现出来的能力和取得的成果。例如，请谈谈你大学期间曾遇到的最大的困难是什么，以及你是如何克服的？

6. 压力性问题

压力性问题一般通过考官特定的语气，营造出压力很大的氛围，故意给应聘者施加一定的压力，声东击西，意在观察其在压力情景下的反应，主要考查应聘者的应变能力、忍耐性和情绪控制能力。例如，你只是应届毕业生，没有工作经验，怎能胜任我们的岗位？

7. 意愿性问题（结束阶段）

意愿性问题主要通过询问应聘者对工作的期望、未来的目标、生活态度等，侧面考察应聘者的工作动机是否与岗位匹配，应聘者的世界观、价值取向，与职位要求的匹配性。这类问题不强调有标准答案，旨在了解应聘者过去和现在对工作的态度，更换工作与求职原因。多数考官采用投射或迫选两项技术实现评价。

二、面试题目的设计原则

（一）针对性原则

针对性原则主要指面试的试题需依据企业自身特点，根据招聘岗位的任职资格及竞争同一岗位的应聘者的共性特征，有针对性地选取评价要素、设计面试题目，只选和工作有关的面试问题，这些问题的提问能帮助面试官评估应聘者是否具备与工作有关的知识、能力或技能，要避免没有目的地"闲聊"。

（二）代表性原则

代表性原则指，HR 在设计面试题目时，需要考虑招聘职位本身工作职责的重要性，区分哪些能力、素质、知识和技能是完成招聘职位工作职责的重要方面，并给这些评价要素赋予较高权重，而不是眉毛胡子一把抓，不分重点。测评核心的评价要素的面试问题，应尽量设置为行为性问题或情境性问题，让应聘者有话可说，充分发挥，在面试时间的分配上，考查核心评价要素的面试问题时间较长。代表性原则还体现在，在测评相同评价要素的众多面试问题中，要挑选容易得到可信答案的问题，避免设置为封闭式问题，保证信息准确，便于面试官作出有效的录用决策。

（三）可行性原则

可行性原则，即面试问题的设计要考虑面试实施环节的可操作性，要从实际出发，紧紧围绕招聘职位的评价要素，明确要测什么，设计的面试问题信度、效度、区分度怎么样，是不是多数应聘者能回答上来的，评价者是否容易做出评价，而不是一味地求新、求异、求难，最终无法观察、无法评价，偏离面试目标。

（四）灵活性原则

灵活性原则指在面试题目设计过程中，题目的形式和内容要保持适度的灵活性，让应聘者充分展示自己的能力。在题目提问的方式上，面试官可根据面试的进度及应聘者的回答情况，做灵活变换，以达到有效控场。在半结构化面试和非结构化面试中，面试官可结合应聘者的回答而变换问题的形式，适时追问，以充分挖掘应聘者的潜力，让应聘者充分展示自己，最终达到面试的目的。在面试题目的内容选取上，要尽量结合工作实际，侧重实践运用，并能弥补其他甄选方式的不足。

（五）顺序性原则

顺序原则主要指题目的顺序要先易后难，先一般后专业，先共性后个性。先从应聘者熟悉的或早有所准备的题目开始提问，通过简单的、共性的题目，例如背景性的问题，让应聘者缓解紧张的情绪，逐步适应面试的环境，自然地表露自己的观点，树立信心，再逐步过渡到较难的问题。顺序性原则还要保证相同职位的候选人要询问相同、类似的问题，便于面试官在不同应聘者间进行横向比较。

三、面试评价要素与权重设计

（一）面试的评价要素

面试的评价要素相对笔试来说更加全面，通常包括以下方面：

1. 举止仪表

通过观察应聘者的体格外貌、穿着举止和精神状态等进行评价。一般情况下，多数职位的招聘，举止仪表并不是一个重要的测评内容，但对于公关人员、营销人员、秘书、管理人员等从业人员，对其举止仪表的要求则相对重要，进而在测评时需要格外关注。通常，一个仪表端庄、衣着整洁、举止文明的人，做事有规律，注意自我约束，责任心强。

2. 知识和技能

从专业角度了解应聘者掌握专业知识的深度和广度、技能的高低和专业上的特长。作为对专业知识笔试的补充，面试中对应聘者知识和技能的考察更侧重实践运用，更具有灵活性和深度，所提问题也更接近岗位和工作，因而该评价要素是人才测评的一个重要方面。

3. 工作实践经验

该评价要素包括应聘者过去曾经做过的工作、担任过的职务、取得的成就、工作的满意度、工作的收获、人际关系、薪资情况等，通过了解应聘者的有关背景和工作经历来评价其工作能力和工作态度，并据此判断其所具有的工作经历和实践经验是否适合工作的需要。通过考查工作经验，考官可以考察应聘者的责任感、社会阅历、为人处事的经验及遇到突发事件时的理智状况。

4. 工作态度和求职动机

从工作积极性和工作绩效的角度看，工作态度对于工作的完成情况往往具有决定性的影响。一般认为，在过去学习或工作中态度不认真、做事好坏都无所谓的人，在新的工作岗位也很难做到勤勤恳恳、认真负责，所以考查应聘者的工作态度十分必要。通过考查应聘者对过去学习、工作的态度，可以知道其是否热爱工作，钻研业务。

求职动机是通过考查应聘者对所应聘职位的态度与期望，以此了解应聘者为何希望来本单位工作，对哪类工作最感兴趣，在工作中追求什么，从而判断出应聘者的求职动机。

5. 语言表达能力

通过对应聘者面试中语言的音调、音量、语速、准确性、清晰度、逻辑性、感染力等具体内容的考查，评价应聘者能否将自己的思想、观点、意见和看法顺畅、准确、有逻辑地表达出来。语言表达能力的考查贯穿面试的全过程。

6. 应变能力

考查应聘者对考官所提问题的理解是否准确贴切，回答是否迅速到位，对于突发问题的反应是否机智敏捷，回答是否恰当，对意外事情的处理是否得当、妥善等。

7. 综合分析能力

考查应聘者能否抓住考官所提问题的本质要点，充分、全面、透彻而有条理地加以分析。

8. 人际交往倾向和能力

通过询问应聘者经常参与哪些社交活动，喜欢与哪种类型的人打交道，是喜欢集体活动，还是喜欢单独行动，为人处事的方式等，据此了解应聘者人际交往的倾向和能力。

9. 事业心、进取心和自信心

事业心、进取心和自信心较强的人，一般能确立事业上的奋斗目标，并为之积极不懈地努力，表现在工作上兢兢业业，锐意进取，努力做好工作，百折不挠，工作中常有改革创新。对事业心、进取心的考查，可以从奋斗目标、理想抱负、工作意愿、工作要求、工作成就、薪资变动的情况以及工作业绩和奖励情况等方面进行。

10. 自我控制能力与情绪稳定性

对于一些从事特定工作的人，如管理人员，自我控制能力显得尤为重要，一方面遇到上司批评、指责，工作有压力，或者当个人利益受到冲击时，能够克制、容忍、理智地对待，不至于因情绪波动而影响工作；另一方面工作时能够有足够的耐心和韧性。

11. 组织协调能力

组织协调能力指管理者根据工作任务对资源进行合理分配、计划布置、组织分工，当组织成员间发生冲突时，能控制、激励下属，协调成员间的工作活动，使成员间相互融合，最终共同完成组织目标的能力。

（二）面试评价要素的权重确定

为体现不同职位所需知识、能力、素质的差异性，以及区分同一职位面试评价指标的重要程度，需要对各评价要素赋予不同权重。面试评价要素的权重确定要以人才测评的目的为依据。人才测评的目的取决于招聘职位的工作职责及其所要求具备的知识、能力、素质等。不同的职位工作职责不同，认知资格不同，因而面试中的评价要素及其侧重点也有所不同。例如，招聘销售人员，那么语言表达能力和说服能力就是评价要素中的重点，应赋予较大的权重。如果招聘的是技术人员，那么专业知识和技能就是重点，而语言表达能力则不是。

评价要素及其权重主要依据具体工作岗位的《职位说明书》确定，权重赋值的方法有直接判断法、重要性排序法、三维确定法和权值因子分析法等。需要注意的是，同一职位因所在企业性质、规模、发展阶段的不同，岗位职责及任职资格不同，进而其招聘甄选时选取的评价要素及其权重也不同。为选取的评价要素设置权重时，要确保所有评价要素对应权重的总和是100%，各评价要素权重的大小一般应介于5%—30%。

◆ **案例**

应届生结构面试化提纲

评价要素		面试问题	评分方法	评分	录用风险信息
基本情况（35分）	背景	你当时为什么选择这个专业和学校（2分钟）	基于对专业的兴趣（3分）基于对人生的谋划（4分）		

续表

评价要素		面试问题	评分方法	评分	录用风险信息
基本情况（35分）	目标动机	请你具体说一件学习中最有成就感的事情（2分钟）	业绩突出（3分）有较多经验总结（4分）		
		你希望到本公司实现什么价值或目标，最近三年的目标是什么（3分钟）	有抱负（3分）有明确的职业规划（4分）		
	自我修养	你在大学四年里做了哪些有意义的事情（3分钟）	对社会、他人的贡献（3分），对个人职业生涯发展贡献（4分）		
		请列出自己的三大优点和三大缺点（2分钟）	正确评价自己（3分），坦诚客观（4分）		
专业知识（25分）	基础理论	请简述你所学专业的整体理论框架（3分钟）	结构完整、合理（5分）		
	专业动态	你认为新一轮全球能源危机对你从事的行业有何影响，你的专业的最新动态有哪些（3分钟）	深刻认识行业发展的机遇与挑战（5分），把握理论前沿对工作的启发意义（5分）		
	岗位认知	请你描述一下你申请的岗位，请问你在这个岗位上有哪些优势和劣势（3分钟）	正确认识岗位的意义、责任和权限（5分），明确自己的优势和劣势（5分）		
岗位技能（25分）	人际交往能力	假如上司要求与你共同完成任务的是一位资格老、经验丰富的同事，上司出于某种考虑让你牵头负责，而那位同事对此深为不满，你会如何处理这个问题（3分钟）	领悟领导的意图（2分）快速的角色转换（2分）成熟的人际技巧（2分）		

续表

评价要素		面试问题	评分方法	评分	录用风险信息
岗位技能（25分）	创新能力	想象一下，如果地球上不分昼夜，我们的生活将会发生哪些变化（3分钟）	想象的广度（2分）想象的深度（2分）想象的新颖性（3分）		
	应变能力	你正在与一个大客户谈判，两方僵持很长时间，有迹象表明局势开始对你有利，你才松了口气；这时候，你公司的某客户怒气冲冲地跑进你的办公室，指出产品的质量问题，并强烈要求退货，你该如何处理（3分钟）	说明这种现象发生的可能性小（3分）提供了成熟的解决问题的方法（4分）		
岗位意识（15分）	团队精神	请你谈一项你与你的同学共同完成的最愉快的工作，当时你起了多大的作用（3分钟）	主动性（2分）奉献精神（2分）认识个人在团体的作用（3分）		
	吃苦耐劳精神	请结合你学习或生活经历，讲一段你认为最苦最累的经历，当时的情形如何（3分钟）	困难的程度（3分）克服困难的方法（3分）事件结果的评价（2分）		

资料来源：笔者根据网络资料摘编整理所得。

◆　**技能训练　设计面试提纲**

（1）**实训目的：**在学习了面试问题的类型及面试问题设计原则后，通过本次技能训练，使学生学会如何根据职位胜任素质模型或职位说明书，合理选取面试评价要素，设计权重，如何根据面试阶段设计面试问题，使面试问题与评价要素相匹配。

（2）**实训内容**：在前期实训的基础上，为模拟公司拟招聘的岗位（只选取一个即可）设计一份用于结构化面试的面试提纲，时间20分钟左右。

（3）**实训成果**：一份用于结构化面试的面试提纲。

（4）**考核指标**：

1）面试问题的提问方式考虑了面试的不同阶段；

2）面试问题与评价要素相匹配；

3）面试提纲设计遵循了可行性、灵活性、代表性、顺序性和针对性原则；

4）面试题目数量合理，耗时控制在20分钟左右。

（5）**小组分工及操作步骤**：

1）小组成员需要一起讨论拟招聘职位的工作职责和任职资格，分析工作职责背后所需的知识、能力、素质或技能；

2）小组成员需要一起讨论确定拟招聘职位的评价要素及其权重；

3）每位小组成员认领1—2项评价要素，明确评价要素的含义和观测点，查阅资料，寻找与之相匹配的面试问题；

4）根据面试的不同阶段，对面试问题进行排序和修改；

5）根据面试题目设计原则和面试时间限制，剔除多余面试问题；

6）试测面试提纲，并进行修改和完善。

◆ **拓展阅读**

HR招聘中判断人员的稳定性的三个方法[①]

实践中，由于应聘者之间的激烈竞争，很多人在应聘和面试的时候都或多或少有目的地隐藏一些东西或抬高一些东西，以达到成功应聘的目的。因此，HR想在招聘中实现针对员工的稳定性和职业发展规划的100%准确判断是不可能的。不过，在实际工作还是可以总结一些方法帮助HR提高判断的准确度。简单来说，可以归纳为一看二听三问。

一看应聘者的教育背景和过往职业经历、业绩与目前空缺职位的相关

---

① 中国人力资源开发网. HR招聘中判断人员的稳定性的三个方法［EB/OL］. http://bbs.chinahrd.net/thread-907481-1-1.html.

性，一般相关性越高，职业稳定性越高。

在一些需要一定经验和专业的岗位上，这样的辨别往往比较有效。比如说，招募一个资深 HR 专员，应聘者是人力资源专业毕业，从事人力资源管理工作已经三年了，并且在三年的工作中取得了良好的成绩，这样的人选往往职业稳定性高一些。相反，如果应聘者过往经历比较复杂，做过销售，做过行政，做过财务，招过来做 HR 专员就不合适了，如果能力强或许做更高的职位可能更合适一些。这个判断应该是比较客观的，从简历中以及应聘者的叙述中有一个初步的判断。

二听应聘者讲自己的职业规划和发展的想法，一般讲得越具体越实际，职业稳定性越高。

在招聘的时候，问应聘者未来的职业规划和发展的想法比直接问应聘者打算在这里干几年效果要好，很多招聘经验不足的面试官可能会问后面的问题，问应聘者打算在这里干几年。这样的问题没有任何意义，一个正常的希望获取这个职位的人绝不会说没打算干长久，而一定会说自己希望好好稳定发展。

听应聘者讲自己的职业规划和未来发展的想法时，要辨别应聘者讲得是否具体清晰，是否对这个职业有自己的实际体会。一般来说，职业稳定性高的人往往在这些问题上讲得比较到位，并且有自己的实际感悟。而一些靠看面试技巧或掩盖自己真实想法的人往往只会说一些表面的泛泛的东西。比如说，当时推荐 Y 的员工说 Y 想找一个好公司好好发展一下，Y 自己在面试的时候也说想稳定找一个公司好好发展，原来的公司因为业务发展原因搬迁了。这种泛泛的"稳定找一个好公司好好发展"的说法说明这个候选人其实没有想明白自己要做什么，追问她认为什么样的公司是好公司，她也说不出自己一些具体的标准。这样的候选人往往稳定性比较差，因为候选人自己其实不知道自己要做什么适合做什么，往往是抱着试试看的态度。

三问应聘者对公司和工作岗位的了解及认识，一般讲述得越符合实际越有自己的见地，稳定性越高。在结构化的面试过程中，一个常见的问题是要问候选人对公司的了解，对应聘岗位工作的了解和看法。一般来说，抱着试试看、目标不明确、稳定性不够好的人，往往投过很多公司很多职位，对公司的了解一般都不够深入，即使有所了解，也只是网上看到的一些基本资料，对职位的了解也往往仅限于招聘广告上的职位说明书和一些通常的认识。有一次，面试一个应届毕业生，问他对我们公司有什么了解，他像背书一样把我们公司的股东、注册资本金、机构数目等毫无差错地按公司网站上的东西说出来了，表明这个毕业生还是做了一些功课，但也表明他其实对公司没有什么了解。当然，对应届毕业生不能苛求，但如果是一个在行业内工作过的人还这样回答这个问题就显得很不用心。

而一个对职业发展比较执着的人，一般在变换工作时，对目标公司了解得比较透彻，除了知道公司网站上的一些明显公开信息，一定会了解到公司的重点策略，公司吸引他的地方，并且他讲述的东西往往是这个公司真实的文化和策略，并且这些感受在网上不一定找得到，但业内资深的人是能够了解到的。

以前招募一个 HR 主管，在谈到对 HR 岗位的认识时，候选人结合自己过去 5 年工作的感受，谈了对 HR 发展的几个层面的看法，以及自己目前处在哪个层面，和自己未来几年想发展的层面和方向，另外还讲了自己在 HR 方面的优势和不足，讲了公司和职位吸引他的具体地方，或者这个职位对他职业发展的具体好处。这些感受和看法是在网上和书上直接找不到，能够感受到候选人对 HR 工作的热情和自己的理解。这样的人招聘进来后，职业稳定性很好，并且工作主动性好，工作成绩也比较突出。

当然，所有的方法没有绝对的效果，尤其是在目前很多应聘者尤其是职业稳定性差的应聘者往往研究过很多应聘技巧，刻意伪装自己；反而职业稳定性好、目标执着的人，在面试的时候会袒露自己的真实想法。在具体招聘面试的过程中，面试官不断总结实际招聘的经验，通过招聘到岗人的工作表现反过来检视自己的面试方法，形成自己的一些实用方法，有时候也需要一些直觉。

学习任务二　学会设计面试评分表

面试的优点是操作简单，相对于其他甄选方法用时短、成本低，但易受面试官的主观印象左右。因此，为尽量减少面试这种甄选方法的主观性，评价过程除要面试官基于倾听的基础上认真记录，还需要设计一张评价表，供考官面试后，根据观察与面试中记录的应聘者语言回答，对所收集的各种信息按照评价表所列项目进行归类后，逐一评定，最终形成对应聘者的能力、素质、技能等方面的综合评价。

一、面试评分表的构成

一份完整的面试评分表至少包括三个方面：表头、主体部分和表尾。其中，表头部分包括但不限于以下内容：

（1）该表格的具体名称，如××职位面试评估表。

（2）应聘者基本信息，如姓名、性别、年龄及编号，申请职位的名称及所属部门，日期等。

面试评分表的主体部分主要包括三项内容：

（1）评价指标及权重。

（2）评价标准及分值。

（3）打分区及备注栏，可将面试要点记录在备注栏。

表尾部分包括以下内容：

（1）评分栏，包括面试轮次、面试结果（可分为拒绝录用、存档备用及推荐复试，推荐职位是什么，录用职位是什么）或录用建议（包括建议录用，有条件录用和建议不录用）。

（2）评委签字栏，包括面试官签字及日期。

（3）备注，包括计分方法、计分公式等。

二、面试评价指标及标准

（一）评价指标

面试的评价指标主要源于招聘职位的工作分析或胜任素质模型，依据工作说明书的工作职责以及任职资格来确定该职位的面试评价指标，通常包括举止仪表、语言表达能力、工作实践经验、专业知识与技能、求职动机与职位匹配度、人际交往能力、逻辑思维能力、应变能力、自我调节与自我控制能力、组织协调能力、责任感与进取心、综合分析能力、兴趣爱好等。

不同企业因自身所属行业不同、规模及所处的发展阶段不同，即使招聘的职位名称相同，工作职责进而任职资格也是有区别的，并且面试的评价指标及其权重也就有所差别，不可将其他企业的面试评价表直接搬过来使用。

同一企业，不同职位的岗位职责自然不同，因此，不区分岗位特点而统一使用一套面试评价指标，更是不可取的。设定指标权重的常见方法有直接判断法、重要性排序法、三维确定法和权值因子分析法。所有评价指标的权重之和是 100%，单个指标的权重一般不高于 30%，最小不能小于 5%，各指标的权重应呈现一定的差异性（林新奇，2016）[①]。

（二）评价标准

对选择出的评价指标还需要说明具体的标准，明确优良中差之间的区别，也就是确定评分等级。评价指标的标准也可以从职位说明书或胜任素质模型中获取，如果工作分析搜寻到的信息是通过关键事件法或行为锚定法获得的，则可以直接采用搜寻到的典型事件或行为，作为评价指标的标准说明[②]。

评价标准分等分级时，可采用评语短句式，如表现"语言表达能力"的"用词准确性"指标，可以用以下一组评语式短句表示："没有用词不当的情形""偶有用词不当的情形""多次出现用词不当的情形"。可采用设问短句式，例如，可用"是否着正装"作为"仪容仪表"的评价标准之一。也可采用极端特征式，即在设计测评标准时，对高分低分的特征给予明确说明，据此判定应试者的成绩。

也可采取头脑风暴法或小组会议，根据岗位通用胜任特征列出足够多的应聘者可能的回答，将其整理成评分要点。在做评分标准时，要注意给每一个可能的回答都设计相应的分数或者等级，并且要提前设计好应聘者的回答是事先没有想到的情况下该怎样结合其回答给分或评等级，要尽可能地杜绝因为标准不明确或者不统一而产生的评分误差。

评价标准划分等级的多少，主要看该指标下不同应聘者的差异化程度如何，如果该指标下应聘者的表现差异较大，则设置较多等级，反之设置较少等级。

三、面试的计分方法

招聘工作对企业的意义重大，它是保证企业人力资源管理工作顺利开展

---

① 林新奇. 绩效管理（第二版）[M]. 北京：中国人民大学出版社，2016.

② 徐世勇，陈伟娜. 人力资源的招聘与甄选 [M]. 北京：清华大学出版社，北京交通大学出版社，2011.

的基础。如何基于面试评分表有效地对应聘人员做出评价从中甄选出最适合的人员是人力资源部门面临的一个重要问题。

（一）一级计分法

一级计分法要求评价者通过一次性的完整思维来定量判断个体行为的一种计分方法。该计分法面临着一个难题，即计分区间越小，评价者越容易对应聘者进行判断，但评定结果相对集中（大多数人为中等），个体差异不明显，区分度较小，如3点计分法，面试评分标准会设"好、中、差"三等，也可以设为"优、良、差"三等，每一等级下设几条具体的参考标准，面试官根据应聘者的回答与评价指标等级的对应关系进行打分，例如，好8—10分，中4—7分，差0—3分，其中，10分表示最好，0分表示最差。如果计分区间较大，评定结果则相对分散，突出了个体之间的差异，但评价者又不容易做出判断，如15点计分法。[①]

（二）二级计分法

二级计分法是一种更精确的评分方式，它要求评价者通过两次不同标准的判断来定量评价应聘者的表现。这种计分方法的程序是：要求评价者首先按一级判断计分法打分，然后在此基础上分析并确定应聘者符合该等级分数的上、中、下水平，正好符合该等级为"中"，表现出色的为"上"，勉强符合的为"下"。例如，采用3×3的二级判断计分法。该方法要求评价者先按应聘者的表现情况分成三等，在总体上表现出色的给予3分，表现一般的给予2分，表现较差的给予1分。在此基础上分析应聘者符合该分数的上、中、下层次的哪一水平，最后得到一个分数。即在一级指标划分为三个等级的基础上，又将这三个等级细分为三等，最终变为九个等级，并为每个等级赋分，假如满分为10分的话：上上为9分，上中为8分，上下为7分；中上为6分，中中为5分，中下为4分；下上为3分，下中为2分，下下为1分。

这种计分方法扩大了计分的范围，例如五级计分，二级计分制下实际是十五分制，从而使评定的结果具有一定的区分度，并且二级计分法均控制在较小幅度内分析，评价者判断难度小，能够较大程度地对应聘者进行区分，

---

① 豆瓣，第六章行为面试的评分方法［EB/OL］. https://book.douban.com/annotation/99986421/.

因而在一定程度上解决了一级计分法的难题，是目前应用较多的一种计分方法[①]。

（三）其他方法

1. 层次分析法

层次分析法的基本思想是把应聘者的综合能力分解为若干指标及层次，在最低层次通过两两对比得出各因素的权重，通过由低到高的层层分析计算，最后计算出各应聘者的最终综合指数，指数最大的即为最佳候选人。

它的基本方法是建立应聘者评价指标层次结构模型。而建立评价指标层次模型，首先要对所要招聘的岗位有明确的认识，弄清它涉及哪些因素，如目标、分目标、部门、约束条件、可能情况等，以及各因素之间的相互关系。其次将评价指标层次化，分为若干个层次。建立评价指标层次模型后，可以对应聘者的各项指标进行两两比较，构造出判断矩阵。判断矩阵是定性过渡到定量的重要环节，再通过求解判断矩阵的特征向量，并对判断矩阵的一致性进行检验，检查企业招聘方在构造判断矩阵时思维是否具有一致性。通过一致性检验后，便可按归一化处理过的特征向量加权，然后从高层次到低层次逐层计算排序权值，得出应聘者的总排序。

2. 模糊决策法

在现实生活中，很多概念都是模糊的。如高个子，身高达到多少即算高个子，并无明确的定义，不同的人会有不同的理解。另外，如应聘者的能力、工作态度、性格等概念，内涵是明确的，但外延是模糊的。在企业招聘的现实中，很多指标概念是模糊的，因此模糊决策方法正在成为企业招聘决策中一种很有实用价值的工具。

模糊综合评价法是综合考虑系统或者事物的多种价值因素，用模糊集理论评定优劣的方法。它的特点是将定性分析和定量分析相结合，主观分析与客观分析相结合。模糊决策的基本方法首先是构造评价指标集 X 和评级域 V。比如，X={X1（知识），X2（能力），X3（个性），X4（动机）}，V={ V1（很好），V2（好），V3（不太好），V4（不好）}。如果对于应聘者甲的"知识"指标，企业招聘方有 30% 认为"很好"，60% 认为"好"，还有 10% 认

---

① 豆瓣 . 第六章行为面试的评分方法［EB/OL］. https://book.douban.com/annotation/99986421/.

为"不太好"，却无人认为"不好"，为了简便起见，我们可近似地认为对应聘者甲的"知识"指标的评价集为（0.3，0.6，0.1，0）。类推即可得出应聘者的评价矩阵，对应聘者的评价矩阵与其相应的权值求解，最后会得到每个应聘者的综合评价分数。在实践中，模糊决策法常与专家分析评估法、层次分析法等综合使用。

3. 优劣系数法

优劣系数法是通过对应聘人员的各项指标相对于其他应聘者的优劣程度进行比较，从中甄选出较优秀的应聘者的一种定量分析方法。在现实生活中，没有哪一个应聘者绝对优于其他应聘者，也没有哪一个应聘者的各项指标绝对优于其他人员。

对于企业来说，各项素质指标的重要性并不是一样的，有些素质相对重要一些，而有些素质相对次要一些。因此企业在计算优劣系数前，首先需要对不同的评价指标给予不同的权数；然后通过标准化各项评价指标，使各项指标之间具有可比性，再计算优、劣系数。所谓优系数，指一个应聘者优于另一个应聘者所对应的权数之和与全部权数之和的比率。所谓劣系数是通过对比两方案的优极差与劣极差来计算的。

由于优系数只反映优的应聘者，而不反映应聘者优的程度，劣系数只反映应聘者劣的程度，而不反映劣的应聘者，因而在进行招聘决策时应综合考虑优劣系数。优劣系数法是根据优劣系数逐步淘汰不理想的应聘者，在招聘过程中具有较广泛的应用价值。

4. 人工神经网络法

人工神经网络（Artificial Neural Network）是一门崭新的信息处理科学，是用来模拟人体神经结构和智能的一个前沿研究领域，因其具有独特的结构和处理信息的方法，而在实际应用中取得了显著成效。近年来，由于神经科学、数理科学、信息科学、计算机科学的快速发展，以研究神经元的工作模式、非程序的信息处理的人工神经网络的实现成为可能。

人工神经网络无须构建任何数学模型，只靠过去的经验和专家的知识来学习，通过网络学习达到实际输出与期望输出相符的结果。网络所具有的自学能力，使得传统的知识获取工作方式转换为网络的变结构调节过程，它能根据已学会的知识和处理问题的经验对复杂问题做出合理的判断决策，给出较满意的解答，或对未来过程做出有效预测和估计。只要能够按照科学的数据选择参数构建网络模型，就可以获取数据中的专家经验数据，对应聘者的各项素质评价指标进行判断，给出较为客观合理的结果。[①]

不管使用何种计分方法，最终每个应聘者的面试得分可采用百分制，由考官当场打分，去掉一个最高分和一个最低分后综合计算平均成绩（保留小数点后两位，尾数四舍五入）。面试的最终结果形成后，应将其呈送给相关部门，供招聘录用和提拔人才等方面作决策参考。在某些情况下，还应将面试结果在一定时间内通过某种方式告知应聘者。

◆ 案例

某印刷厂财会岗位招聘结果评估表

应聘岗位：财会，4个最佳候选人，均符合应聘基本条件，具体评估如下所示。

应聘者代号	0601	0602	0603	0604
工作经历	3年涉外财会工作	2年涉外财会工作	4年涉外财会工作	3年涉外财会工作
学 历	本科	本科	大专	大专（女）
工作能力	涉外财会业务知识丰富，实践工作能力强	涉外财会业务相当熟悉	有涉外酒店财会工作经验	实际财会工作能力较强
表达能力	思维敏捷，英语口语流畅自如，专业外语熟悉	清晰贴切，英语口语流畅，专业外语熟悉，书写欠佳	反应快，英语熟练流畅，专业外语熟悉，书写欠佳	清晰、全面，英语较流利，专业外语较熟悉
外 表	干练、灵活	诚实、稳重	诚实、稳重	文静、灵活、细心
应聘预测	较快适应与熟悉本公司财会业务	较快胜任本公司财务任务，极具潜力	立即可以使用	较快熟悉并胜任本公司的财会业务

[①] 人才招聘的定量分析技术［EB/OL］. https://www.yjbys.com/hr/zhaopin/533980.html.

附：某印刷厂财会员岗位职责。

（1）工作目的：协助厂长按照财务制度做好印刷厂的财务管理工作。

（2）工作职责：

1）协助主任管理装订部门的固定资产、流动资金、库存物资及账目，办理有关的手续；

2）发放装订部门的各种工酬、奖金、福利、加班、劳务等费用，办理各种开支的报销手续，上交学校、图书馆、税务、工商管理等部门的管理费、创收任务及税收等；

3）协助做好装订部的行政业务管理工作，促进本馆装订任务的完成；

4）完成部主任布置的其他任务。

（3）岗位要求：大专以上，取得会计证书。

◆ 技能训练　设计面试评分表

（1）**实训目的：** 运用本章所学的理论知识，学会依据职位说明书选择面试评价指标，利用头脑风暴法确定评价标准，在此基础上设计面试评价表。

（2）**实训内容：**

1）各小组在上次实训作业的基础上，需根据拟招聘职位胜任素质模型及职位说明书，确定面试评价指标（5—7个）及其权重；

2）利用头脑风暴法为每一评价指标确定评价标准，评价标准要分等分级，每一等级对应相应分值，不同等级的分值应拉开差距；

3）面试评价表中，除主体部分外，还要有表头、表尾。

（3）**实训成果：** 一份面试评分表。

（4）**考核指标：**

1）评价指标、权重设计合理；

2）评分标准要分等分级，并与面试提纲对应；

3）面试评价表要素完整，样式美观，便于操作。

（5）**小组分工及操作步骤：**

1）每位成员一起回顾招聘职位的工作说明书，对工作职责及任职资格进行讨论，确定面试评价指标，指标数量控制在5—7个，并根据重要性对评价指标进行排序，赋予相应权重，但要保证所有指标的权重之和为100%；

2）利用头脑风暴法，总结面试提纲中核心问题的回答要点，并将这些要点分等分级，并赋予不同等级相应分值，最高等级的得分不得高于权重。

学习任务三　学会组织和实施面试

面试的组织与实施大致可分为三个阶段：前期准备阶段、组织与实施阶段和评估阶段。面试前期准备工作是否充分决定了后期面试组织与实施过程的顺畅与否，进而影响面试质量。面试实施阶段需要掌握一定的面试技巧。选择有效的面试方法，遵循规范的面试实施标准，可以大大提高面试的有效性。上一节学习了依据职位说明书编制面试提纲及评分表，本节重点学习面试前的准备工作及面试的组织与实施。

一、面试前的准备工作

（一）组建面试小组

完整的面试小组一般由 5—7 人组成，按照多元化、互补性等原则，面试小组的成员通常包括组织高层领导、人力资源经理、直线经理（或部门主管）、外部专家等，并从中确定一位主面试官。具体面试小组人数及成员构成，可依据招聘职位的职级、重要性及面试的不同阶段来进行选取和组合。按照避嫌原则，要确保面试小组成员中无利益相关者，避免与应聘者之间存在亲属关系的人员出现。

面试小组的成员应具备以下几点要求：一是良好的个人品格和修养；二是具备相关专业知识；三是了解职位要求和人员测评技术；四是具有丰富的社会和工作经验。

确定面试小组成员后，人力资源部工作人员与面试官沟通并确定面试时间、地点，各自分工和准备工作。在面试当天对面试小组就面试方法、评价要素、打分规则等进行培训，打分过程中尽量避免主观印象，对照评分标准对候选人评价打分。

（二）设计面试提纲

面试提纲一般包括评价指标和面试试题，面试评价指标通常源于招聘职位的胜任素质模型或职位说明书，依据出色完成相应工作职责所需的能力、素质、技能等确定评价要素及其权重，面试试题则根据评价指标和面试的不同阶段进行设计，试题数量的多少，取决于面试时间的长短。面试问题要少而精。短短的几十分钟，显然不可能对应聘者各方面的测评都面面俱到。因此，面试官要把握住胜任素质中最关键的几个要求，面试前，要认真分析招聘职位的任职资格，选取评价指标，例如，选篮球运动员先把个高的挑出来，选飞行员先把视力好的选出来，然后设计相应的面试题目就可以了。

（三）设计面试评价表

面试评价表的主体部分由若干个评价指标组成，指标下对应相应的评价标准，为体现面试的区分度，评价标准设计时要体现分等分级，评价等级的表述可以是等级式的，也可以是行为描述的方式，为实现量化分析，评价等级要按照评价指标的权重赋予相应的分值，同一评价指标下的不同等级，分值要拉开差距，可采用区间式的，也可采用离散式的。

（四）安排面试场所

安排面试场所时，要保障安静、舒适，最好在单独的房间内进行，面试时应尽量减少电话、审批文件等事情的干扰，面试考官的位置应避免背光，被试的位置避免放在房间的中央，面试过程中人员不能随意走动，避免面试被打断。

在布置面试考场时应遵循两个原则：一是平等、尊重原则。在对主考官和应聘者席位进行布置时保证同一规格和档次。二是差异化原则。不同的职位，面试的目的、手段和方式也不一样，对面试考场的设计要求不同，相应的考场布置也应有所区别。

（五）准备面试资料与道具

面试资料包括应聘者的简历或申请表，用于面试官了解应聘者的基本信息；笔试结果及心理测评报告，如果前期做过笔试和心理测验，笔试结果及心理测评报告可作为面试官的参考，并结合甄选内容对关键特征进行追问，确定评价结果的有效性；面试提纲、面试记录表、评价表，面试结果汇总表。面试中所需要的道具包括录音设备、录像设备、面试官台卡、计时器、纸笔、档案袋、订书器等。

（六）培训面试官

培训面试官是为了改变面试中面试官凭经验和直觉评价的问题，提高面试的准确性。一般放在面试正式实施前，培训的内容包括以下内容：

（1）招聘职位的性质和要求，通过回顾工作说明书及面试评价内容，使面试官了解招聘职位的主要职责及认知资格。

（2）应聘者的基本情况，通过阅读应聘者的简历和申请表、心理测验报告等材料，了解应聘者的基本背景情况和心理特征，就上述材料中发现的问题、存在的漏洞进行提问。

（3）面试的程序以及日常安排。

（4）面试官在面试小组中承担的角色、提问的侧重点，以及如何与其他面试官配合。

（5）面试试题及统一的评分标准。

（6）其他注意事项。

（七）电话或视频面试，确定候选人名单

对初试合格的应聘者利用电话或使用社交软件的视频通话进行初步面试，确定参加应聘的人数。提前通知应聘者面试时间地点及各项相关事宜。以短信或电话的方式通知通过初筛的候选者带着相关材料，前往指定地点在规定时间内进行面试。

（八）确定面试方式、方法

从面试的标准化程度、组织形式、面试的目的、成本效率等因素出发，确定具体的面试方式。对于政府、国企、事业单位大规模的社会招聘，为保证招聘面试的公平公正，需采用结构化面试的方式。对于中小企业一般性岗位的招聘面试，往往采用一对一的单独面试。对于规模较大的校园招聘，可采用集体面试或半结构化面试的方式。

面试方法可采取合议制面试，也可采取阶段制面试，用人部门主管的意见起决定作用，遴选小组其他成员的意见起参谋作用。

◆ **技能训练　面试前的准备工作**

（1）**实训目的**：通过本次实训，使学生通过情景模拟的方式，学会如何准备面试。

（2）**实训内容**：

1）各组对照面试准备工作的八个方面依次进行讨论和任务分工；

2）分角色扮演背景企业的招聘面试小组，利用课后时间找场地模拟面试实施阶段的各个流程，找出前期准备工作的不足及协调配合存在的问题，并进行优化改进。

（3）**实训成果：** 一份剪辑后视频，能完整呈现各组是如何进行面试准备工作的。

（4）**考核指标：**

1）视频内容全面，能按照面试准备工作的八个方面进行解说；

2）有反思，有总结，有改进。

（5）**小组分工及操作步骤：**

1）小组长带领全体成员一起讨论面试准备工作八个方面，就已经取得的进展和需要展开的工作统一思想，合理分工；

2）各成员根据自身特长认领分工任务，具体包括负责向候选人发放面试通知、地点的选择和考场布置、各种资料的打印等，熟悉自己在模拟面试环节扮演角色的分工；

3）各组员协调时间，共同模拟演练面试的各个流程；

4）小组成员在演练结束后，对面试准备工作进行分析和总结，找出不足并进行优化、完善。

二、面试的组织和实施

在面试的实施阶段，考官要灵活地控制面试进程，想方设法、尽可能地多获得有关应聘者素质与能力的真实信息，保证面试目的的顺利实现。为保证面试有效地进行，在面试前需对面试官进行面试技巧培训。

（一）**培训面试官**

面试作为最常用的甄选工具之一，并行之有效。能否发挥优势，关键在于面试官本身的素质和能力。面试不能仅凭感觉。面试官必须参加面试技能的培训，比如，如何通过特定的问题挖掘自己想了解的信息，如何观察候选人，如何判断候选人所反馈信息的真伪，等等。在掌握了面试的技能之后才有资格参与面试工作，就像上岗需要合格证一样。

1. 面试官的素质和要求

一个专业的面试官，应具备以下素质和要求：

（1）较为丰富的工作经验和人生阅历。

（2）掌握面试知识和技能、熟悉面试实施流程。

（3）熟知待招聘岗位的岗位职责和任职资格，熟悉公司的企业文化和制度。

（4）亲和、友善、坦诚、公正，良好的沟通能力和敏锐的洞察力。

（5）自信、稳定的情绪，拥有驾驭面试过程和时间控制的能力。

（6）拥有爱才惜才之心，能够深入挖掘应聘者的价值，让应聘者充分自我展示。

2. 面试官不专业的表现

（1）疏于准备，仓促上阵。面试官既不了解待招聘岗位的岗位职责和任职资格，也没有提前（至少 15 分钟）翻阅应聘者简历或准备面试问题。不了解岗位要求的面试者只能选出他/她自己认为合适的人，而不是真正适合招聘岗位的人。

（2）跟着感觉走，缺乏观察与记录的技巧。不懂得胜任素质模型及相应的面试问题，提问缺乏针对性，或没有做任何面试记录，面试后对应聘者的印象很快就忘记了。

（3）角色模糊。说得太多，成了"自我秀"的舞台，或过度渲染工作以吸引应聘者。

（4）不能够以平等的态度对待求职者。面谈变质询或面试时坐姿不正（如后仰型），显得不尊重应聘者。面试官即公司的品牌形象，面试过程即体现了公司的文化氛围，如果是前者这样的面试方式，就会影响应聘者对企业的印象，影响企业雇主品牌。

（5）倾向于主观评价而非对照客观标准进行评价。面试官易出现类我效应、晕轮效应或以貌取人等倾向，例如，倾向于过高评价与自己相似的人，一个 MBA 毕业的管理者可能倾向于选择拥有同样证书或毕业于同一院校的人。

（6）草草决策，轻易承诺。面试就是一个"不断排除"的过程，就像生活中的一次相亲或者初次约会，面试官很容易在第一眼后就"淘汰"对方，而不是更加全面地评价应聘者。

3. 面试官面试技巧

一次有效的面试＝充分的准备＋精心的提问＋仔细的倾听＋准确的记

录＋科学的评估。

（1）面试中的提问技巧。提问是面试实施过程的核心技术，提问的目的是获取应聘者与招聘职位是否匹配的信息。结构化面试中，面试试题早已确定，但一些有着特殊目的的试题，需要面试官特别演绎，如压力性试题。

要获取有效信息还需面试官有效提问，主要的提问技巧有几点：一是面试官要充分考虑好提问的整体结构，并与其他面试官事先设计和协调分工，做到既全面又重点深入，既灵活多样又有条不紊。二是提问的顺序要由易到难，循循善诱、由浅入深、由简到繁，逐步深入，使面谈在融洽的氛围中进行，缓解应聘者的紧张情绪，使其逐步放松表现渐入佳境，最终实现面试目的。三是控制话题数量，保证最要紧的话题的回答时间，面试官通过问题的切换，引导和控制面试进程。四是牢记提问意图，提问的语气、语调要诚恳、友善。

（2）面试中的倾听技巧。面试官要通过积极倾听，始终表现出对应聘者的尊重，密切注视讲话的人所要表达的内容及其情绪，并及时给予回应，这样才能使后者畅所欲言，无所顾忌。

必要时，将对方所说的重要内容予以提要重述，以示你在注意听，也鼓励对方说下去。

善于倾听应聘者的弦外之音，时刻以 STAR 原则追问应聘者更多细节，比如，可在应聘者说完后继续追问："你说到沟通花费大量的时间，是不是说团队的沟通存在障碍？"

倾听的同时，适时做一些记录，注意对方尽量避而不谈的有哪些方面，这些方面可能正是问题的关键所在。遇到你确实想深挖的细节时，可以用重复应聘者关键词的方式进行追问。

（3）面试控场与引导技巧。对于过分健谈的应聘者，面试官要始终记住面谈的主题，不要让应聘者牵着鼻子走，礼貌的岔开应聘者的长故事，善于用总结性的话语结束一个话题；对于支配性过强的应聘者，面试官可用手势来适时中止话题；对于过分紧张、羞怯的应聘者，面试官要注意提问的方式，善于使用重复、总结的方式加强与应聘者的沟通。应聘者的提问集中在**最后进行**，以保证重要话题的面试时间。

（4）面试中的记录技巧。面试记录是为了帮助面试官有效记忆应聘者的表现，并为后续归类和评价提供直接证据，避免主观评价。记录时，面试官在面试期间先记下关键词和想法，随后马上扩展笔记。注意，面试官记录的是应聘者在面试中回答的要点（客观事实），避免使用主观性言语或记录无事实根据的意见。在下一个应聘者进来前，把上一个应聘者的笔记做全，并放在一边，再请下一个人进来面试，以保证对前一个应聘者的评价完整。如果面试中涉及的话题较多，可将整个面试过程录音录像，后续根据录音录像进行记录和评价。

（5）面试中的结束技巧。面试流程中留出应聘者提问的时间，给应聘者提问的机会，既可以了解其主要关注点（印证动机），也可以让其更多地了解企业。面试官在回答应聘者问题时应有明确分工，人事政策方面的问题由人力资源部门回答，专业分工方面的问题由用人部门负责人回答，回答必须客观，实事求是。对薪酬等敏感问题的回答要巧妙，拿不准的不要随意回答，切忌为了吸引人才而自主做出承诺。所有问题提问结束后，面试官要真诚地感谢他花时间来参加面试，并告知后续流程和时间安排。

（6）面试中评分技巧。面试结束后，面试考官应该及时扩展面试时的简单记录，还原面试者在面试中的回答与陈述，整理完整自己的面试笔记，然后将自己已经得到的关键性信息与面试确定的评价要素进行比照，总结在面试确定的多个维度中，每位面试者的表现，客观地进行打分，为录用决策作重要的参考。切记过快做出决断，基于面试记录评价竞争同一职位的应聘者，减少受面试次序的干扰。

全部面试结束后，遴选小组成员应讨论对各应聘者的意见。当小组成员未能达成一致结论时，由用人部门代表拍板。评价结果应填写在面试结果推荐书上，送达用人部门主管及人力资源部备案，作为下一步行动的依据。

4. 面试官常犯的错误

（1）首因效应。即人们常说的"第一印象"的影响，指两个素不相识的人第一次见面所形成的印象。面试主考第一印象效应的心理状态即主考官根据开始几分钟或面试之前从职位申请表格、录用测试等资料中得到的印象就对求职应聘人做出是否录用的判断，并没有根据面试全程应聘者的综合表现来全面地评价应聘者。

（2）晕轮效应。晕轮效应指以实物某一方面的突出特点掩盖了其他方面的全部特点。在面试活动中，晕轮效应的具体表现是，应聘者在测试过程中表现出来的某一突出的特点容易引起面试考官的注意，而使其他素质的表征信息被忽视。典型的例子就是俗语说的"一白遮百丑"。

（3）类我效应。面试过程中，面试考官往往容易将与自己性格、爱好等相似的应聘者的优点放大，以至于忽略其缺点，从而不能作出对应聘者客观而全面的评价。主考官往往会因为应聘者与其有相似的兴趣、偏好或经历，从而容易对应聘者产生好感，影响考官的正确判断。

（4）刻板印象。刻板印象指面试官根据一个人属于哪一类社会团体或阶层，并以这一社会团体或阶层的典型行为方式来判断个人。面试考官的头脑中对某一类人的固定印象，使考官评价应聘者时常常不自觉地按应聘者的性别、籍贯、专业等特点进行归类，并根据头脑中已有的关于这一类人的固定印象来判断应聘者的个性，从而造成判断的主观性和片面性。

（5）对比效应。面试过程中，应试者总是按照一定顺序进行面试的，而这样的顺序有时会影响考官的正确评价，面试考官往往以之前一个或几个求职者来评估正在接受面试的求职应聘人。例如，由于前面连续出现的几个应聘者的能力都一般，突然出现一个能力较强的应聘者，考官很容易打出非常高的分数，也许这个应聘者的水平并没有那么高，只是因为和前面的应聘者对比使得考官认为其水平很高，从而得出不恰当的评论，认为该应聘者特别优秀。

（6）近因效应。近因效应指人们对新接触到的东西记忆比较深刻，在面试中往往最后给人留下的印象会得到强化。考官在面试中应全面、整体地把握应聘者在面试中的表现，不要因为应聘者最后表现好而忽略其在前面的面试中暴露的缺点，也不要因为应聘者最后表现不好而否定其在前面表现出来的优点。

（7）负面效应。主考官对应聘者的印象容易由好变坏，但不容易由坏变好；对待同样程度的优点、缺点，往往强调缺点而忽视优点。

5. 面试官在面试过程中的注意事项

一是要充分尊重求职者。尊重求职者是起码的职业操守，对别人的不尊重就是不专业。面试是两个人的对话，不是一场拷问，公司面试应聘者，应聘者也在面试公司。

二是准时开始，规范操作。面试官做足了准备工作，知己（岗位职责和任职资格）知彼（应聘者的简历），按照面试的实施流程规范操作。面试官要认真聆听，并及时回应应聘者，记录应聘者所回答的面试问题的要点。

三是营造融洽的气氛，通过营造"自然、融洽"的面试氛围，帮助求职者放松，让求职者放开包袱，客观、轻松地展示自己，正常发挥自己的水平。

四是不可跑题。在半结构化面试和非结构化面试中，面试官不可离开面试主题。对于那些面试经验丰富的应聘者，面试官要坚定而委婉地将出格的话题拉回来。

五是不要过早谈论薪酬。必须等到有决定性的选择时，才可以涉及。如果应聘者直截了当地希望较高的待遇，应聘者条件又相当不错，你可以说再作考虑后再答复。同时，不要对公司的实际情况夸大其词。

（二）面试的五个阶段

面试正式开始后，一般会经历以下五个阶段：关系建立阶段、导入阶段、核心阶段、确认阶段和结束阶段。每个阶段，面试官的话术和测评重点不同，时间分配上也有差异，如表 6-1 所示。

表 6-1　不同面试阶段面试官的任务及时间把控

面试阶段	任务	时间分配	题目内容与类型	实　例
关系建立阶段	创造轻松、友好的氛围，便于更加开放的沟通	2%	常与工作无关；主要是封闭性问题	我们这个地方容易找吧？路上堵车吗？今天天气真冷，是吧？
导入阶段	缓解被面试者依然有些紧张的情绪	8%	被面试者一般有所准备的题目；开放性问题	请介绍一下你自己，好吗？你能介绍一下自己的工作经历吗？请介绍一下你现在的主要工作职责
核心阶段	收集被面试者核心胜任特征方面的信息	80%	行为性问题多种题型	

续表

面试阶段	任务	时间分配	题目内容与类型	实 例
确认阶段	对上一阶段的判断进行确认	5%	开放性问题	刚才我们已经讨论了几个具体的实例，那么现在你能不能清楚地概括一下你在安排新员工培训方面的程序是怎样的？ 你能再举一些例子证明你在某一方面的专业技能吗？
结束阶段	检查有无遗漏问题，并加以追问	5%		

◆ 技能训练 模拟组织和实施面试

（1）**实训目的**：通过情景模拟，让学生学会如何进行有效的面试，锻炼并领悟面试官面试技巧。

（2）**实训内容**：

以组为单位，各组基于前期实训成果，模拟背景企业的招聘面试小组，组织和实施一次面试。在模拟面试过程中，认真扮演自己的角色，训练面试官面试技巧，并在模拟面试结束后，总结过程和心得。

（3）**实训成果**：

提交一份模拟面试的过程性材料，包括面试记录、评分表、评分过程，面试结果、模拟面试的照片等。

（4）**考核指标**：

1）面试过程是否井然有序；

2）面试官表现是否专业；

3）面试小组的分工是否合理，配合是否协调；

4）面试时间是否控制得当。

（5）**小组分工**：

一名小组成员扮演主面试官，控制全场的流程和进度；

两至三名小组成员扮演副面试官，配合主面试官提问，并进行面试记录；

一名组员负责后勤，包括引导应聘者入场、拍照和录制视频。

（6）操作步骤：

1）小组成员布置面试场地；

2）工作人员引导应聘者入座；

3）主面试官宣读面试流程及时间安排；

4）面试正式开始，考官提问，应聘者作出回答；

5）应聘者提问；

6）面试结束。

◆ 案例分析

面试情景 1

应试者： 一位从事技术工作的女士。

面试官： 爱立信（中国）人力资源部副总裁牛艳娜。

面试过程：

问：你以前在哪里工作？答：我在一家公司做技术支持。

问：你进入公司的目的是什么呢？答：喜欢技术支持，因为我具有这个能力。

问：你有什么成绩呢？答：做了上海的一个方案，且在各个部门有很好的协调能力。

问：周围的同事朋友怎么评价你呢？答：待人诚恳。

反问：您问我这个问题的目的在于哪里呢？答：看你在工作中的沟通能力……做技术支持的，当然应该有技术方面的能力，但合作，是最重要的一点。

面试官点评：

这位小姐很敏锐，但作为应试者，不应该反问面试官提出问题的目的。如果为了显示主动性，可以最后问面试官自己在以后的面试中应注意什么。再有，讲故事特别重要，把自己最得意的成绩、做得最好的项目详细说出来，像这样一句话概之，不令人信服，印象也不会深刻。

面试情景 2

应试者： 应聘中华英才网销售人员的一位男士。

面试官： 中华英才网 CEO 姚卫民。

面试过程：

问：请用三句话介绍自己，评价自己。答：1. 干劲冲天；2. 一定给你挣钱；3. 善于和同事合作。

问：五年内对个人制定的目标是？答：做一个职业经理人。

问：对我们公司了解吗？答：在上学的时候经常上这个网，我感觉是人力资源网站里做得最好的。

面试官点评：

对自己的评价，是在测试他的表达能力和思维能力，是否在他的脑子里有一种思维方式；五年以后如何定位，是看他做事情的目的性、职业的稳定性，以及未来的职业规划是否清晰；问对公司是否了解，在于了解他是否对我们公司真正了解、真心感兴趣，主要考察应聘者的求职动机是否强烈。在国外，如果不了解这个公司，你连去都不要去。我们很多人把面试过程看得很紧张，就是不了解公司。如果你了解这个企业，你完全可在面试中变被动为主动。不用了解得很深，只要在面试时，表现出对这个企业的兴趣就可以了。要把握一个平衡，不要用华丽的辞藻堆砌你的才能，而要通过一个完整的故事（情景、任务、行动和结果）表达此意。最后一点，面试时不紧张是好的，但也不能自由得无拘无束。笔者见过一位从很好学校毕业的 MBA，技能和知识都足够，但他从进门的第一分钟到出门的最后一刻，都是双手抱肩，头后躺在椅子上，这样子怎能选他呢？

面试情景 3

应试者： 一位清华研究生。

面试官： 思科系统（中国）网络技术有限公司亚太区经理萧泓。

面试过程：

问：应聘什么职位？答：技术支持。

问：有一个 10 人的软件项目，但经济光景不好，预算要减掉一半，但上司还要求做得更好。你怎么办？答：最重要的是企业的文化和人情味。朋友对我的评价是有困难的时候，总喜欢找我。作为一个项目负责人，我可以通过自己影响他们。我相信他们会支持我在这种情况下做好项目。

面试官点评：

预算砍掉一半，你没有说不能做，说明你有一定的能力，但你的回答很难看出你的技巧。我对你的印象是：人情味很重，关心下属，譬如你可能不会因为预算减半而裁员，但可能对生意并不是很敏感。其实，更好的答案应该是："老板，我可以做得更好，但我是否可以帮助您，以解决那个使我的预算要减掉一半的危机？"至于具体如何去做，应该和你的老板去商量。另外面试时，一定要注意自己的形象。比如，面试时手机不要响，万一响了要说"对不起"，然后挂掉，而不是一边说"对不起"，一边还要接电话。

根据案例请思考以下问题：

（1）作为应聘者，该如何准备面试？

（2）作为应届生，如何在面试中向面试官展示自己应聘的优势？

◆ **课后思考题**

1. 观看《杜拉拉升职记》这部电影中杜拉拉到世界 500 强企业 DB 面试时的情景，对照现实中专业的人力资源管理面试流程，谈谈在杜拉拉这场面试现场，企业面试方有哪些不妥之处？

2. 假如你是某公司的招聘主要负责人，现在你们公司正在招聘一名人力资源部经理，现有五名候选人已经通过简历筛选、笔试等测评，明天准备进入面试环节，请根据你所学课程拟订一份面试计划。

第七章
背景调查与体检

> **知识目标：**了解企业开展员工背景调查的意义，掌握背景调查的内容及方法。
>
> **能力目标：**掌握背景调查的实施程序。
>
> **素质目标：**理解社会主义核心价值观中的"诚信"。

学习任务一　学会实施背景调查

企业选拔中高层管理人才的过程一般是严密复杂的，通常经历从确定空缺职位、职位描述、理想候选者的特征描述，再到简历筛选、面试、背景调查、发出录用通知等一系列流程。虽然大多数情况下，背景调查都会被看作一个常规的程序，但事实上这一步左右了最终的决定，如果所有细节都非常到位，那么这项工作对于吸引候选者最终进入企业将起到非常大的帮助作用。反之，如果企业招聘的关键职位缺少背景调查这一程序，往往会给企业带来意想不到的负面影响。

一、为什么要进行背景调查

如果仅仅是问答的形式，人们经常会低估从背景调查中能够收集到的信息数量。在这个过程中，企业并非找出各种可以排除候选者的因素，相反是找到可以帮助你在众多候选者之间取舍的因素。

有时候，背景调查会凸显候选者的一些关键特质，从而帮助其从众多候选者中脱颖而出。有时候，你可以从背景调查中了解候选者的潜在特质，这有助于在以后的工作中对其进行正确培养。此外，背景调查可以帮助人力资源管理者把合适的员工放在合适的位置上。比如，在针对高管人选的背景调查过程中，发现有个候选者的财务能力不是最佳，但其他方面的能力都非常强，而且管理能力也非常适合公司发展的需要。在这种情况下，面试小组并不一定要把其从备选名单中剔除，相反，可以最终录用他，同时在管理团队中帮他安排一个财务管理能力很强的财务负责人，从而确保管理团队具备管理整个企业的所有素质能力。

一方面，背景调查可以发现一些令人吃惊的却能使候选者落选的细节。例如在筛选高管的候选者时，如果发现他进入某所大学学习，但却未完成课业，那么这个细节可能会导致其落选。另一方面，背景调查同时可以发现一些微妙的细节，从而帮助你在两个候选者中做出艰难抉择，或者确保最终入选者一旦进入企业就会得到很好的培养。例如，某公司在一次关于一个中层职位的筛选中，最后两个候选者都非常优秀、非常有能力，每个人看起来都非常适合这个职位，非常难以取舍。但是，经过背景调查深入研究两位候选者在面对挑战时的思维倾向以及解决方式后，公司做出了最终的选择，而这位胜出者也是以其自信、积极的态度以及良好的沟通技巧胜出的。

二、了解额外信息

背景调查的出发点就是所有工作的细节都是为了企业和个人未来更好的发展，而不是仅仅找出某些不适合职位的"污点"或者是那些你已经知道的信息。对于信息的重视是做好后续选拔工作的关键，这种重视的态度有助于候选者以诚实和直接的态度来提供相关的信息。

为了达到这种目标，必须花费一定的时间与候选者进行沟通，告诉他们背景调查的重要性以及给他们未来发展可能带来的机会。在进行背景调查前，最好以书面形式征得被调查员工的同意，限定要调查问题的范围，主要是对于求职者工作情况有关的方面进行调查，而与工作无关的，特别是涉及个人隐私的问题将不会在调查范围内。在面试时公司也有义务提醒应聘者可能会对其进行背景调查，如果不愿意接受调查的应聘者，一般可以直接淘汰，而愿意接受调查的应聘者有权利被告知。为避免背景调查过程中因获取候选人个人信息而导致的法律风险，必须书面通知候选者其犯罪或者信用记录正在被调查。

除了背景调查，企业可以参考一些长期积累下来的经验，比如让候选者在填写申请表时询问如下问题：是否曾经出庭作证？是否有个人破产记录？是否有被某个专业组织取消资格的记录？是否有被税务局审计查账的记录？

因为背景调查以调查对象会说出真相为基本假设前提，但不排除调查对象提供虚假信息的可能。所以背景调查的结果只能作为录用决策的参考，而不能作为唯一的评判依据。

三、何时进行背景调查

实践操作过程中，对于何时进行背景调查，一般分为两种情况。

一是入职前背景调查。此时，用人单位有录用意向，但应聘者尚未正式确定入职，在这个时间段进行背景调查可以减少企业招聘成本。用人单位只需要对几个在考虑范围内的应聘者进行背景调查，一旦在背景调查中发现应聘者有造假情况，也可以比较容易的结束招聘进程，法律风险较小。但由于这段时间非常短，不一定能及时完成背景调查。应聘者也有可能在这段时间内转向其他企业，造成人才流失。

二是入职后在试用期内展开的背景调查，也称之为入职后背景调查。在这段时间内公司有充足的时间展开背景调查，背景调查成本非常低，只需要调查少数人。但这也会使企业面临更大的风险，如果发现应聘者确实有重大的道德风险，则可能会给公司带来重大损失。另外，由于已经与应聘者签订了正式的劳动合同，一旦通过背景调查发现其有造假行为，辞退应聘者会让公司承担比较大的法律风险。

四、怎样进行背景调查

实施背景调查的核心是明确背景调查的需求，其主要受招聘的职位、级别、公司规模、招聘成本等因素影响，根据需求去明确背景调查的内容、方式方法及实施者。通常，背景调查的实施者是企业的人力资源部，涉及一些较为棘手的背景调查的内容时，企业会委托专业的第三方调查公司或者猎头公司进行。

（一）确定背景调查的内容及目标对象

在实施背景调查的过程中，背景调查的内容往往与企业招聘的需求有关，并没有统一标准，通常涉及以下方面：

（1）候选人基本信息、身份是否真实，具体包括姓名、出生日期、籍贯等。

（2）教育和培训经历。重点核实候选人接受正规教育的水平，培训的经历以及其他资格证书、奖励情况，核查毕业学位的真实性、任职资格证书的有效性。

（3）个人工作经历。应聘者的工作起止时间、所任职位、工作职责、薪酬水平、证明人的姓名、职位及其与应聘者的关系、离职后的补偿等。

（4）个人特质。包括应聘者的工作技能、性格、爱好、特长、能力水平等。

（5）个人品德。包括应聘者个人的信用、责任心、人际关系等。

（6）其他与工作岗位相关的信息，如工作表现的描述、可靠或尽责的程度、说明其出色表现的实例、强项及其发展要求等。

上述背景调查内容不必所有职位都要选择，也不必核查候选人简历或申请表上的所有内容，还应注意不要调查与工作无关的内容，以免触犯候选人个人隐私。

背景调查的目标对象是那些熟悉候选者或者与其共事过的人，包括候选者的同辈、直接上司、老板以及企业外部与候选者密切共事过的人士，比如供应商、客户或者合伙人等，最好是一些共同工作很长时间或者在不同环境中工作过的同事。当背景调查的内容涉及工作经历，如工作时间、职位、职责等信息时，可以询问特定的雇主，涉及教育经历时，可以通过询问大学系主任（或班主任）来了解候选者的教育背景，而对于一些证书，例如英语四六级、学位证书、毕业证书、资格证书等可以在线查询其真实性。

较为棘手的调查内容，如犯罪或者信用记录，可以通过专业的调查公司或者在线服务来查询候选者的犯罪或者信用记录，也可让应聘者自己提供证明。需要注意的是，必须书面通知候选者其犯罪或者信用记录正在被调查。上述内容也可在应聘登记表中进行验证核实，比如，让候选者在填写申请表时询问如下问题：是否曾经出庭作证？是否有个人破产记录？是否有被某个专业组织取消资格的记录？是否有被税务局审计查账的记录？

（二）设计背景调查的访谈提纲

为了保障与背景调查目标对象沟通的有效性，以获取真实的背景调查信息，需要针对背景调查的内容，设置一份可行的访谈提纲。

下面列举一些经常询问的问题：

（1）你是如何认识他／她的？认识多久？在什么情形下认识？你如何评价他／她？

（2）当你想起他／她时，给你印象最深的优点是什么？

（3）他／她对企业最大的贡献是什么？

（4）你会如何描述他／她的领导能力和沟通能力？

（5）他／她在什么样的工作环境中如鱼得水？

（6）什么样的环境会使他／她觉得难以应付？

（7）你认为他／她最适合的职位是什么？为什么？

（8）与相同级别的其他员工相比，如何评价他／她在以下几个方面的表现：重视团队合作？积极主动？决策迅速？成长潜力大？战略分析能力强？执行能力强？财务敏感度高？富有创新精神？反应灵活？快速吸收新的资讯？

（9）哪些因素会影响他／她的工作表现？

（10）你认为他／她未来的发展领域是什么？未来会从事何种工作？根据你们曾经合作的经验，你认为他／她未来发展的前景如何？

（11）如果让你向他／她的新老板提建议，你会如何给出建议来培养他／她？

在实施背景调查的过程中，避免提出有歧视性的问题，同时要用大众可以接受的方式进行调查。尽量避免提出那些回答"是"或者"否"的问题，相反，更多提出开放性的问题，让调查更多关注那些候选者所遇到的具体的困难、取得的成就等。另外还应注意，不仅要关注被调查者对候选者整体的评价，同时应关注他们在描述候选者时所用的词语、语气以及其中赋予的感情色彩。

通常来说，如果在一个候选者所有的背景调查项目中，大部分评价都是积极的，但在关键的指标项目中评价是消极或者是负面的，那么企业一般会选择舍弃这个候选者。企业一般会鼓励采访对象"跟着感觉走"，因为这样会得到最真实的回答，如果评价是模糊的，这时候需要追加问题。比如，在需要对候选者做出正面的评价时，如果被采访者用的词语是"八面玲珑"，这时需要追加问题。因为"八面玲珑"可以是褒义的，也可以是贬义的，这时候问清楚被采访者要表达的正确意思显得尤为重要。

（三）选择合适的背景调查信息来源与方法

由于作出最后的录用决定对企业来说非常重要，所以很多时候企业希望通过背景调查了解更多应聘者的信息。通常，背景调查的信息来源主要有求职者人事档案的管理部门，求职者原来的雇主、同事和客户，求职者推荐的私人性质的证明人，资信评估公司和调查公司以及公共记录等，不同信息来源所获取的信息的可靠程度是不同的。

根据调查内容，获取背景调查信息渠道可能是学校学籍管理部门（学历、学位的真实性）、公安机关（身份、犯罪记录）、金融机构（信用状况）、档案管理部门（国有单位的人事部门和人才交流中心）、历任雇佣公司（应聘者的工作业绩、表现和能力）等。

根据以上调查内容和信息来源，企业对求职者进行背景调查时可采用的方法包括以下内容：

（1）档案查询。档案的真实性比较可靠，但目前人才中心保管的档案往往更新不及时，员工在流动期间的资料往往得不到补充。对查询档案的审批权限比较严格，流程烦冗，企业在短时间内未必可以获得所有被调查人员的审批权限。

（2）电话调查。电话调查效率高，简便易行，是大多数企业对求职者进行背景调查的首选方法。但该调查方法受限于调查员的素质和经验，如果调查员操作不当，容易侵犯被调查者的个人隐私，引起被访企业的警觉，特别是企业的竞争对手。

（3）发函调查。发函调查包括调查问卷和证明人写评论信两种方式。调查问卷填写方便，便于统计，缺点是调查内容受限，被调查者无法自主发挥。证明人写评论信的方式则强调被调查人的主观能动性，企业可以从中获取求职者过往业绩的真实信息，缺点是回复率较低。

（4）访谈调查。访谈法可靠程度高，但实施成本较高，容易受访谈者访谈能力、技巧的影响。该方法的优点是，调查资料的质量较好；缺点是耗时，费用高，对访谈员的素质要求高。

（5）网络调查。网络调查可用于查询求职者的学历、证书的真实性，一般可采用让求职者个人举证的方式。网络调查适用于知识型和科技型员工的业绩调查。

（6）委托调查机构调查。多数情况下，由于企业人力资源部调查方法单一，技术不够专业，无法保证调查结果的真实性和有效性，对于一些重要的核心岗位员工及高端人才的背景调查，企业采取委托外部调查公司进行背景调查。此种方法的优点是时效性强，能保证员工背景调查报告客观、可信；缺点是费用高，需要对委托的调查机构进行甄选。

（7）从资信评估公司购买。当企业某些岗位需要调查应聘者的个人信用、职业操守、犯罪记录等社会信用及某些特别记录时，可从资信评估公司购买。

（四）背景调查在实施中需要注意的问题

1. 积极沟通，取得应聘者本人的书面同意

背景调查的出发点是所有工作的细节都是为了企业和个人未来更好地发展，而不是仅仅找出某些不适合职位的"污点"或者是那些招聘方已经知道的信息。对于信息的重视是做好后续选拔工作的关键，这种重视的态度也有助于候选者以诚实和直接的态度来提供相关的信息。为了达到这种目标，企业必须花费一定的时间与候选者进行沟通，在进行背景调查前，最好以书面形式征得被调查员工的同意。《就业服务与就业管理规定》第 13 条规定："用人单位应当对劳动者的个人信息予以保密。公开劳动者的个人资料信息和劳动者的技术、劳动成果须经劳动者本人书面同意。"

2. 背景调查内容的选取要合法合规

自 2021 年 1 月 1 日起实施的《中华人民共和国民法典》第 111 条规定："自然人的个人信息受法律保护。任何组织或个人需要获取他人个人信息的，应当依法取得并确保信息安全，不得非法收集、使用、加工、传输他人个人信息，不得非法买卖、提供或者公开他人个人信息。"从该规定得知，员工个人信息受法律保护，而企业在获取拟录用员工信息时也应严格遵守前述规定。

根据《中华人民共和国民法典》第1035条规定："处理个人信息的，应当遵循合法、正当、必要原则，不得过度处理，并符合下列条件：征得该自然人或者监护人同意，但是法律、行政法规另有规定的除外；公开处理信息的规则；明示处理信息的目的、方式和范围；不违反法律、行政法规的规定和双方的约定。"

根据上述规定，企业对拟录用员工进行背景调查时，建议事先获得其书面同意，并妥善保管其个人信息，若离职或企业与其解除、终止劳动关系的，建议企业在规定时间内将其个人信息进行删除。[①] 在进行背景调查前，限定要调查问题的范围，主要对与求职者工作情况有关的方面进行调查，而与工作无关的，特别是涉及个人隐私的问题将不会在调查范围内。

3. 提前告知应聘者背景调查的后果

在面试时，公司也有义务提醒应聘者可能会对其进行背景调查，如果不愿意接受调查的应聘者一般可以直接淘汰，而愿意接受调查的应聘者有权利被告知。在进行背景调查前，企业必须花费一定的时间与候选者进行沟通，告诉他们背景调查的重要性以及给他们未来的发展可能带来的机会。

因为背景调查以调查对象会说出真相为基本假设前提，但不排除调查对象提供虚假信息的可能。所以，背景调查的结果也只能作为录用决策的参考，而不能作为唯一的评判依据。

学习任务二　员工入职体检

员工入职体检指企业安排拟录用人员在指定的医疗机构统一或者自行进行体格检查，以保证入职员工的身体和心理状况适合从事相应岗位的工作，在集体生活中不会造成传染病流行，不会因其个人身体或者心理原因而对企业以及企业中的其他人员造成严重影响。入职体检一般包括身体检查和心理检查，它不仅是对企业负责，也是对企业每一位员工负责。

---

① 李玲. 浅析员工背景调查［EB/OL］. https: // mp.weixin.qq.com/s/HPjho83wjk8rliVVcXKolA.

一、为什么要体检

体检通常是甄选过程后紧接着的一个步骤。进行雇用前体检主要出于以下原因：

一是体检可以用来确定求职者是否符合职位的身体要求，发现"在对求职者进行工作安排时应予以考虑的体格"局限。

二是通过体检还可建立求职者健康记录，以服务于未来保险或雇员赔偿要求的目的。

三是通过确定健康状况，体检还可以降低员工缺勤率和事故，帮助雇员发现原本不知道的疾病。

一般企业会指定一个有信誉的或长期合作的医疗机构，要求应聘者在一定时间内完成体检。体检的费用由招聘企业支付，体检结果作为应聘者入职前资格审核的资料之一交到企业人力资源部。

不同职位对应聘者健康的要求有所不同，一些对健康状况有特殊要求的职位，如餐饮业的厨师，在招聘时尤其要对应聘者进行严格的体检，以保证入职员工身体和心理状况适合从事相应岗位的工作，在集体生活中不会造成传染病流行，不会由于其个人身体原因而对企业及企业中的其他人员造成严重影响。

二、体检的项目如何确定

企业应以工作需要为根据，确定体检项目和体检标准，所列的体检项目、确定的体检标准应符合国家相关法律、法规的规定。

遵照《中华人民共和国食品法》《中华人民共和国传染病防治法》和《北京市公共场所卫生管理条例》的有关规定，食品行业从业人员、公共场所行业从业人员，每年必须进行健康体检；新参加工作和临时参加工作的该行业从业人员，必须进行健康体检，并取得健康证后方能上岗，凡患有痢疾、伤寒、病毒性肝炎等消化道传染病（包括病原携带者），活动性肺结核，化脓性或者渗出性皮肤病以及其他有碍食品卫生的疾病的，不得参加接触直接入口食品的工作。

《中华人民共和国职业病防治法 》第三十二条规定："对从事接触职业

病危害的作业的劳动者，用人单位应当按照国务院卫生行政部门的规定组织上岗前、在岗期间和离岗时的职业健康检查，并将检查结果如实告知劳动者。职业健康检查费用由用人单位承担。"第三十三条规定："用人单位应当为劳动者建立职业健康监护档案，并按照规定的期限妥善保存。职业健康监护档案应当包括劳动者的职业史、职业病危害接触史、职业健康检查结果和职业病诊疗等有关个人健康资料。劳动者离开用人单位时，有权索取本人职业健康监护档案复印件，用人单位应当如实、无偿提供，并在所提供的复印件上签章。"

三、何时进行入职体检

企业最好是让拟录用员工进行体检，将体检结果作为录用决策的一个环节。一些企业为了方便，通常是同时发放录用通知书和体检通知书，这样做虽然注重了效率，但遇到体检不合格者则会给企业带来一些不良影响。

◆ 技能训练 模拟实施背景调查

（1）**实训目的**：学会根据不同职位的特点，选择背景调查的内容及方法。

（2）**实训内容**：为背景企业已招聘的职位撰写一份背景调查实施方案。

（3）**实训成果**：一份背景调查实施方案。

（4）**考核指标**：

1）背景调查实施方案的内容是否设计合理，方法选择是否得当；

2）文档的格式、排版是否美观。

（5）**小组分工与操作步骤**：

1）小组成员一起讨论已招聘职位背景调查的重点，确定背景调查的内容，明确具体访谈提纲，调查对象；

2）全体组员根据调查内容逐一讨论采取何种背景调查的方法，以及文案的框架；

3）小组成员根据文案框架进行分工与协作，小组长进行统稿与排版。

◆ **案例**

一家做大型软件销售的公司招聘了一名销售经理。这位候选人在来公司前，曾作为同行客户到公司参观过产品，参观完后向公司老板表达了想来企业上班的意愿，老板觉得这个人不错，就点头答应他来公司入职。办理入职以后不久，发现他在不断地收集公司的产品资料，还要求公司内部 OA 系统公开权限，给他的客户（也有他之前公司的同事）查阅资料，抢其他同事客户，只要是能接触到优质客户的机会，他都会去争取等。他手下还有两个同事，他要求两个人将所有的客户信息全部归到他那里，不让他们去见客户。公司的 HR 在闲聊中发现，他太太还在原来的那家公司上班，可是这个人来公司面试的时候一再强调自己是单身未婚。

公司 HR 发现上述端倪后，开始思考：针对此类人，该怎么进行背景调查，如果真的是对方公司派来做间谍的，该如何处理？

一、案例分析与讨论

背景调查去伪存真，可以帮助企业规避很多后期风险，作为招聘流程最后的防火墙，将此前所有工作的价值最大化，对考察候选人能力、适应性等"软性因素"，全面了解候选人，也多少能起到一些作用。

针对本案例，销售经理入职后的种种行为及表现可谓疑点丛生，说明该企业的招聘管理流程存在漏洞，如不及时亡羊补牢将给企业带来重大风险。因此，入职前的背景调查就显得非常必要。企业可从以下几个方面补救：

1. 核对简历的真实性

是否已婚，这个很容易核查，一般在结婚所在地的派出所可以查找到；另外，也可以要求他开单身证明，这个连地址也一并验证了。工作经历可以通过社保缴纳查看，一般情况下是一致的。至于工作表现，这应该不是此次调查的重点，因为他的各种行为已经不是能力的问题，而是态度问题了。

2. 适度的监控

现在的通信很发达，但说起来不外乎手机和网络。可以找一个理由，如入职满 10 天的销售必须用公司的号码，并且原号码必须销毁。用了单位的号码，就能在一定程度上取得通话记录。除了手机，网络监控也不可少。每天电脑的操作记录，一些客户资料的使用范围、频率，都在监控之列。

3. 将计就计，反客为主

如果对方的确有可能是间谍，我们可以把其最近的积极表现作为实施计谋的理由。鉴于其来公司后的积极表现，公司特批将其直系家属调入公司。如果本来就没打算长待，又要把家属带进来，他不得不掂量下，这样做的后果会怎样。

4. 签订协议，加强保密

客户资料系公司重要的经营信息，能为权利人带来经济利益，具有实用性，公司一般都会采取一定的保密措施，属于商业秘密。目前尚未对公司造成重大损失，很有必要加强公司的风险防范意识和公司员工的法律意识。加强保密，制定保密制度很有必要。同时签订保密协议，多少起到一点约束作用。

5. 普法教育，旁敲侧击

根据《中华人民共和国劳动法》及《中华人民共和国劳动合同法》有关规定，窃取公司内部资料，百分之百要负责经济赔偿。如公司员工违反《保守商业秘密协议》获取、使用、披露客户信息，应认定为侵犯商业秘密的行为。如该行为给公司造成了重大损失，包括减少盈利、增加亏损、引起破产、在竞争中处于不利地位等，则依法认定为侵犯商业秘密罪。

侵犯商业秘密罪的法定刑为：处三年以下有期徒刑或者拘役，并处或者单处罚金；造成特别严重后果的，处三年以上七年以下有期徒刑，并处罚金。

如果他对这些条款熟悉了，还会抱着侥幸的心理吗？

二、案例启示

背景调查是对候选人过去的职业经历的确认，具有事后性，是引进关键岗位必不可少的环节。对于了解应聘者，降低公司风险很有帮助；切不可把背景调查当鸡肋，否则会对公司造成不可估量的经济损失。

◆ **课后思考题**

1. 简述背景调查的内容、方法以及主要的实施程序。

2. 是否企业针对所有职位都要进行背景调查？为什么？

第八章
录用与评估

知识目标：能够列举影响录用决策的因素。

能力目标：能搜集信息，对企业招聘管理活动进行评估。

学习任务一　做出录用决策与实施录用

一、录用决策

员工录用是员工招聘过程中的重要一环，是在经历过初步筛选、笔试、面试以及评价中心等各种测试后，根据其测评结果最终选择出企业适宜人才。录用决策主要是依据企业在招聘中对于应聘者的各种选拔评价结果，通过综合分析和筛选，对照预先设定的岗位录用要求，选择最合适的人员予以录用的过程。

员工录用是企业获取优质、合格人力资源的直接和有效手段。同时，录用可以对企业的人力资源供需矛盾进行调和，为企业战略目标的实现提供人力资源保障。企业要实现发展目标，就必须有充沛的人员供给，将物质、资金、时间的投入转化为实际效益。找寻契合企业发展目标的人员，才能实现企业人力资源的优化配置，提高人力资源效益的回报。

企业员工录用过程是应聘者与企业相互选择的过程。一方面，应聘者会根据企业的实际情况，诸如企业发展前景、投资规模、为员工提供的发展机会等，对企业进行筛选和评估；另一方面，在员工录用过程中企业也在根据自身需要对应聘者进行评估和选择。这个过程同时是企业文化、人才理念及管理制度综合作用的结果。精心设计员工录用程序和原则，可以帮助企业进行公众宣传，为树立良好的雇主形象和声誉提供了有效的平台。

二、影响录用的因素

（一）劳动力市场的影响

劳动力市场的供求状况及劳动力质量将影响招聘的难度，进而影响录用决策的难度及效率。充足的劳动力供给意味着招聘资源充足，满足招聘条件的候选人比较多，因此录用决策会有比较好的基础。而稀缺的劳动力供给意味着招聘的难度加大，大多数应聘者无法完成工作，需要比较细致的甄选过程，录用决策得比较困难，进展较为缓慢。

（二）企业发展状况

企业的战略和发展目标决定了企业的发展方向、规模、速度等各方面。也因此决定了其在不同发展阶段对人力资源管理的具体目标，进而影响招聘与录用人员的条件和类型。例如，对于那些产品和市场都已经比较成熟的企业，在作出录用决策时，常常关注精通操作工艺和擅长经营的人，以控制产品的质量和产品的成本。

（三）录用决策者的个人因素

在许多组织中，录用一般由人力资源部门具体负责，他们为部门经理提供甄选的应聘者名单及录用建议，由部门经理进行录用决策。部门经理个人的用人观念，制定的录用标准，将影响录用人员的质量。

（四）企业的招聘流程及甄选方法

企业招聘的职位不同，其适用的甄选方法、招聘流程也不同，而甄选方法及招聘流程的繁简程度将影响录用决策的速度和质量。

三、录用的程序与原则

经招募甄选系列过程后选拔出来的合格人员，只有办理完一定的手续才能成为组织员工。录用手续是确定员工身份的依据。在不同的组织中，员工录用程序有很大差异，但录用工作一般包括制定录用制度、做出决策并公布录用名单、办理录用手续、通知录用者签订劳动合同、新员工培训与试用、新员工试用期考核、新员工转正等环节。

　　录用过程中要注意原则一致，目标明确和能岗匹配。录用是招聘的目的和成果，按照公平原则，招聘的结果要公平，这要求与录用有关的决策人员在场，无关人员回避，同时避免"外部游说"活动的影响。在决策时，时刻以能岗匹配原则为主线，对照招聘要求选出合适的人选。录用的过程要紧密围绕能力—岗位间的匹配度进行。对于人员的录用，用人部门要对岗位的责任、义务和要求十分明确，依据工作岗位本身的要求来设计录用目标（招聘要求）、测试鉴别方法和评价依据。以"公允心"对待整个录用过程，避免"任人唯亲"的现象，任人唯贤，任人唯才。

四、录用决策方法的选择

（一）诊断法

　　这种方法主要根据决策者对某项工作和承担者资格的理解，在分析应聘者所有资料的基础上，凭主观印象作出决策。优点是方法简单，成本较低，广泛使用；缺点是主观性强，评价者的素质和经验在科学合理的判断中起重要作用。

（二）统计法

　　这种方法首先要区分评价指标的重要性，赋予权重，然后根据评分结果用统计方法进行加权运算，分数高者即获得录用。具体又分为三种模式：补偿模式、多切点模式和跨栏模式。

　　补偿模式下某些指标的高分可以替代另一些指标的低分，例如高考的录取就是一种补偿模式，允许候选人偏科。

　　多切点模式要求候选人达到所有指标的最低程度，如研究生考试的录取，在总分通过录取线的基础上，各科都规定了一个最低分数线。

　　跨栏模式强调只有在每次测试中获得通过才能进入下个阶段的挑选和评判，如公务员的招考，报名后先要进行资格审核，资格审核通过后方能参加笔试，笔试成绩通过后，才能进入面试环节，面试通过后还要进行政审。

五、如何办理录用手续

（一）接收报到

　　根据录用通知约定的报到日期，报到当日新员工携带录用通知书，应及时到企业人力资源部填写《员工录用表》并提交相关资料，如身份证、学历学位证、健康体检报告、工作所必备的各种资格证书及其他所需材料等原件，供人力资源部审核。

（二）签订劳动合同

劳动合同指劳动者与用人单位之间确立劳动关系，明确双方权利和义务的协议。企业在与被录用者办理录用手续时，需要通过签订劳动合同来保护各自权利和规范各自义务。

《中华人民共和国劳动合同法》第 19 条规定："劳动合同应当以书面形式订立，并具备以下条款：（一）劳动合同期限；（二）工作内容；（三）劳动保护和劳动条件；（四）劳动报酬；（五）劳动纪律；（六）劳动合同终止的条件；（七）违反劳动合同的责任。劳动合同除前款规定的必备条款外，当事人可以协商约定其他内容。"

《中华人民共和国劳动法》第 17 条规定："订立和变更劳动合同，应当遵循平等自愿、协商一致原则，不得违反法律、行政法规和规定。"订立劳动合同的程序分为以下四个步骤：

（1）劳动者提交用人单位发给的录用通知和其他证明材料。

（2）用人单位向劳动者介绍其拟定的劳动合同的具体内容和要求。

（3）劳动者在全面了解劳动合同的内容所涉及的真实情况后，作出同意或不同意录用的表示，并可就合同的内容提出自己的要求。

（4）用人单位和劳动者在充分协商的情况下，对劳动合同的条款达成一致的意见，双方签字盖章后，劳动合同即告成立。

用人单位故意不签订劳动合同要承担相应的法律责任。根据《劳动部关于违反〈劳动法〉有关劳动合同规定的赔偿办法》的规定，用人单位故意拖延不订立劳动合同，即招用后故意不按规定订立劳动合同以及劳动合同到期后故意不及时续订劳动合同，对劳动者造成损失的，应赔偿劳动者损失。具体赔偿责任如下：①造成劳动者工资收入损失的，按劳动者本人应得工资收入支付给劳动者，并加付应得工资收入 25% 的赔偿费用；②造成劳动者劳动保护待遇损失的，应按国家规定补足劳动者的劳动保护津贴和用品；③造成劳动者工伤、医疗待遇损失的，除按国家规定为劳动者提供工伤、医疗待遇外，还应支付劳动者相当于医疗费用 25% 的赔偿费用；④造成女职工和未成年员工身体健康损害的，除按国家规定提供治疗期间的医疗待遇外，还应支付相当于其医疗费用 25% 的赔偿费用。

（三）其他事宜

其他事宜包括办理各类保险、转入档案、转入党组织关系等事宜。在签订完劳动合同后，企业应及时为新员工办理法定保险，通知新员工转入人事档案及党组织关系，并及时接收。建立员工在本企业的信息档案，便于后续管理。

学习任务二　学会进行招聘评估

很多企业都在为留不住人才苦恼。之所以产生这些困扰，原因有很多，如薪资不够具有竞争力、员工职业发展通道不畅等，就招聘本身而言，往往是忽略了招聘后期工作的重要性，对招聘缺乏系统评估和调整。由此可见，在一次招聘任务完成后，对招聘工作成果和方法是否能有效作出科学、客观的评估，是进一步提高以后招聘工作效率必不可少的一项工作。

一、招聘评估的含义及作用

招聘与录用评估指在完成招聘流程各阶段的工作基础上，对整个招聘活动及其结果进行评价与总结，检查是否达到预期招聘目的，并根据检查和评估的结果进行优化及改正的系列活动。

评估是整个招聘与录用工作最后一个重要环节，企业在完成招募、甄选、录用、入职培训等工作后，就应该对招聘工作中的各项活动进行及时评估，收集被录用人员的数量和质量，招聘成本与效率等信息，并进行统计、分析和总结，完成 PDCA 闭环管理，以节约成本，提高招聘和录用的效率。

招聘评估的作用表现在三个方面：

一是有利于企业节省开支，通过对招聘成本与效益的评估，能够使招聘人员清楚地知道费用支出的情况，区分哪些是必要支出，哪些是非必要支出，从而达到降低招聘费用，提高招聘效率的目的。

二是有利于招聘方法的改进，通过招聘信度效度评估，可以了解招聘过程中哪些方法是有效的，哪些方法在考虑成本的情况下有助于提高招聘质量。

三是有利于提高招聘工作质量，通过招聘数量及质量的评估，找出各招聘环节中的薄弱之处，并在下一轮招聘工作中加以改进。

二、招聘评估的内容及指标

（一）数量

招聘工作者能否招聘到足够数量的与工作岗位相匹配的人才，是衡量招聘工作的一个重要指标。在招聘过程中数量维度的指标包括以下几项：

1. 简历数量和有效简历数量

有效简历数量指除包含虚假信息的简历之外，招聘工作人员筛选出来初步符合招聘工作需求的简历数量。而简历数量在一定程度上直接反映了招聘渠道的有效性。

2. 面试人数

面试人数指招聘工作人员筛选出合适简历并通知求职者参与面试之后实际参与招聘面试的求职者人数。

3. 录用人数

录用人数指求职者通过一系列甄选、测评之后被企业录用上岗的实际人数。录用人数是否达到了企业人才的需求量是评价企业招聘工作有效性的重要标准，尤其是各个渠道的各自录用人数是评价招聘渠道有效性的重要标准。

录用比公式：录用比 =（录用人数 / 应聘人数）× 100%

4. 招聘完成率

招聘完成率指招聘实际录用人数与招聘计划人数的比率。这个指标是检验招聘工作有效性的最终指标。

招聘完成比公式：招聘完成比 =（录用人数 / 计划招聘人数）× 100%

应聘比公式：应聘比 =（应聘人数 / 计划招聘人数）× 100%

5. 新员工离职率

新员工离职率指半年内新员工离职人数与新员工实际上岗人数的比率。检验新员工半年内的离职率也是评价招聘有效性的一个重要指标，虽然并不适用于评价短期内招聘的有效性和招聘渠道的有效性，但其可以作为一个长期指标不断促进招聘工作及招聘渠道的完善。

（二）质量

对新员工质量维度方面的评价主要有两大方面：一方面考察新员工能否与岗位匹配；另一方面考察新员工能否与组织与企业匹配。质量维度的指标主要包括以下两项：

（1）企业和用人部门的满意度。企业对新员工的满意度可以从新员工的工作绩效考核情况方面进行考察以及考察新员工能否很快认同和融入公司文化和组织环境。

（2）新员工与工作岗位相匹配。顾名思义是看招聘到的人才是否与企业需求相匹配，它实际上包含两层含义：一是，员工的知识、能力和素质在该岗位得到了充分的发挥，工作绩效优秀，且个人有成就感；二是，该岗位所需要员工具有的知识、能力和素质都具备，这个岗位在团队工作中的职务完成得最好，配合也最好，此时人的特征与组织特征相融，是最理想的匹配程度。

（三）成本

招聘成本分为渠道成本和人力成本。各企业对招聘成本都有一定的预见和要求，即成本预测与成本控制。招聘成本是一个重要的评价因素，成本的核算可以量化地评估招聘活动的有效性。

对于任何一个企业来说，追求利益最大化是企业的最终目的。企业组织一次招聘活动，必然会投入一定的财力、物力和人力，而这些全部都是企业为招聘付出的成本。招聘的成本主要由四个方面构成：一是企业招聘的直接成本，指企业在招聘过程中的显性花费，例如招聘员工的差旅费；二是机会成本，指因所招聘的新员工的能力不足以胜任所在的工作岗位而产生的隐形的费用；三是企业招聘的重置成本，指由于招聘不合适或者错误导致的企业必须重新招聘而花费的费用；四是风险成本，指企业由于招聘不慎，导致企业招聘目标未完成，给企业运营带来的不必要的花费与损失。一般来说，企业招聘成本的评估有以下几个常用指标：

总成本效用（人均招聘费用）= 录用人数 / 招聘总成本

招聘成本效用 = 应聘人数 / 招聘期间的费用

人员录用效用 = 正式录用的人数 / 录用期间的费用

但是，在企业的招聘活动中追求的最合理的成本并不意味着一味地追求低成本，招聘的投入多少要根据公司的战略规划、招聘计划和经营状况等具

235

体情况。

（四）时间

时间维度衡量企业是否在短时间内完成招聘计划，招聘时间越短，越能节省招聘成本，减少企业因职位空缺造成的损失。时间维度指标主要包括以下几项：

（1）响应时间间隔。指发布招聘信息与回收求职者信息的时间间隔。这段时间的长短反映了各招聘渠道的响应速度，企业可以通过对比不同招聘渠道的响应时间长短来评价不同招聘渠道的有效性。

（2）招聘周期。指招聘人员需要耗费的时间，即从发布招聘信息到新员工上岗的时间，这期间耗费的时间就是招聘周期。招聘周期越短越好。

表 8-1　招聘评估体系（示例）

一级指标	二级指标	含义与说明	权重（%）	数据来源	统计周期
数量指标（37%）	简历总数	指应聘者给公司岗位投递的简历总数量	5	人力资源部门	月度
	有效简历数	指应聘者给公司岗位投递的简历总量中符合公司招聘要求的简历总数	6	人力资源部门	月度
	面试人数	指应聘者参与公司面试的人数	6	人力资源部门	月度
	录用人数	指应聘者通过公司一系列甄选后被公司录用人数	6	人力资源部门	月度
	招聘完成率	指公司招聘实际录用人数与计划招聘人数的比率。计算公式：招聘完成率=实际录用人数/计划招聘人数×100%	6	人力资源部门	月度
	新员工离职率	指录用的新员工在半年内离职的人数与录用总人数的比率。计算公式：半年内离职人数/录用总人数×100%	6	人力资源部门	半年度

续表

一级指标	二级指标	含义与说明	权重（%）	数据来源	统计周期
时间指标（16%）	响应时间间隔	指公式发布招聘信息与回收求职者信息的时间间隔	8	人力资源部门	月度
	招聘周期	指招聘人员需要耗费的时间，即从发布招聘信息到新员工上岗的时间	8	人力资源部门	月度
质量指标（25%）	满意度	指公司、用人部门对新员工的满意度，可以以调查问卷的形式进行考察	12	用人部门、人力资源部门	季度
	人岗匹配	指招聘到的人才是否与岗位需求匹配，可以以调查问卷的形式进行考察	13	用人部门、人力资源部门	季度
成本指标（22%）	总成本效用	指公司录用的新员工总数与招聘总成本的比率。计算公式：总成本效用 = 录用人数 / 招聘总成本 ×100%	11	财务部、人力资源部门	月度
	招聘成本效用	指应聘者总人数与招聘期间费用的比率。计算公式：招聘成本效用 = 应聘人数 / 招聘期间的费用 ×100%	11	财务部、人力资源部门	月度

资料来源：笔者整理所得。

三、如何撰写招聘分析报告

招聘总结的主要内容有招聘目标与计划、招聘进程、招聘结果、招聘经费、招聘评定、改进建议等。招聘分析报告，不是对一些数据的简单堆砌（如应招多少人，实招多少人等），而是对招聘人员、应聘者、相关业务部门共同沟通、总结、分析的结果。

分析报告一般在新录用的应聘者已经工作一段时间后进行。同时，分析报告与计划对应，但同时对计划本身提出改进，而不是简单的对比，例如，要求招 10 个人，结果招了 8 个，不能简单认为差 2 人完成任务，还要分析招 10 个人是否合理的，计划制订得有没有问题。但有一点要注意，即使分析表明 8 人是合理的，由于招聘计划没有完成，考核中也要有所体现。

（一）招聘分析报告的流程

第一，进行招聘工作结果汇总。汇总内容包括招聘人员组成、招聘工作程序、招聘到岗情况、人员要素水平、工时耗用、招聘费用、特殊情况说明等。

第二，同招聘人员进行沟通。沟通内容包括了解具体工作成果和问题，招聘人员对工作汇总中的结果做出的评价、就结果汇总中和计划要求的差异做出说明，同时提出意见和建议。

第三，同用人部门负责人进行沟通，主要就招聘人员组成、招聘程序、到岗人员绩效表现、数量等做出评价，同时提出意见和建议。

第四，同新录用的应聘人员进行沟通，就招聘人员素质、招聘程序、个人工作表现和应聘动因分析，同时提出意见和建议。

第五，综合上述内容，编写招聘分析报告。

第六，报批，归档，分发给相关部门，作为日后工作的参考。

（二）招聘分析报告的主要内容

1. 招聘工作结果汇总

招聘工作总结的具体内容包括招聘小组的人员组成及分工情况、招聘工作开展的流程及相应的工作质量汇总、应聘人员的到岗情况（计划数、应聘数、实际到岗数）、应聘人员同招聘标准的吻合情况（年龄、性别、学历、经验、薪金要求等）、招聘工作耗用工时、招聘工作费用，以及招聘工作中遇到的特殊问题。

2. 对招聘工作结果的评价与分析

对招聘工作结果的评价与分析具体包括对招聘人员的工作成果、质量、效率等方面进行评价并做出相应解释，对招聘工作流程、应聘到岗情况、招聘吻合度、招聘工作耗用工时、招聘工作费用、招聘工作中的特殊问题、应聘人员工作表现（人数、标准、绩效等）等方面的评价做出相应解释，对应聘人员的薪金、发展、福利等意愿动因和实际动因进行分析。

3. 招聘工作改进意见

（1）招聘人员组成及分工改进意见。

（2）招聘工作开展的流程改进意见。

（3）应聘人员计划数调整意见。

（4）应聘人员招聘标准（年龄、性别、学历、经验、薪金要求等）的调整意见。

（5）招聘工作耗用工时调整意见。

（6）招聘工作费用调整意见。

（7）招聘工作中的特殊问题的解决和预防手段。

（8）根据动因分析及绩效评价结果调整招聘标准。

4. 分析报告总述

总结招聘计划的改进要点和经验。

（三）作好招聘分析的注意事项

一是招聘分析人员同招聘人员应独立，招聘和分析均以项目组的形式进行，尽量避免"运动员当裁判员"的现象发生。

二是树立招聘管理观念，按照 PDCA 流程进行闭环管理，分析报告就是 CHECK 和 ACTION，并对下一步的 PLAN 和 DO 作出指导。

三是报告内容应注重陈述事实、分析误差、提出改进，对招聘分析的结果要有绩效上的体现。

四是具体工作要多沟通、多思考、系统思维。

◆ 案例

×× 公司招聘录用制度

第一条 本公司对员工采用聘用制管理，基本政策是：根据年人力资源规划、人员动态情况和人力成本控制目标，保证人员选聘和录用工作的质量，为本公司选拔出合格、优秀的人才，并使之适应业务发展要求。

第二条 选聘和录用过程遵循公正、公平、平等竞争和亲属回避四项原则。

第三条 本公司聘用员工，由用人部门提出人员需求计划，凭总经理审核通过的《人力需求申请表》申请招聘，由行政人资部按《岗位分析说明书》要求统一发布招聘信息，并办理内部选聘、调配或对外招聘手续。

第四条 招聘本着"先内部选聘、调配，后外部招聘"原则，降低、减少对外招聘费用。

第五条 应聘人员须向行政人资部提供应聘材料和有关证明材料，由行政人资部和用人部门联合确定拟聘人选和招聘考核方式，由行政人资部安排和组织招聘面试考核工作。

第六条 参加面试考核的应聘人员应真实填写有关表格，按表格规定程序完成面试考核，行政人资部保留调查核实员工作经历及个人背景的权利。

第七条 面试考核过程分三个部分视需要进行，第一部分由行政人资部初试（完成对应聘人员身份学历证件和任职资格的考核）；第二部分由用人单位面试（完成专业任职资格的考核）；第三部分由行政人资部安排复试并完成应聘者资格核查。对于重要职位的招聘需由总经理作最终的面试考核。考核由以下几项内容组成：①仪表、修养、谈吐；②求职动机和工作期望；③责任心和协作精神；④专业知识与专业技能；⑤相关工作经验；⑥素质测评；⑦必要时增加笔试。

第八条 具体办事流程见《招聘面试流程》。

第九条 经核准拟试用的外部应聘人员，由行政人资部通知试用并安排到指定医院进行体检（可入职后一周内提供有效体检证明），体检合格者，按规定时限到行政人资部办理入职手续，否则视为拒绝受聘。

第十条 办理入职时，须提供身份证、学历证明、职称证明、岗位资格证明、英语级别证书、结婚证、流动人口婚育证明、与原单位解除劳务合同证明、原单位社保证明以及近期体检报告和免冠近照4张，并亲笔填写《员工登记表》和对公司制度的认定书。上述资料不齐者，不予办理入职手续，确因特殊原因需延迟提交者，报公司领导批准后，于入职后两周内补齐资料，否则不予留用和资遣。

第十一条 当个人资料有以下更改或补充时，及时知会本公司行政人资部，以确保与你有关的各项权益：

（1）家庭地址和电话号码；

（2）婚姻状况；

（3）诞生子女；

（4）出现事故或紧急情况时的联系人；

（5）培训结业或进修毕业。

第十二条 公司保留审查新入职员工所提供个人资料的权利，如有虚假，会立即被除名。并需赔偿公司为招聘该员工而付出的一切费用。

第十三条 接到录用通知后，应在指定日期到达本公司行政人资部报到，如因故不能按期前往，应与有关人员取得联系，另行确定报到日期。报到程序包括：

（1）入职培训；

（2）办理报到登记手续，领取考勤卡、办公用品和资料等；

（3）与部门主管见面，接受工作安排；

（4）签订试用期合同。

第十四条 本公司聘用的新进人员，均应从入职之日起试用，试用期一般为 3 个月，但对于技术、业务等比较特别的岗位，可根据具体岗位情况，适当地延长试用期时间到 6 个月。如表现好，工作成绩突出者，可提出书面申请经用人部门同意，行政人资部根据考核情况核准，公司总经理批准，缩短试用期。反之，确有需要经审批同意，试用期可延长，但试用期最长不超过六个月，在此期间，如果感到公司实际状况、发展机会与预期有较大差距，或由于其他原因而决定离开，可提出辞职，并按规定办理离职手续；相应地，如果新员工的工作无法达到要求，公司也会终止试用。

第十五条 如试用合格并通过入职前培训，可到行政人资部领取《员工试用期工作表现评定报告》，由试用部门负责人签署意见，主管该业务的上级主管审核后，报行政人资部，由行政人资部上报总经理审批。

第十六条 具体办事流程参见《试用转正流程》。

第十七条 试用期原则上不能请假，如确实有需要请假的，转正时间将会被顺延；若请假超过一个月，则作自动离职处理。

第十八条 试用期间，公司会指定入职引导人帮助新员工接受在职培训。入职引导人的职责包括介绍本部门职能、人员情况，讲解本职工作内容、工作程序、工作标准，帮助新员工了解公司有关规则和规定，为新员工安排培训的时间。任何有关工作的具体事务，如确定办公位、领取办公用品、使用办公设备、用餐、公司宿舍等，尽可咨询入职引导人。

◆ 技能训练　撰写招聘评估报告

（1）**实训目的**：学会撰写招聘分析报告。

（2）**实训内容**：根据招聘分析报告的操作流程，收集资料，为背景企业此次模拟招聘撰写报告。

（3）**实训成果**：以小组为单位，提交一份招聘分析报告。

（4）**考核指标**：

1）招聘分析报告的内容要素是否全面，分析是否深入；

2）报告格式、排版是否美观；

3）小组成员是否积极主动承担分工，并按时完成。

（5）小组分工及操作步骤：

1）小组一起讨论招聘分析报告的总体框架，各部分内容的重点及内在逻辑；

2）小组成员就招聘结果（数量、质量、成本、效益）等方面进行分工，每人领取一项或几项指标，查找数据，与招聘计划进行比较，分析结果、存在的问题及原因，提出改进意见；

3）小组长将各成员的资料进行汇总统稿，并修订格式；

4）小组成员一起讨论完善分析报告。

◆ 案例分析

案例1：经过了多轮初试、笔试和面试，某公司最终确定了一名合适的人力资源经理助理人选，公司内部相关领导也已经审阅，人力资源部及时通知陈某已被录用。但就在这时，陈某却说自己本身只是中专文凭，而在简历上写的是大专，并且面试时也没有说明。但是，陈某在选拔过程中表现出较高的综合素质和全面的人力资源管理专业知识，也有丰富的工作经验。她强调，最后说出是中专文凭，是因为不想欺骗公司，也不愿作假，希望公司不会因为文凭的原因将她舍弃。

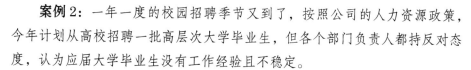

案例2：一年一度的校园招聘季节又到了，按照公司的人力资源政策，今年计划从高校招聘一批高层次大学毕业生，但各个部门负责人都持反对态度，认为应届大学毕业生没有工作经验且不稳定。

请就以下问题进行分析和讨论：

（1）案例1中，按照招聘的公平原则，如果现在的决定权在你手里，你会如何决策并说明理由？

（2）结合案例2及当前形势下国家保就业的精神，谈谈你对此问题的看法？

（3）针对此情况，假如你是招聘主管，你将如何与各部门进行沟通？

◆ **拓展阅读**①

有这样一则新闻：北京某公司以200万元年薪招聘一位高职，转正税后薪资9.1万元/月。一年多以后，该员工因工作表现差而离职，并被查出学历和工作经历造假，公司遂起诉该员工，并要求其返还工资30万元。该员工不服，认为自己通过多轮面试就职且顺利转正，工资是合法所得，不应偿还。最终，法院判决：支持公司的合法诉求，要求该员工返还公司30万元。

对企业而言，越是高薪职位越重要，其价值很高，风险也很大，公司付出重金聘请的高职，都是重要项目和团队带头人、组织者、指挥者。如果遇人不淑、被骗子篡位得逞，耽误了项目发展，企业可能要承担难以估量的损失，甚至可能被竞争者甩开代差劣势。这绝不是追回30万元薪资能弥补的，充其量只不过是用人单位因自己受骗的屈辱感，而出口恶气罢了。

一位事业有成的HR分析：如果用人单位的面试流程不够规范，譬如，缺少对应聘者进行背景调查、面试时视角过于单一、多轮考察的专业点设置不够科学、考题重复或太过接近、试用期的考核标准不明确不严谨，能通过"面经"轻松搞定，骗子就非常容易得逞。

那么，用人单位怎样才能全面客观地通过面试，遴选出高阶人才呢？结

---

① 南方周末. 招聘时如何剔除简历注水者？专人背调让"面经"无用武之地［EB/OL］. https：//mp.weixin.qq.com/s/vonNNWIr5F6QFLLrDU3byw.

合笔者在企业时的选人技巧，将其归纳为"五大招、一建议"。

1. 招聘制度专业化

对于高职应聘者，其背景调查、学历学位调查、既往工作业绩考察不可缺少，要交给专业"猎头公司"进行，万一出现欺诈问题，可法律追责。正规"猎头公司"的调查更专业、深入，且因法律责任约束，有相当的敬业精神。与高职的薪资以及其所承担的职责相比，"猎头公司"几万元中介费不要省。

2. 招聘技巧规范化

高职岗位应聘，一般要经2—3轮面试，多岗位面试官要设置交叉考察，每轮面试要有明确区别的侧重点，专业能力、既往业绩、性格心理、思维模式……都要考察（学历、学位交给"猎头公司"去验证），以确保对应聘者的全方位了解。

3. HR 要掌握一定心理学技巧

应聘高职岗位者，多为高阶人士，其学历、业绩、经验、级别，甚至年龄，往往比 HR 要高。HR 首先要确保自己心理稳定、不卑不亢，要有能力营造面试氛围、把握谈话节奏，尽量轻松、和谐，但询问要尽可能细致深入。

具体技巧：持续追问各种细节，真正有实力和真实经历者，能把复杂问题讲得通俗易懂、深入浅出，能给出一些详细具体的数据来印证其观点，其回答往往比你所希望的有更多细节和数据。即便 HR 不懂理工科高深原理，也能大致了解其所表达的事物，那么，应聘者的谈吐就是真实经历。如果来者不善、心中有诈，在细节诘问时，就会越来越慌、越来越虚、越来越紧张。ElonMusk 面试时，用于证伪的拿手绝活就是这一套。

4. 面试考官提升自身水准

笔者在带领创意团队、面试员工的过程中，曾遇到业绩"灌水"问题：应聘者的学历、学位、履历，经验证确实为真，但工作能力并不理想。后增加了应聘者作品讲演环节，由其介绍自己的得意作品（而不仅由面试者浏览其作品集），在这过程中终于发现：约30%作品风格不统一、其难以准确阐述创意源想和表现手法，虽缺乏证据，但笔者心里明白，这部分存疑作品并非其本人原创，大概率是从以前诸家公司搜集的、他人的优秀作品。

这种业绩和作品半真半假、鱼龙混杂的状态，并非完全造假，而属于"灌水"手段，有相当专业门槛，"猎头公司"很难鉴别，公司 HR 也缺乏区分所需专业能力。甚至专业的主管和总监，若不仔细分辨，也很难从集众家精华、被精心编辑掩饰的 PPT 中发现细微差异、去伪存真。等感到新进聘用者名不副实后，往往已浪费几个月时间、给工作造成相当损失。这就要求作为最终用人者的专业总监，不断提升自身水准、提高专业能力、加强思维敏锐度、提高鉴赏力，在参与面试的专业环节，就能高效辨别出"注水肉"的细微问题，同时慧眼发现被低估的"蒙尘珍珠、未开璞玉"。

5. 建立"备选人才资料库"

招聘时，会遇到"谈不拢"状态，候选人达标，但薪资方面无法达成交易。其实，这也是部分成功，结识优秀人才，并与之相谈甚欢，对自己也有好处。

可尝试与优秀人才建立联系，公司现阶段无法满足其所要求的年薪或职位，并不意味着未来仍无法承担，自己未来也未必不会与其合作。每个行业，做到高级薪酬的佼佼者为数并不多，他们在少数优秀公司之间进行选择，在商海职场中，有缘结识英才、拓宽人脉，对企业和个人的前景，都有好处。

在与境外合作时，东南亚、印度、英国等市场有个习惯：很多高薪职业经理人，带着前雇主的推荐信，这使中方企业管理层感到颇为陌生而诧异。但仔细想来，这一市场惯例颇有道理：职业经理人不仅要有真正的学历学位、优秀的专业能力、优良的业绩，而且还要有足够的道德操守、情商，才能得到老东家客观中立的评价，形成人才良性流动的市场机制。而不是让"徐庶进曹营、庞统去江东"式的职场恩怨大行其道。

我国的人才自由流通时间不是很长，需要改进、完善之处还不少，企业、事业做大做深之后，关键是用人问题，而识人辨人真是大学问。

◆ 课后思考题

1. 简述录用决策的影响因素及注意事项。

2. 终于在忙碌了很长一段时间后，人力资源部完成了公司大部分的招聘工作。总经理在今天的办公会议上，要求人力资源部对本次招聘工作进行一次总结，并作一下简单的评估。会后，人力资源部经理把这项任务交给了你，你将如何着手完成这项工作任务？

▶▶▶ 参考文献

1. 林新奇.绩效管理（第二版）[M].北京：中国人民大学出版社，2016.

2. 徐世勇，陈伟娜.人力资源的招聘与甄选[M].北京：清华大学出版社，北京交通大学出版社，2011.

3. 王丽娟，惠艳.招聘与录用（第2版）[M].北京：中国人民大学出版社，2018.

4. 葛玉辉，孟陈莉.招聘与录用管理实务[M].北京：清华大学出版社，2019.

5. 宋艳红.员工招聘与配置[M].北京：北京理工大学出版社，2020.

6. 李志畴.招聘寻聘管理实务[M].北京：清华大学出版社，2016.

7. 孔凡柱，赵莉.员工招聘与录用[M].北京：机械工业出版社，2018.